講談社選書メチエ
689

記憶術全史

ムネモシュネの饗宴

桑木野幸司

MÉTIER

目次

プロローグ　ムネモシュネの饗宴——開宴の辞

場所と結びついた記憶

みなさんもこんな経験をお持ちではないだろうか。

長く親しんできたパソコンやスマホのOSを思い切ってアップデートしてみたところ、いつも使っていたアプリやコマンドの場所を探すのに一苦労……いや、それどころかシャットダウンの仕方さえわからない。

あるいは、こんな経験——。

いつも利用するスーパーや図書館で大幅な模様替えが行われていて、お目当ての商品や書籍になかなかたどりつけない。そんなとき、許可なく勝手に変えないでよね！　というやり場のない腹立たしさと同時に、すっかり異質なものになってしまったその空間がどこか気味悪く感じられる人もいるのではないだろうか。実は、その違和感の原因は、自分の記憶が他人に勝手に操作された不気味さにある、といったら驚かれるかもしれない。

記憶は場所と強く結びついていることが知られている。いや、場所だけでなく、その記憶情報を取り巻いていたコンテクストに、驚くほど依拠しているのだ。だから、幼いころに馴染んでいた匂いや味に再び接した途端、数十年ぶりに記憶が鮮明によみがえることだってあるし、何か特別な出来事がおこったときの天候、あたりの雰囲気、その時の自分の感情に至るまで、克明に思い出せる人もいるはずだ。場所は、そういった諸々の環境的要素をまるごと包み込む器なのだ。よく使うアプリやスーパーでいつも買う商品は、それが置かれている場所とともに、ある種の映像データとして我々の記憶に収まっている。だから、物理世界のほうを変化させると、記憶内面との対応関係が断ち切られてしまうことになる。

そういった記憶の特性を最大限に活用し、その力を爆発的に増大させる知的方法論が、西欧世界ではある時期まで連綿と継承されてきた。それも妖《あや》しい薬物を投与したり危険な外科手術にうったえたりすることなく、時間をかけて努力さえすれば誰でも記憶の達人になれるというのだから、まさに夢のような方法だ。

その名もずばり、「記憶術（英：art of memory）」という。本書はこの摩訶不思議な術の歴史を追いかける知的探検の書である、とひとまずは言っておこう。

情報の洪水に抗して

記憶術の詳細は第1章にゆずるとして、その核心をここでごく単純化して述べれば、心の中に仮想の建物を建て（＝器の準備）、そこに情報をヴィジュアル化して順序よく配置したうえで（＝情報のインプット）、それらの空間を瞑想によって巡回してゆく（＝取り出し）――たったこれだけである。けれども、後述するように、この仕組みは建築のもつ秩序的空間連鎖に、イメージの持つ情報圧縮力を巧みに組み合わせた、実に効率的なデータ処理システムとして機能することが実証されている。

これと似たような方法を各人が経験的に実行しているケースも多々あるだろう。たとえば、コナン・ドイルの『緋色の研究』（一八八七年）では、名探偵ホームズが自分の頭の中を屋根裏部屋にたとえ、覚えられる知識の量は、その仮想空間の大きさによって決まっているのだ、と得意げに説明する箇所がある（コナン・ドイル　二〇〇六、二八頁）。あるいは、メディアで時折取り上げられる記憶の達人なども、似たようなシステムに依拠しているケースが多い。当然、読者の中にも、空間やイメージを工夫する暗記法が自然と身についている方もいることだろう。仮想空間におけるイメージの秩序的連鎖――ここに記憶の秘密を解く鍵があるようだ。

さて、西欧における記憶術の歴史を大まかにまとめると、次のように整理できる。

紙の調達が不自由だった古代世界において、主に長大な弁論を暗唱するために開発された素朴な記憶術は、中世にはやや下火になりつつもキリスト教の影響をうけて独自の変容を遂げる。やがてルネサンスあるいは初期近代（一五～一七世紀初頭）と呼ばれる時代に華麗な復活を遂げたが、そのあと忽然と姿を消す。本書が主なターゲットとするのは、ルネサンス期に絢爛と咲き誇った記憶術の知られざる歴史である。

では、なぜこの時期に、古代の、いってみれば黴《かび》臭いテクニックがよみがえったのだろうか。ルネサンスの頃といえば紙の調達は古代に比してはるかに容易だったから、書籍やノートの形で情報をストックすることができたはずだ。その謎を解く鍵は時代背景にある。

時あたかもルネサンス人文主義文化のまっただなかである。古代ギリシアやローマの古典的名著が次々と印刷・出版され、教養人がそなえるべき知的スタンダードが形成された。その一方で、自然科学や航海術が発達して様々な新発見がなされ、それらの知見を論じた学術書も怒濤の勢いで増大してゆく。もちろん、お手軽な通俗文学も流行したし、時事問題を速報するニュース・メディアもこの時期に萌芽した（ペティグリー 二〇一五）。突如出現したこうした情報の洪水にとまどう当時の人々の声も多数残されている。いつの時代も情報を制覇したものが世を支配する。そこで登場するのが記憶術だ。古代以来の伝統を誇る盤石のデータベース・ツール。この術を当世風に改良することで、情報の洪水を乗り切ることができるのではないか——そう人々が考えたのも無理はない。

あらためて指摘するまでもないが、これとそっくりな危機的状況を、現代の我々は生きている。しかも、その深刻度は数倍どころか数百倍、数万倍だ。ネットへの常時接続があたりまえになり、毎秒、気の遠くなるほどの巨大データが世界中でやりとりされている。そして、今やそれらのデータを物理的なデヴァイスに保管などせず、クラウド等を活用して仮想空間にストレージするのが主流になりつつある。ヴァーチャルな空間にいつでも好きな時にアクセスし、必要な情報を浴びるように摂取するのがあたりまえになった。おや、これは記憶術とかいう代物のシステムとそっくりではないか——そう思ったあなたは鋭い。

あえて極端なことをいうと、実はそういった現代の情報革命の萌芽は、すでにルネサンス時代の記憶術の消長史にすべて内包されていたのだ。ヴァーチャル・データベースの発想も、情報のヴィジュアル操作の原理も、いや、コンピューター言語の基本的な考え方でさえ、記憶術という現代では廃《すた》れてしまった知的化石の大いなる遺産とみなせる側面があるのである。こんなに面白い対象を研究しない手はないし、うまくすれば現代の情報の大洪水を生き抜くヒントが見つかるかもしれない。

記憶女神の降臨

現代社会の中ですっかり知的化石となり果てていた記憶術の歴史に、実に数百年ぶりに真摯な学術の光をあてたのは、一九六〇年代、ロンドンのヴァールブルク研究所を拠点とするフランセス・イエイツと、フィレンツェ大学で教鞭をとるパオロ・ロッシの両名だった（イエイツ 一九九三、ロッシ 一九八四）。この二人の先駆的業績をしかるべく消化吸収した次世代の若手研究者たちが、まったく斬新なアプローチで切り込んだ研究結果を陸続と発表しはじめるのが一九八〇年代の後半あたりから。[1]その後は堰《せき》を切ったかのごとく、毎年のように、記憶術研究はその学としての分野通行の可能性を極限までつきつめながら、独創的な方法論と驚嘆すべき成果を次々と世に問うてきた。

ひとくちに記憶術研究といっても、その切り口は多彩だ。たとえば記憶術における内面イメージの操作に着目するなら、当時の記憶観や魂をめぐる哲学的議論に目を向ける必要がある。また、記憶増進を一種の医療行為とみなす立場からは、医学史の知識が必要となり、加えて現代医学や心理学、認知科学の知見が欠かせない。当然、教育や文芸の領域からのアプローチだって可能なはずだ。こうして、今や文学、哲学、史学、美術史、建築史、音楽学、科学史、思想史、イメージ人類学、教育論、メディア論、記号論、医学といった実に多彩な領域の論客たちが「記憶」をテーマにして縦横無尽にトピックを展開する、熱い熱い知の坩堝《るつぼ》が現出したのだ。[2]

古代ギリシア人たちは、人間にそなわったこの貴重で摩訶不思議な記憶のパワーを神格化し、麗《うるわ》しき女神ムネモシュネの姿によって表した。その彼女がゼウスとの間に生んだ娘たちが、詩や歴史や天文等の学芸を司る九柱のムーサ女神だ。現代における記憶術研究をめぐる学術的活況ぶりは、あたかも、その記憶女神が霊峰オリュンポスから下界へと降りたち、娘である九柱の学芸女神たちとともに輪舞して、華麗にステップを踏む姿にもたとえられようか。ギリシア・ラテン語の古典文献の読解が最新のニューロサイエンスや認知科学とシンクロし、文字と図像と空間が相互に浸透し合いながら、修辞学と数学と図像学が無碍《むげ》に通底してしまう……もはや文・理の壁を完全に取り払った、そんな未聞の新領域が「記憶」をキーワードにして現在進行形で生まれつつあるといっても過言ではない。学問が専門分化する以前の、人知の本来あるべき姿が、記憶女神とともに現代によみがえったかのようだ（本邦の西洋美術史の領域では、水野千依氏と足達薫氏が芸術と記憶（術）の問題についての素晴らしい研究を精力的に発表されている）。

踊るムーサ女神たち

以上をもって「ムネモシュネの饗宴」の開宴の辞とし、以下に「エピローグ」も含めて九つの章を通じて初期近代の記憶術の消長史を活写してみたい。少々こじつけめくが、記憶を母とする九柱の学芸女神たちが踏む華麗な輪舞のステップを、これらの章の背後に想起していただきたい（図0-1）。

まず第1章から第3章では、記憶術の仕組みや基本的特性、その発展の歴史を詳しく整理してみる。これがいわば本書の基礎編ということになる。第1章では古代と中世にスポットをあて、そもそもこの術がどのような経緯で生まれたのかを見てみよう。そして、第2章ではいよいよ、初期近代という時代に華々しく復活するこの術の諸相を、丹念に掘り下げてみる。続く第3章では、記憶術と表

0-1　バルダッサーレ・ペルッツィ《アポロンと踊るムーサ女神》(パラティーナ美術館、フィレンツェ、Inventario n. 167)(出典：Kuwakino 2011, p. 63)

裏一体の忘却術なるテクニックについて、「イメージの力」をキーワードにして掘り下げてみよう。

　さて、第4章と第5章では、一六世紀に執筆ないし出版された記憶術の理論書を二点取り上げ、丁寧に読み解いてみたい。前章までの内容が、記憶術の諸相を興味深いエピソードを通じてアラカルト風に盛り付けたものであるのに対して、メインディッシュとして記憶術理論の核心部分をたっぷりと堪能してみよう。

　第6章と第7章は、応用編である。この術が情報の大洪水がもたらした未曽有の混乱のなかにあって、どのように独創的に応用されたのかを見てみたい。だが、楽しかった知の饗宴もやがて終焉を迎える時がくる。第8章では、記憶術の黄昏《たそがれ》の場面に立ち会うことになる。一七世紀をむかえ、徐々にすたれゆく記憶術。その流れをなんとか食い止めようとした、最後の記憶術師の知的奮闘を追いかけてみよう。そして、「エピローグ」では記憶術の可能性について、著者なりの見解を綴ってみようと思う。

ムネモシュネ神話が語っているように、記憶がなければ学問は生まれない。知識の伝達や継承も不可能だ。けれども、その気まぐれな性格ゆえか、記憶女神はなかなか我々の意のままにはならない。そんな記憶の特性や嗜好を解明し、必死になって女神を味方につけようとした人たちの努力の積み重ねこそが、記憶術を生み出したのではないだろうか。そんな人々こそ、女神ムネモシュネの寵児と呼ぶにふさわしい。

次章から展開する、そんな記憶の達人たちの華麗なパフォーマンスを存分に堪能してほしい。

第**1**章

記憶術の誕生

双子神の化身に呼び出されるシモーニデース

（出典：Illustrations pour les « Fables choisies mises en vers par M. de la Fontaine », Claude Barbin et Denys Thierry, Paris, 1668 (premier recueil), 1678-79 (deuxième recueil), 1694 (troisième recueil). Numérotation Charpentier (1705)）

建築を頭に刻む

焼けるような真夏の日差しが襲いかかる、南欧のとある小邑《こむら》の午睡時――。人々はたまらず仕事の手を休め、屋内で暑さの盛りをやりすごしている頃合いだ。そんな人気が絶えた街中に、ひとりぽつねんと佇《たたず》む若い修道僧の姿が見える。まだあどけなさが残るその顔は、修練期を終えて間もない身分であることをうかがわせる。学僧は何やら思いつめた面持《おもも》ちで歩を進め、街で一番大きな教会の前にやってきた。迷いを見せたのは、ほんの一瞬。大きく息を吸い込むと、教会の木製扉を押し開け、ヒンヤリとした堂宇《どうう》の中にすべりこんでゆく（図1-1）。

入り口の聖水盤に指を浸し、主祭壇にむかって素早く十字を切ると、そのまま教会堂の内壁に沿ってまっすぐ歩いてゆく。その足取りは、数歩行っては柱の数を確認し、また数歩行っては壁面の装飾に目を凝らし、といった按配で、途中で目にする聖遺物や彫刻、燭台や説教壇や洗礼盤なども、ひとつひとつ丹念に愛《め》でている様子だ。こうして、たっぷり時間をかけて教会堂内をぐるりと一巡し、ふたたび正面入り口の扉のところに戻ってきた。が、何を思ったか、今度は逆向きに、今しがた辿ってきた経路をやや足早に戻ってゆく。それ以降も右回り、左回り、また右回り。堂内を一周しては、またもとの位置に戻る。青年はそんな奇妙な動作を、飽きることなく繰り返していた……。

いわゆるルネサンス人文主義の洗礼を受けた一六世紀の欧州、とりわけ古典文化復興の思潮にどっぷり浸かったイタリア半島内であれば、試みにどの町を訪れてみても、右にみたような光景にきっと遭遇したはずだ。この青年はなにも、うだる酷暑の中、寂然《じゃくねん》と神学的瞑想にふけっていたわけでもなければ、教会の見回り役をおおせつかっていたのでもない。実は、つい今しがた修道院の図書室で読んだ巷《ちまた》で話題の記憶術マニュアルの教えに従って、術の実践の準備段階として、教会の内部空間を必死に脳内に刻み込んでいたのだ。けれども、建物を精神に刻印するなどという、そんな面倒なことを、なぜしなくてはならなかったのだろうか。その謎を解くために、ルネサンスから古代へと時計の針を一気に巻き戻してみよう。

1-1　イタリアの教会の内部（サン・ピエトロ・ア・グラード教会、ピサ市近郊）（著者撮影）

古代の記憶術

コンピューターや計算機はおろか、活版印刷術や製紙法が発明されるはるか以前の古代西欧世界に、「記憶術（羅：ars memorativa / ars memoriae）」と呼ばれる摩訶不思議な技巧が存在した。いや、その時代にあっては不思議でもなんでもなく、文字通り、人が生まれつきもっている記憶能力を人工的に強化するための貴重なテクニックの謂《いい》だった。その当時は、世界の成り立ちを説明する神話や先祖伝来の慣習、あるいは社会の秩序を維持する細かな法文などを後世に伝えるには、おおかた口伝に頼っていたと考えられている。ひょっとしたらまだ書記法や文法体系すらあやふやだったかもしれないそんな文明の黎明期に、大切な情報を大量かつ堅固に保持する最良の方途といえば、人の記憶にデータを刻み込むことだったはずだ。ギリシア神話の世界で、記憶をつかさどる女神ムネモシュネがオリュンポスの神々の一柱として崇《あが》められていたことも、当時の人々の記憶観をよく伝えているだろう。

心を震わす韻律にのせ、身体でリズムを刻みながら、古代世界のプロトコルともいえる長大な神話や叙事詩を滔々《とうとう》と紡ぎだす「語り部」や吟遊詩人たち。そんなムネモシュネの寵児たちが有していた特殊な記憶と想起の技巧は、やがて文明の進展とともに術としての体裁をととのえ、その方法論が洗練されてゆくだろう。そうして記憶術は、一般の人々にもなじみのディシプリンとして歴史の表舞台に登場してくる。史料で確認できるところでは、古代ギリシア時代にはすでにその原型とおぼしきものが存在していたようだ。やがて古代ローマ時代になると一挙に発展の速度を早め、いわゆる古典的記憶術の基本が完成するに至る。その背景をざっと概観してみよう。

共和制ローマが宿敵カルタゴを屠《ほふ》り、地中海世界に覇権を確立すると、拡張と戦争の時代は一応の終結をみた。政情が安定して文化が成熟するとともにリテラシーが上昇し、高度なコミュニケーション・ツールとしての弁論術が人々に広く認知されるようになる。また、書物の生産や消費の量も増大し、一種の情報爆発が起こった。まさにその時代、古代ローマ最高の弁士キケロ（前一〇六―四三年）は、その著作のなかで「学識ある弁論家《ドクトウス・オーラートル》」という麗《うるわ》しい理念を謳《うた》いあげる。百科万般に通じ、人倫や経綸、宇宙の天理から神統譜や古今の芸文にいたるまで、およそ人知のおよぶかぎりの世事万象のいっさいを雄弁に論じつくす能力をそなえた弁論家こそが、自由人の理想と仰がれたのである（キケロー 二〇〇五、㈦二〇〇頁）。その者は弁論一つで民衆を歓喜させ、国家の危機を救って、文化を振興させるだろう（図1-2）。

ただし、どんなに優れた長広舌も、手元の原稿に目を落とし、書かれた章句を棒読みしながらとあっては、いささか迫力に欠け、説得力も期待できない。長大な演説を流れるように、かつあたかも即興で話しているかのように実演できたら理想的だろう。このような事情から、記憶を人工的に強化する諸規則、すなわち記憶術は当時の弁論家が備えるべき必須の技術の一つとなり、弁論術（修辞学）教育のカリキュラムのなかで組織的に伝授が可能な、ひとつの確立したディシプリンとして発展していったのだ。

1-2　チェーザレ・マッカーリ《カティリーナ弾劾演説を元老院で行うキケロ》（1889年）（パラッツォ・マダーマ、ローマ）

弁論術

ここで、その弁論術という学問の成り立ちを少し詳しく見てみよう。古代ローマ時代に基礎が確立された西欧の伝統的な弁論術は、次の五つの分野で構成されていた（西洋修辞学史の概説書としては、バルト 一九七九、Caplan 1970）。すなわち、①「発想（inventio）」（弁論の主題にふさわしいトピックを、あらかじめストックしてある情報群の中から探し出すこと)、②「配置(dispositio)」(①で得られた内容を、適切な順序で配列・展開させること)、③「修辞(elocutio)」(狭義のレトリック、すなわち主題を効果的に提示する言語表現をあれこれと工夫すること)、④「記憶(memoria)」(弁論内容を記憶すること)、⑤「発表(pronuntiatio / actio)」(弁論の実演の際に発声や身振りを工夫すること)。これらのうち、今日いわゆる修辞学(レトリック)として理解されているのは、③の「修辞」の部分である。けれども、弁論術は本来五つの分野すべてがそろった総合的な学問としてこそ、古代世界で高い地位を有していたのだ。その点は忘れてはならないであろう。

さて、記憶術が属していたのは当然、④の「記憶」のパートである。先ほども触れたように、議会演説や法廷弁論の場で熱弁をふるい、自己の主張を述べたてる際、流麗なパフォーマンスを演じるのが理想とされていた。演説の出来栄えが、時には人生の浮沈を左右することさえあったのだ。だから、立身出世を望む者は、みなこの記憶術をマスターし、何時間にもおよぶ名演説をぶって、聴衆を魅了したのである。偉大な弁論家キケロやクインティリアヌス(三五頃—一〇〇年頃)は当然のこと、一説にはあのカエサル(前一〇〇—四四年)もこの術を実践していたという。ローマ時代にはそれこそ無数の教科書やマニュアルの類がパピルス紙に書かれて出回っていたようだが、残念ながら完全なかたちで残っているものはこれまで発見されていない。けれども、キケロ『弁論家について』や作者不詳(偽キケロ)『ヘレンニウスに与える修辞学書』、クインティリアヌス『弁論家の教育』など、同時代の代表的な弁論術の理論書で間接的に触れられている情報をもとに、おおよその姿を復元することは可能である(古代の弁論術(修辞学)理論書で記憶術の教則が解説される箇所は、キケロー

『弁論家について』二・八六—八八、作者不詳（偽キケロ）『ヘレンニウスに与える修辞学書』三・一六—二四、クインティリアヌス『弁論家の教育』一一・二）。

シモーニデースと記憶術誕生のエピソード

まずは記憶術の誕生をめぐる有名な挿話を紹介してみよう。キケロが生き生きと伝えるエピソードである（キケロー 二〇〇五、(下)九四—九五頁。同様のエピソードは、以下の古代修辞学文献にも収録されている。作者不詳（偽キケロ）『ヘレンニウスに与える修辞学書』三・二九以下、クインティリアヌス『弁論家の教育』一一・二・一一以下）。物語の主人公は、イオニア海のケオース島出身の抒情詩人シモーニデース（前五五六頃—四六八年頃）（図1-3）。史上初めて、詩作によって褒賞を得た職業詩人として伝えられる人物だ。ある時、詩人のパトロンの一人であるテッサリアの豪商貴族スコパースが、戦車競技での勝利を祝して饗宴を開いた。当時の宴会といえば、会食者たちが長椅子に寝そべり、横臥姿勢のまま飲食と会話を楽しむスタイルだ。

1-3　シモーニデース（『ニュルンベルク年代記』（1493年）より）

さて、宴もたけなわの頃、何か戦勝祝賀の歌でもうたってくれんか、という主人からのリクエストを受けたシモーニデースは、かしこまって候とばかりにさっそく吟唱をはじめた。詩人の常として、己の詩句を飾り立てるために、主テーマから少しばかり脱線し、双子神カストルとポルックスを称える美辞をちりばめたものだったという。けれども、これが饗宴主の機嫌を損ねた。聞いているうちにみるみる不機嫌になったスコパースは、いかにも狭量といおうか、いざ報酬を支払う段になると、約束していた金額の半分しか渡さなかった。残りはお前さんがたっぷり称えた双子神からもらうがいいさ、そういい残すとスコパースは再び飲み食いの座に戻っていってしまった。とまどいと恥辱に呆然と立ちつくす詩人。

と、そこへ侍従が小走りに近寄ってきて、シモーニデース様、あなたに至急お話があるという客人が二名、玄関口でお待ちです——はて誰だろう、心当たりはなかったものの、一応玄関のところまで出てみた。ところが、それらしい人物の姿など、どこにも見当たらない。何かの間違いだろう、と思い直して再び邸内に戻ろうとした、その瞬間！……轟音とともに天井が崩れ、宴会が開かれていた邸宅は一瞬にして瓦礫《がれき》の山になってしまった。当時の貴紳の大邸宅は石造が主体だっただろうから、重たい屋根や壁の量塊が崩れ落ちてきたら、ほぼ即死である。シモーニデースは、誰とも知れぬ客人の呼び出しのおかげで、間一髪、災難を逃れたわけである。言わずもがなではあるが、詩人を救ったのは双子神カストルとポルックスの化身であろう。自分たちを称えてくれた人間に、命という報酬を与えたのだ。

さて、困ったのは宴会参加者たちの遺族である。瓦礫を取り除けてみたのはいいものの、遺体の損傷が激しく、誰が誰だか分からない。ところが、ただ一人生き残ったシモーニデースが、どこそこに座っていたのは誰、そこにいたのは何某、といった具合に次々と身元の確認をやってのけた。なぜそんなことが可能だったかというと、宴会場で、どの座席を誰が占めていたのかという固定した組み合わせ、つまり場所（席次）と情報（人物像）をセットで視覚的に覚えていたからだという。これがもし人々が自由に動き回る立食パーティだったら、こうはうまくいかなかっただろう。ここから分かるのが、効率的な記憶や想起には、場所とイメージと秩序が大事である、ということだ。以降シモーニデースはこの原理を活用して、記憶の達人としても名をはせたという。

テクストとイメージ――エクフラシスの魅惑

以上が記憶術の誕生秘話として伝えられるエピソードである。事の真偽は確かめようもないが、たとえ創作譚だったとしても、この話には実に興味深い点がいくつも織り込まれている。「場所」と「イメージ」と「秩序」の、いわゆる記憶術三原則についてはこのあと詳しくみてゆくが、それ以外にも、たとえばイメージの強度（鮮烈さ）の問題があるし、そもそもこの挿話の主人公がシモーニデースである点が、何よりも示唆に富んでいるのだ。シモーニデースといえば、彼の言葉としてプルタルコス（四六／四八頃―一二七年頃）が伝える「絵は言葉を使わぬ詩、詩は言葉で描く絵である」というフレーズが、よく知られている（プルタルコス『アテナイ人の名声について』三四六f）。のちにホラティウス（前六五―前八年）が「詩は絵のごとくに（ut pictura poesis）」なる文言に集約することになる、いわゆるエクフラシスという修辞表現／技巧の核心をつく言葉だ。

「エクフラシス（ekphrasis）」はギリシア語の前置詞“ek”（……から外へ）と動詞“phrazein”（明らかにする、宣言する、発話する）という語から構成され、その原義は「はっきり述べる」という意味である。もともと、古代の弁論術（修辞学）教育の基礎課程（Progymnasmata）の一つとして位置づけられ、主題を眼前に生き生きと描き出す言論のことだった。要するに、あたかも目の前にイメージがありありと浮かんでくるような、そんな迫真性に富んだ文章を書くための訓練およびそうして出来上がった文章こそが、本来エクフラシスと呼ばれていたのだ(エクフラシスについては、渡辺 二〇一四、Webb 2009; Norton 2013; Roby 2016)。

しかも、特別な才能にめぐまれた文章の達人が使いこなす技巧ではなく、むしろ入門教程の中で誰もが学ぶ基礎事項だったという点が重要だ。したがって、将来の応用を見込んだその描写訓練の対象は、人物や事件や出来事、気象、都市、ランドスケープ、戦争、時間経過などなど、あらゆるトピックや現象にひろがっていた。なにも美術作品の描写のみが、特別視されていたわけではないのだ。やがてエクフラシスという概念が独り歩きをはじめ、とりわけ近代以降には、視覚芸術を言語によって詳細かつ鮮烈に表象すること、という意味合いが強くなる。つまり、絵画や彫刻や建築を生き生きと描写する文章をエクフラシスの原義とみなす考えは、実はごく新しいものということだ。

ともあれ、ここで主眼となるのは、テクストとイメージの通底である。言葉の力を駆使し、読む者の心の内にみるみると、鮮烈なイメージをまるで画家のように描き去る。それも単なる静止画風の心象映像にとどまらず、描かれた対象の躍動感、息遣い、匂いや色や触感や温感までをもともなって、まるで自分がその場で当の現象を実体験しているかのような錯覚を起こさせる——そんな動的な文章を紡ぎだす技巧。エクフラシス的描写がその力を十全に発揮するとき、読者の側には、心拍数の上昇や、恍惚感、あるいは冷や汗や鳥肌など、生理的な反応まで引き起こされる。こうした生理現象をともなう心理的効果のことを「エナルゲイア(enargeia)」といい、エクフラシスはまさにそういった情動的効果を目指すべきだとされた。一方、テクストとイメージの親密な関係性を絵画の側から見てみるなら、詩歌が何百行もかけて縷々描破する情景を、一枚の絵の中に封じ込める技法——それも単なる静的な描写ではなく、その鮮烈で躍動感あふれる表象像が、観者の心のなかに強烈に刻印され、やがて生き生きと動き出して、あたかもテクストが語るような一定の時間の厚みをもった物語が発動する、そんな境位だ。

詩（テクスト）の側から迫るにせよ、絵（イメージ）の側からアプローチするにせよ、問題は要するにメンタル・イメージ、すなわち精神の中に描かれる映像を、いかに臨場感をもって作り出すか、ということである。詩と絵画という二つのメディアの通底を誇らしげに謳《うた》ったシモーニデースは、おそらくそのような画文一致の境地が生み出す驚くべき認識効果を自覚的に取り入れて詩作を行い、テクストとイメージのあわいを自在に往還することができたのだろう。こうしてみると、精神内のイメージ操作に立脚する記憶術が、まさに彼によって発見された（と見なされていた）という点こそ、本書でこれから見てゆく同術の発展を考える上でも、非常に大きな意味合いをもっているのである。

場所（ロクス）の設定

では次に、古代の弁論術の教本などで断片的に語られている情報をもとに、古典的記憶術の実態を明らかにしてみよう。

繰り返しになるが、記憶術の要諦原理は、「場所」と「イメージ」と「秩序」である。術を実践しようとする者は、その準備作業として、まず頭の中に、情報の器となる仮想の空間を設定しなくては

1-4　記憶ロクスの例（出典：Romberch 1533, p. 35v.）

ならない（図1-4）。覚えようとする内容とは関係なく、ひとまず情報の容れ物を頭の中に作ってしまうのだ。具体的には、家屋や広場、街路などといった、ある程度の空間的広がりをもつ建物や場所をモデルとして選ぶのだが、できることなら、普段から見知っているなじみの建築がよいとされる。現代なら、たとえば自分の家や、勤め先のオフィス、通っている学校、よく利用する駅舎、足しげく訪れる図書館やスーパーなどが理想的だ。あるいは、自分の家から学校や職場までの道のりでもいい。

ある建築を器として選んだのなら、その建物の入り口・玄関から、廊下や個々の部屋、階段に至るまでを、相互の位置関係も含めてしっかり記憶し、さらには壁の色や窓の位置、柱の数、家具・調度品や置物など、とにかく空間を分節する際の目印になりうるものは、片端から脳内に刻みつけてゆく。空間を細かく分割すればするほど、それだけデータの収蔵能力が増えることになる。このような仮想建築・空間が記憶の「ロクス（羅：locus）」（「場所」の意）とよばれるもので、記憶術を効果的に運用するためには欠かせない要素である。単に建物の見取り図をそっくり頭の中にコピーしただけでは不十分で、想像力を駆使して自由にこの空間の内部を動き回れるよう、普段から訓練しておかなくてはならない。心の目が移動すれば、それに合わせて周囲の空間の3D映像も刻々と変化する――そんな仮想の情景が鮮やかに頭の中で展開できるように、ひたすら鍛錬を積むのだ。本章の冒頭に活写したのは、街の教会建築を記憶ロクスとして、なんとか頭の中に刻み込もうと奮闘していた若き学僧の姿だった。こうした観点から見れば、やはり空想の建築をゼロから頭に描くよりも、実在する身近な建物をモデルとして選んだほうがよいとされるのも納得がゆく。実際にその空間を自分で歩いて確認することができるからだ。

注意すべきは、このロクスはあくまで情報の容器であって、記憶したい内容とは無関係のニュートラルな箱にすぎない、という点である。また、その観点から、ロクスは秩序を持つと同時に、ほどよい多様性を有するものが理想とされた。つまり、碁盤の目のような均質な容れ物だと、どこに何を入れたのか区別がつかなくなってしまうし、逆にまったくの無秩序な容器では、しまったものを取り出すのにも一苦労だ。いや、そもそもどこに収蔵したのか分からなくなってしまう危険さえある。したがって、もし大病院の病棟や巨大な監獄のように、均質な部屋がずらりと並ぶような建築を選んでしまったら、たとえば各病室・独房のドアのところにポスターや置物を配置するとか、あるいは医師や看護師や獄吏の姿を添えるなどして、差別化を図る必要がある。

イメージ（図像）の作成

さて、ここまで準備ができたら、この仮想空間はひとまず脇に置いておいて、次に行うべき作業が、記憶すべき情報のイメージ化だ（図1-5）。通常、記憶術を使って覚える内容というのは、たとえば演説の原稿であったり、講義の内容であったり、書物の一節や舞台の台詞まわしであったりと、そ

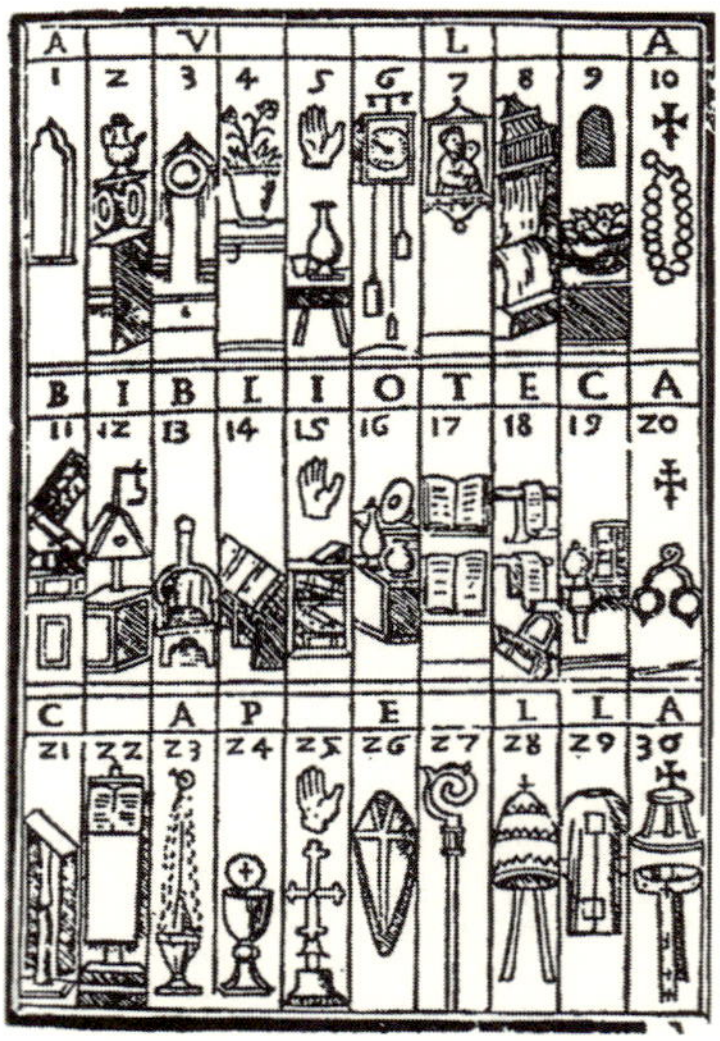

1-5　記憶イメージの例（出典：Romberch 1533, p. 36v.）

の多くが文字情報であろう。その文字のつらなりを、鮮やかな図像に転換してやる必要があるのだ。記憶術では、基本的にはテクスト・データを直接扱うことはせず、もっぱらイメージに翻案されたこの種の画像データを脳内で処理してゆくことになる。

文字をイメージに変換するには、二種類の方法がある。一つは、テクストの一字一句を、すべてイメージ化してゆくもの——極端なものになると単語を構成するアルファベットや音節一つ一つを画像に変換することもある。そして、もう一つは、情報の要点のみを選んで図像化するものだ。前者は著名な詩の一節や法律の条文、あるいは未知の単語の綴りを正確に記憶したいとき、後者は一般的な記憶のために用いる。いずれの場合もやり方は同じである。「あるもの」（元となる文字・観念）と「別のあるもの」（翻案されたイメージ）との関係を人工的に作り出し、可視化してやればよいのだ。すなわち、類似、置換、連想、接触、反対、比喩、寓意、語呂合わせ、地口といった論理学や修辞学の基本的な概念装置を様々に駆使して、もっとも効果的な仕方で文字をイメージに「翻案」するのである。しかも、単に文字を絵に移し替えればよいのではなく、可能な限り情報を圧縮してゆくのだ。

具体例を見てみよう。覚えなくてはならない演説原稿の中に、「王」という概念が出てきたとする。この場合は、どこかの国で実際に王の地位についている具体的な人物よりは、百獣の王ライオンの姿で表したほうが普遍性が高いだろう。王冠でもかぶせておけば、まず間違うことはない。また「戦争」という概念なら、実際の戦場の場面より、むしろその構成要素である一振りの剣や一人の兵士の図像で表すことができよう。それぞれ、隠喩（そのものの特徴を、直接他のもので表現する方法）と換喩（あるものを表すのに、関連の深い別の事物で置き換える方法）を用いた例だ。また「正義」の概念を、天秤と剣をもった女性像（図1-6）で表したなら、それは寓意を活用したことになる。あるいは「主人」の概念を示すために、あえて奴隷の姿を思い浮かべたなら、それは反対の連想に基づくものだ。

1-6　ラファエッロ《正義の寓意像》
（ヴァティカン宮殿「署名の間」）

このように、テクストとイメージを結び付けるやり方は千差万別だが、そのつど、情報をもっとも効果的に圧縮できるものを選ぶ必要がある。これは術者の腕の見せ所でもある。けれども、どんな画像変換の仕方を効果的と見なすかは、人によって違うし、覚えようとする情報によっても変わってくるだろう。だから、記憶イメージの作成は、非常にパーソナルな作業であり、作った本人にしか意味がわからないケースもある。

しかしながら、今挙げた事例では、文字から図像に翻案する過程で、データの圧縮がたいして行われていないではないか、という批判もあるだろう。王冠を載せたライオンのイメージなどをいちいち準備せずとも、「王」という文字そのものを暗記したほうが、よほど早いし、楽ではないか、というもっともな批判だ。けれども、ライオンに特定の仕草をさせたり、兵士や奴隷に何かしら身振りをさせて、短い単語を発音させてみたり、あるいは複数の道具を持たせたり、場合によっては芳香や味覚や温感の演出をイメージにほどこしたりすることで、文章なら膨大な行数を費やすであろう複雑な情報を、たった一枚の映像の中に畳み込むことができるのだ。だから、質の高い記憶イメージは心の中で「動く」。音も出すし、匂いや味もする。触れれば当然、あたたかかったり冷たかったりする。いわば五感を総動員した共感覚的な特質を具えているのだ。記憶用の図像が別名「賦活イメージ（羅：imagines agentes）」とよばれるゆえんである。ここには先に整理したエクフラシスの観念が間接的に反映していることに、鋭い読者ならお気づきだろう。シモーニデースが記憶術の奥義を直観した時、彼の頭の中にはきっと、宴会に興じる客人たちのにぎやかな姿が、その豪奢で洗練された衣装のきらめきや、料理やワインの芳香、あるいはその場に流れていた妙《たえ》なる楽の音などとともに、しっかりと刻み込まれていたのだろう。

場所とイメージを組み合わせる

さて、こんな具合にしてテクスト・データの要点を冒頭からすべてイメージに移し終えたら、今度はそれらの図像群を、最初に頭の中に刻み込んだ仮想の建築空間のなかに、入り口から順番に、一定の間隔をたもって置いてゆく。戸口、柱、壁、窓、棚、家具、段差、階段など、空間を分節する目印になるところに、イメージを順番に据えてゆくのだ。古代の弁論術教本をひも解くと、イメージ間の理想的な距離が、具体的な数値でこと細かに指示されている。お互いに触れるか触れないかくらいのインターヴァルが最適とされる。つまり、近すぎれば図像どうしが相互干渉を起こすし、離れすぎるとスペースの無駄が増え、効率的想起に支障が出る、ということだ。

　また、当然のことながら、イメージをどの場所に、どんな順番で置いたのかを、しっかり覚えておく必要がある。たとえば、ある一日の行動予定を、記憶術を使って覚えるとしよう。便宜的に、すでに建築ロクス（＝自分の家）の準備は終わっているものとする。覚えるべき内容は、ざっとこんな具合だ――「朝起きてラテン語の勉強をし、午前中に図書館でプラトンの『ティマイオス』を借り出し、午後はメールのチェックをしてから、スーパーに夕食（カレー）の材料の買い出し、夜は原稿の執筆」。まずこれらのスケジュールの要点をイメージに変換したうえで、あらかじめ用意しておいた家のロクスに配置してゆくことになる。たとえばロクスの起点となる玄関扉のそばには、「寝床から起き上がったキケロ」の姿を、かつてローマのカピトリーノ美術館で見た彼の胸像（図1-7）をもとに想像して置こう――偉大な弁論家殿には少々失礼だが、この際かわいいパジャマに睡眠キャップのいでたちに

1-7　キケロの胸像（カピトリーノ美術館、ローマ）（著者撮影）

1-8　ラファエッロ《アテナイの学堂》（部分）（ヴァティカン宮殿「署名の間」）（著者撮影）

1-9　ダンテ・ゲイブリエル・ロセッティ《記憶女神ムネモシュネ》（1875-81年）（デラウェア美術館）

して、そのコミカルな印象を記憶への刺激として活用してみたい。それに続いて玄関をあがったところに、ラファエッロの《アテナイの学堂》から、中央部分に描かれている「プラトン」の姿を拝借してこよう[1]（図1-8）。そして、玄関から続く廊下に「キーボードとハガキ」を、右手の居間に入ったところに「おいしそうなカレーを持ったスーパーマン」を、そして居間の壁には、書くべき原稿のテーマを一番よくあらわす「何がしかの図像」を置いて、その下に羽ペンとインク壺を添えておこう。たとえば今みなさんがお読みのこの本の原稿を執筆する場合なら、「記憶女神ムネモシュネ」の姿（図1-9）が最適だろう。

こうして準備を終えたら、あとは記憶を呼び戻したいときに、頭の中で仮想建築を巡回すればいい。イメージに出会うたびごとに、それらに託した内容を、あたかもレンジで解凍するかのように取り出してゆくのだ。だから、イメージがロクスにしっかり固定されていないと、思い出すトピックの順番が狂ってしまいかねないし、個々の賦活イメージのデザインに凝りすぎて何を表象しているのか分からなくなってしまっては、本末転倒だ。いや、そもそも瞑想によって心の中の仮想空間を自由に動きまわれないようでは、まだ記憶術を実践運用する準備が整っていないといえる。

本当に効くのか

ここまでの内容を整理すると、古代の弁論術の一部として体系化された古典的記憶術とは、まず器としての建築（空間）を心に刻み、次いで暗唱したい文字データを図像に変換して、場所とイメージをセットで覚えてゆくテクニックということになる。これは一見すると、かえって煩雑な手間が増えて、記憶の負担になるのでは、との批判も当然あるだろう。むしろ素直に文字情報を繰り返し復唱して機械的に覚えたほうがずっと楽ではないのか、と。記憶術の歴史をひもといてみると、実際にそのような常識的な批判が幾度となく繰り返されてきたことが分かる。しかしながら、イメージと場所に基づくこの方法が医科学的な観点から見ても有効であることが、近年の研究によって証明されつつある（Oliverio 2001; Maffei 2003）。単なる復唱による機械的暗記とは比べ物にならないほどの絶大な効果や保持力が期待できるテクニック――それが記憶術なのだ。

では、なぜ効くのかというと、記憶術ではイメージの持つ圧縮力と、建築のもつ空間秩序を巧みに組み合わせ、情報を視覚的かつ直感的に操作できるようにしているからだ。脳の記憶容量については現在様々な見解があり、一説には四テラバイトとも、あるいは一〇〇〇兆項目のデータを収蔵可能だともいう（脳科学的観点からの記憶については、二木 一九八九、マッガウ 二〇〇六、スクワイア＋カンデル 二〇一三）。そんな気の遠くなるような大容量に比べたら、仮想建築を覚えたり、文章をイメージ化したりする程度の負荷は、微々たるものといえるだろう。その程度の労力で絶大な記憶能力が得られるなら、利用しない手はない。現代ならコンピューターをはじめとする外部記憶装置が発達しているから、わざわざこの種の苦労を買って出る必要もあまり感じないだろうが、近代以前の人々にとっては実に魅力的な思考装置だったはずだ。

記憶術の身体性

ここで注意すべきは、この記憶術というテクニックが、物理法則の制約を色濃く受けた、実に「身体的な」、もっというなら「泥臭い」側面を有している、という点である。頭の中を巡ってゆく心の目は、現実世界における歩行と同様、そんなにスピードはあげられないし、長い距離の移動には時間もかかれば疲労感もともなう。想像力を駆使するから、脳や精神にそれなりの負担がかかるのだ。たとえば、ある長大な演説を前後半の二部構成とし、隣りあう二棟の建物のロクスに分けて記憶したとしよう。前半部を無事に口演し終わって、さて後半に移ろうかという際には、心の目が隣の建物に移動する時間をかせぐため、演説家は咳払いをしたり、水を飲んだり、後ろを振り返ってアシスタントと無意味な短いやり取りをしたりするなど、涙ぐましい工夫をして場をもたせなくてはならないのだ。徒歩や騎馬が移動手段だった当時は、高速移動や瞬間移動という概念が、そもそもなかったのかもしれない。

とはいえ、高速検索のための工夫も存在した。ロクスを細かく分節してゆく際、番号を振ってゆき、五の倍数ごとに目印を置くのである。たとえば、五番目のロクスには黄金の手のひら（＝五本指）を、一〇番目には十字架のイメージを、といった具合だ（図1-5）。こうしておけば、目印のついたロクスだけをたどって五つ飛ばし、一〇飛ばしの、いわゆるスキップ検索が可能になる。途中のイメージを無視することで、心の目の移動速度が数倍にも数十倍にもなるのだ。これをうまく活用すると、『アエネイス』や『神曲』のような長大な叙事詩の、各歌の冒頭のフレーズのみを拾い上げながら暗唱したり、あるいはロクス巡回の順序をひっくり返すことで、結末から冒頭にむかってリバース再生したり、といった離れ業さえ可能になる。まさに、空間とイメージに立脚した記憶術だからこそできる芸当といえよう。

また、記憶術の身体性ということでは、心の目の「視環境」も考慮する必要がある。イメージどうしが近すぎると混乱してしまうし、空間に適度の明るさがなければ、そもそも暗くて何も見えない。また、ロクスがぐらぐら揺れる不安定なものだと、そこに置いたイメージもよろめいてしまうだろう。だから、古代の記憶術解説では、ロクスは恒常不変の安定性をもち、また適切な照明なり採光なりを考慮するように指示されている。こうした物理的な規定が、記憶術の長所と短所の双方を生み出しているといえよう。うまく使いこなせるかどうかは、術者の手腕にかかっているのだ。

記憶の秩序

記憶術の実践には、「場所」と「イメージ」のほかにもうひとつ、「秩序」の原理が欠かせない。これは、初めて接する情報や、前後になんの脈絡もない膨大なデータ群を処理するときに、その威力を発揮する。たとえば誰もがあらすじを知っている童話や昔話などを記憶術の方法で覚えても、あまり意味がない。ある場面の次にどんな場面が続くのか、簡単に予想できてしまうからだ。ひるがえって、ランダムにならべられた二〇種の動物リスト(ネコ、カエル、アライグマ、金魚……)を覚えようとすると、とたんに難しくなる。ネコの次にカエルが来て、さらにアライグマが続く必然的な理由、つまり情報ビット相互の緊密な連結がないからだ。円周率の文字の連なり(3.141592...)もこのたぐいだ。

そこで役立つのが、記憶の背景として用いる建築の「秩序」である。これは要するに、ばらばらな情報のあいだに、外部から人為的につながりを与えようとする工夫である。門のところにネコを置き、玄関にカエル、廊下にアライグマ、居間に金魚を置いておけば、なるほどこの四匹の動物のあいだに誰もが納得する論理的なつながりはないが、門をすすめば必ず玄関があり、玄関の次には廊下と居間が続くという、この空間のシークエンスは、何度ためしてもかわらない。イメージを場所に固定して、セットで覚えておけば、そこに空間の連鎖という自然な情報のつながりが生まれるのだ。個々の情報が恣意的に並んでいるのなら、情報をしまう器のほうで、覚えやすいつながりを作ってしまおう、という発想だ。

だからこそ、堅固な建築が記憶の器として適しているし、その仮想空間をしっかり心に刻印しておくことが、記憶術を運用する上での必須の前提条件になる。そして、記憶の用がすめばイメージのみを消去して、背景の建築は、新しいデータを受け入れるための器として、何度でも使いまわすことができた。この術が別名「建築的記憶術」ともよばれるのは、こうした理由からである。記憶術のシステムを食事にたとえるなら、お皿（＝ロクス）に盛り付けた料理（＝記憶イメージ）を食べてしまったあとは、食器をきれいに洗って（＝イメージ消去）、また次の料理の盛り付けのために器の再利用ができる、というわけだ。

古代から中世へ

以上に概観したように、場所とイメージと秩序に基づく古典的記憶強化の方法は、古代の弁論術教程に組み込まれ、確固たる基盤を築いた。その煩瑣な手続きに対する批判や懐疑的な意見も当初からあったが、おおむね当時の上流市民のあいだで一定の認知度を得ていたと考えてよいだろう。しかしながら、共和制ローマが内戦の末に帝政へと移行し、やがて東西の分裂を経て西ローマ帝国の滅亡へと至るにおよんで、記憶術もまた変容をこうむらざるをえなかった。

近年の歴史学の進展によって、中世の時代が必ずしも古代世界と完全に断絶していたわけではなかったことが徐々に明らかになってきている。けれども、いわゆるパクス・ロマーナの文化的極盛期と比べると、西ローマ帝国滅亡以降は都市生活や文化活動の規模がそれなりに縮小したことは確かであり、学問としての弁論術もその勢いを失った（ウォード＝パーキンズ 二〇一四）。そもそも法廷や議会での弁論や演説の機会が、ぐっと減少したのだ。当然、記憶術への注目の度合いも劇的に低下した。

加えて古代に多数出回っていたといわれる記憶術の簡便な教則本のたぐいも、古代末期の混乱を生き延びることができなかった。その種の書物は実践的用途で製作されていたため、摩耗も激しかったのだろう。こうして記憶術の諸規則はその要諦部分のみが、キケロやクインティリアヌスらの弁論術関連の理論書に断片的なかたちで保存されることになった。中世にはそれらの著作の写本が一定数製作されたが、その数は決して多くはなく、人々が古代の伝統的記憶強化法に触れる機会は一気に減少してしまったのだ。また、すでに術の基本を知っていることを前提にして書かれていた古代の弁論術教本の断片的な記述は、中世人にとっては、次第に解釈が難しい呪文めいた章句に変貌していった。こうして記憶術はいったんは、歴史の表舞台から姿を消しかけたかに見えた。

中世修道院文化における記憶術

だが、古来の記憶強化の伝統は中世の間まったく途絶えたわけではなかった。その数こそ少なかったものの、古代の弁論家の著述あるいはその章句の抜粋などは、修道院の学僧たちによって細々と読み継がれ、注解がほどこされていった。そうしたなか、場所とイメージと秩序に基づく記憶術の原理も、もちろん完全なかたちではなかったが、伝えられていったのである。けれども、その際に、ある種のキリスト教的な変容を経験したことが指摘されている。つまり、記憶術は神学に取り込まれたのだ。それは、古代とはまったく異なる修道院文化の文脈において、この摩訶不思議な術をなんとか理解しようとした中世知識人たちの知的格闘の痕跡ともいえる。このあたりの込み入った事情を丁寧にたどることは本書の射程を外れるので、ここでは多少図式的になるのを承知のうえで、大まかに整理してみよう。

主に修道院に拠るキリスト教の神学者たちは、中世に伝わったキケロの著作（『発想論』）などをヒントに、こぞって記憶に倫理的な意味合いを読み込んでいった。たとえば良きキリスト教徒が涵養すべき「枢要徳」の一つに、〈思慮〉という徳目がある。記憶はまさしく、その思慮を構成する一要素として価値づけられたのだ。なぜなら、思慮とはそもそも、未来に備えるために過去の経験を活用することに他ならないから、記憶を磨き、鍛え上げることこそは、思慮深く生きるための要諦である、というロジックを展開していったわけである（イエイツ 一九九三、第三章）。

その一方で、記憶術自体も、祈りと瞑想に明け暮れる修道院文化に取り込まれることで、様々に理論の洗練・深化が行われていった（カラザース 一九九七）。確かに、心を澄まして深く瞑想し、精神の中に配置した記憶の痕跡を訪ねて回るという営為、すなわち古典的なロクス＝イメージのシステムは、見方によっては宗教的な瞑想実践に非常に近しい部分があるといえる。その際、建築的背景にイメージ化した情報を置いてゆく、という術の根本部分に大きな変化はなかったものの、器と中味が、中世においては大きく様変わりしたのだ。そもそも建築をロクスに用いるかわりに、二次元の幾何学的な図形やダイアグラムが用いられるようになった。また、建築的空間を利用する場合でも、教会や修道院の回廊といった施設が好まれたばかりでなく、聖櫃《せいひつ》やノアの箱舟（図1-10）、幕屋やソロモン神殿、天空のイェルサレムといった聖書に基づく架空の建築的ロクスも頻繁に用いられるようになった。そして、それらの聖なる空間に、キリストの生涯や聖人伝、あるいは天使の神学的なイメージの数々を刻んでゆくことは、情報の保持という即物的な利便性を超えて、キリスト教信者にとって最重

1-10　ノアの箱舟（アタナシウス・キルヒャー『ノアの箱舟』（1675年）より）

要である「魂」を涵養し、神へといたる道筋の一つと見なされたのである（たとえば、Rudolph 2014）。記憶を通じての魂の救済——記憶術もずいぶんと様変わりしたものだ。

中世にこのような変質がもたらされた要因としては、初期西方キリスト教会最大の教父である聖アウグスティヌス（三五四—四三〇年）の影響が大きいといわれる。彼は著作『告白』第一〇巻において、神がいるとすればそれは我々信者の記憶の彼方だと喝破して、信者に自己の内面を省察する重要性を示したのである。心の中に聖なる建築を構築し、そこに聖なる事柄を収納して繰り返し瞑想することは、信者にとっては神の探求にもつながる営みだったのだ。こうして古代以来の人工的記憶強化法は、その基本となる骨格を残しつつも、中世のキリスト教文化の中で、もはや創案当初とは完全に別の文脈に移植されるにいたった。

こうして変容をこうむりつつ中世を生き延びた記憶術は、やがてルネサンスの時代になって、再び古代に近い形態をまとって大々的に復活することになる。そもそも、この蒼古たる術が一〇〇〇年以上の歴史の中で完全に死滅しなかったのは、やはり実社会におけるその有用性に、人々が少なからぬ恩恵をこうむってきたからだろう。

では、章をあらためて、ルネサンス期に復活した記憶術の黄金時代をたどってみることにしよう。

第**2**章

ルネサンスの記憶術

ティツィアーノ《思慮の寓意》
(1565-70年頃)(ナショナル・ギャラリー、ロンドン)

＊若年、壮年、老年の三人の頭部はそれぞれ、未来(予知力)、現在(知力)、過去(記憶)の寓意となっている。

記憶術の復活

ルネサンス——文芸復興とも、「人間の尊厳」の発見の時代ともよばれるこの時期に、西欧世界は経済や政治のしくみをドラスティックにあらため、今に語り継がれる黄金の芸術文化を産み落とした。そのルネサンスをすっぽり飲み込んでおおよそ一五世紀から一七世紀初頭にかけての期間は、文化史上の時代区分としては「初期近代（early modern）」とも称され、まさしく近代の礎を築いた重要な瞬間だった、という評価がなされている。ともすると逆説的に響くが、新たな文化と世界観を構築しつつあったその初期近代に、蒼古たる伝統を有する記憶術が再び「世俗の術」として見事な復活を遂げ、最後の大流行を経験するのである（初期近代における記憶術の再流行については、「プロローグ」注2の文献を参照）。もちろん、ルネサンスにはそもそも古代文化の復興をめざした側面があるから、キケロやクインティリアヌスの著作が再び流布する中で、古代弁論術への注目が高まったこと自体は取り立てて不思議なことではない。けれども、印刷術や安価な製紙法が発展し、記憶を補助する手段が容易に得られるようになった状況下で、なぜ人々は煩雑な人工的記憶強化法にこだわり続けたのだろうか。

もちろん、単に古代の術がそのまま蘇ったわけではない。中世時代にこうむった変容を吸収しつつも、発明と発見の新時代にふさわしい様々な改良がほどこされた記憶術は、ルネサンスの思想文化を根底で支える重要な知的方法論へと変貌を遂げてゆくのである。それは、もはや長大な法廷・議会弁論を暗記するための特殊な専門技能でもなければ、キリスト教の教義を心に刻み込むための瞑想の道具でもない。もちろん、そうした使用法も依然として可能ではあったが、ここに至ってより世俗化され、弁論術や宗教といった文脈から自由になって、学生や商人、弁護士、学者、芸術家、文学者、官僚等々といった市井の人々が、社会的成功や芸術・学問上の達成を目指す際の必須の補助ツールになったのである。また、そのような世俗化の波が進展するかたわらでは、初期近代の一部の独創的な思想家たちが、この古代の記憶強化法のうちに、知的世界の変革の夢を読み込んでいった。データを書き込んでは消す、といった即物的な使い方ではなく、精神内の壮大な建築フレームに天地造化のあらゆる知を分類配置し、それらを永遠に固定することで、普遍知を体現する叡智の神殿を築こうとする試みだ。

コンピューターなどまだなかった時代、膨大なデータを処理しながら何か創造的な仕事をしようとする者たちにとって、ロクスとイメージに基づく古典的記憶強化法こそは、強力な味方になってくれたのだ。記憶術は一つの有用なビジネス・スキルとして、あるいは知の刷新をもたらす魅惑の哲学的ツールとして、ルネサンス人士たちの心をしっかりととらえたのである。本章では、そんなルネサンスにおける古典的記憶術の復活と大流行の諸相を追いかけてみよう。

初期近代の情報爆発

初期近代に記憶術が未聞の大ブームを巻き起こした背景には、様々な要因が考えられる。その一つが、物と情報の爆発的増大である。つまり、この時代には、覚えるべきデータが一挙に増えた結果として記憶の重要性が高まったのだ。

ルネサンスといえば、発見の時代である。一四九二年のコロンブスによる新大陸発見以降、スペイン、ポルトガルを中心とする西欧列強による南北アメリカ地域の探検と植民地化がすすみ、現地の珍花奇葉・珍獣奇鳥や鉱物資源、ネイティヴ・アメリカンたちの器物や什宝《じゅうほう》や衣類等の民生日用品が大量にヨーロッパに運ばれた。一方で東方のオスマン帝国とは依然として緊張した関係を保ちつつ、巧みな外交やアフリカ南端経由の新航路の開拓などによって、アジア地域との交易もさかんになった。こうして、とりわけ一六世紀以降、異境の奇貨珍宝や蛮産の怪禽妖獣といったフィジカルな「物」ばかりでなく、僻遠の異事奇聞や文芸、民族誌、博物誌、地理・気象データといった「情報」までもが、ヨーロッパの市場や日常生活の場に怒濤の勢いで流れ込んだのである。そんな当時の澎湃《ほうはい》たる世情の気運を肌身に感じていた知識人の一人、イタリア人医師・哲学者のジローラモ・カルダーノ(一五〇一―七六年)は、自伝のなかでこんな印象的な言葉を綴っている。

驚くべきことではあるが自然的な出来事のうちで、第一のしかもまれにみることがらといえば、それは、全世界が発見された今世紀に、私が生を受けたということである。(カルダーノ 一九八九、一七三頁)

未知の世界が次々に既知のものとなり、ヨーロッパ人の知見と認識が一挙に拡大した。それはまさに「驚異の時代」とよぶにふさわしい歴史的瞬間だった(Kenseth (ed.) 1991)。

これを受けて当時の人々はどう反応したのだろうか。まずもって一番手っ取り早いのが、飛躍的に増大した物と情報を可能な限り蒐集・管理することである。増えたらそのぶんだけ、とにかく集めて自分の手の届く範囲に確保しておこう、という発想だ。そうすることで、未知の驚異は脱色され、管理可能な対象になる。こうして初期近代には熱狂的なコレクション・ブームが出来《しゅったい》した。一般市民から学者、豪商、好事家、高位聖職者、王侯貴顕に至るまで、各自の財力と感性に応じて博物標本や古代遺物、工芸品、芸術作品、書籍などをひたすらに集め、展覧に供した（図2-1）。「ヴンダーカンマー」とか「クンストカンマー」などとも呼ばれるこの種の蒐集室が、当時のヨーロッパには知られているだけでも一〇〇〇を超える規模で存在していたという。こうした活動から、やがて近代的なミュージアム制度が確立してゆくことになる。[1] けれども、日々増え続ける膨大な品を一個人がすべて掌握できるはずもなく、いってみればそれは自らが世界の中心を占めているという幻想を守るための、西欧人士たちの最後の悪あがきだったといえなくもない。

2-1　初期近代の蒐集室（ヴンダーカンマー）（出典：Ceruti et Chiocco 1622, tavola tra, pp. 6-7）

ともあれ、こうして物理的に増えたモノを効率よく統御する手段として、古典的記憶術の情報管理システムが有益なヒントを提供したことは間違いない。たとえば、西欧で出版された最初期のミュージアム理論書であるザムエル・フォン・クヴィヒェベルク（一五二九―六七年）の『広壮なる劇場の銘あるいは標題〔…〕』(一五六五年)では、円形劇場をモデルにしたミュージアム空間を一種の記憶ロクスとし、収蔵展示品を記憶イメージに比する理論が語られている(Kuwakino 2013)。記憶術と初期近代のコレクション流行の関係は、今後さらに掘り下げてゆくべきテーマだろう。

印刷術の発明

初期近代には、蒐集趣味や博物学の進展以外にも、情報の洪水をもたらした、もうひとつの背景があった。それが印刷術の発明とその爆発的な拡散である。一五世紀の中葉にドイツ人ヨハネス・グーテンベルク(一三九七/一四〇三頃―一六八年)によって発明された活版印刷術は、たちまち欧州各地に拡散し、一四九〇年までにおよそ二〇〇あまりの都市に印刷機が設置されるに至った。そして、一六〇〇年までに、実に累計三五万タイトルの書物がヨーロッパで印刷されたのである。各タイトルごとに数百から数千部が刷られただろうから、総発行部数は天文学的な数字になる(初期近代の印刷文化については、ペティグリー二〇一五)。それにあわせて安価な製紙技術も発展していった。

また、忘れてはならないのが、印刷術は同時に、図版の大量複製をも可能にした、という事実だ。印刷技術の発明というと、我々はとかく文字の複製にばかり目がいってしまいがちだが、実は複雑で精密な図版(図2-2)を、木版や銅版によって正確に大量複写できるようになったことのほうが、むしろ情報革命の視点からはインパクトが大きかったとさえいえる。膨大な情報を圧縮した精緻なイメージとそれらを説明するテクストが同じ頁の中で合成されたとき、中世の写本文化では想像もできなかったほどの情報と知識が、正確・迅速・大規模に伝達されることになったのである。

こうして、うなりをあげる印刷機によって、新種の動植物や海外の地誌風俗、最新の時事ニュースや天文異象についての知見を満載した図版入りの書物やパンフレット（一枚刷りのちらし）が大量に印刷され、人々の知識欲を満たしていった。けれども、印刷メディアが伝えたのは、同時代の現在進行形の情報だけではなかった。古代や中世の哲学、医学、神学、文芸、歴史に関する古典的名著もまた、様々な版で上梓され、過去の膨大な知識を人々の手元に届けたのである。なるほど、書物が増えたおかげで、何か知りたいことがあれば頁をめくればすむ時代になったが、まだまだ本は高価だったし、公共図書館の整備もさほど進んでいなかった。したがって、必要な情報がすべて頭に入っていたほうが便利であることに変わりはない。そこに古代以来の信頼のおける情報管理ツールである記憶術を、多少なりとも活用しようと考える人々があらわれたのは、ごく自然な流れだった。

2-2　悲劇の舞台デザイン解説図（セバスティアーノ・セルリオ『建築書』第5巻（1569年）より）

創造的記憶

印刷術がもたらした知的世界の変化を、さらに一歩踏み込んで考えてみよう。出版文化が高度に発展したおかげで、古典文学の知識は、当時の貴紳たちの一般教養として人々に広く共有されるようになった。キケロやカエ

2-3　ヴィンチェンツォ・フォッパ《キケロを読む少年》（「読書をする少年キケロ」という解釈もある）（1464年頃）（ウォーレス・コレクション、ロンドン）

サル、ウェルギリウスやオウィディウス、セネカ、リウィウス、テレンティウスなどの作家は必読書とされ（図2-3）、学校教育でも頻繁に教科書として取り上げられた（ペティグリー 二〇一五、一〇六、三〇三頁）。名士や富民の子弟なら、古典的名著の有名な箇所などは、教師の鞭に震えながら、みな必死になって暗記していたことだろう。[2] もちろん、必ずしも人々がみな古典を網羅的に読み込んでいたわけではなく、簡便な抜粋集や引用句辞典のようなものが人気を博したのは事実だが、ともあれ共通の古典文化というものがこの時代に広く形成されたことは確かだ（Moss 1996）。ある程度のレベルの教育を受けた人々の間では、一定の量と質の基礎教育が共有されていた。そして、それを可能にしたのは印刷術だった。

その前提にたったうえで、初期近代の文筆家たちは新たなテクストを生産していった。つまり、ある文章の中に、出典を明記することなく、古代の文献から借用したフレーズなりトピックなりを編みこんだとする。もちろん、原文のままではなく、文脈にあわせて改変を施し、単語の入れ替えなども行っただろう。著作権の概念がまだ確立していなかった当時、それは盗用ではなく、創造的模倣と考えられていた。著者はむしろ、読者がその箇所に気づくことを望んでおり、その上で、いかに自分が古典の文言を巧みに模倣し、より洗練させて、新たなコンテクストのもとで新鮮な意味を紡ぎだしたのか、その修辞と模倣の妙をこそ競いあっていたのだ。これは、印刷技術の発展によって古典の名著や基本図書が網羅的に出版され、その記憶が人々に共有されていたからこそできる芸当である。このような古典文化をささえる基盤になっていたのが、繰り返すが、記憶術だったのだ（Bolzoni 1998）。

ここから、創造的思考には記憶が不可欠である、という一見すると逆説的な命題が導き出される。何か新しいテクストを創造したければ、天来の感興がどこかから自然に降って湧いてくるのをただ受動的に待つのではなく、過去の読書体験をもとにして綿密に構築した記憶の情報建築を精査することによって、一種の結合術（アルス・コンビナトリア）（図2-4）を瞬時に駆使し、必要なデータを取り出して組み合わせるのである。なるほど、個々の情報それ自体は先達の受け売りかもしれないが、それらを新たな文脈のもとに流し込んだ末に出来上がったものは、高い独創性を有する立派な創作物として認知される。少なくとも初期近代までは、そのようなテクスト創造観が広く浸透していた。同じことは視覚芸術や建築、音楽の創作現場にもあてはまるだろう。こうした状況のもとでみるなら、膨大な過去のデータを効果的に管理・操作できる記憶術とは、あらゆる知的な創造活動の基盤となる、非常にクリエイティヴなツールとしても機能していた、と

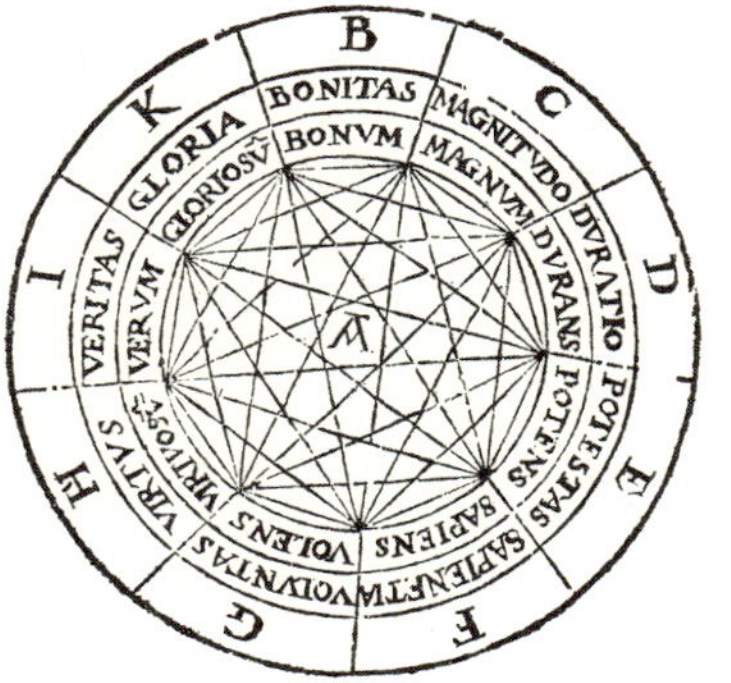

2-4　ルルスのアルス・コンビナトリア（出典：イエイツ 1993、219頁）

解釈できる。創造の源としての記憶――記憶術が中世を生き延び、初期近代にあれほど熱狂的に迎えられた理由の一斑は、実はこの点にもあったのだ。

このように、初期近代の記憶術の復活と流行に印刷術が果たした役割は、非常に重要かつ多岐にわたるものだった。出版印刷文化との密接な融合こそ、この時代の記憶術を古代や中世の先例と区分する大きな特徴だといえる。

華麗なる記憶術師

活版印刷術という推進力を得た初期近代の記憶術。その活力の度合いや人気のほどをはかる指標となるのが、術の諸規則を解説した教本類の存在である。キケロやクインティリアヌスらの古典テクストから該当箇所を抜粋し、当世風にアレンジを加えた、いわゆる記憶術マニュアルのたぐいが、一六世紀から一七世紀初頭にかけて雨後の筍のような勢いで執筆ないしは印刷出版されたことが知られている。それらの愛すべき作品のいくつかは、本書の後半でじっくり分析してみることにしよう。ともあれ、それらの刊本を手に取れば、古典弁論術の体系だった知識がなくても、記憶を強化するためのノウハウを手軽に手に入れることができるようになったのだ。

とはいえ、記憶術の仕組みを知ったからといって、誰もがそう簡単に実践できるわけではない。正真正銘の記憶術師（artist of memory）になるためには、入念な準備作業と地道な訓練が必要だった。そのことは当時の教則本をひもといてみるとよくわかる。それらの中には、術の習得に二ヵ月あまりで十分とするものから（Della Porta, 1996, p. 55）、たっぷり六ヵ月必要だとするものまであって

(Schenkelius 1610, p. 45)、振り幅は大きい。いずれにせよ、一日や二日の付け焼刃的な準備では歯が立たなかったことがわかる。現代の我々よりはるかにイメージに対する感受性が強く、また強靭な想像力（メンタル・パワー）を持っていたはずのルネサンス人士たちでさえ、最低でもそれだけの時間が必要だったのだ。まさに記憶術は一日にして成らず、である。

また、イメージの収納に用いる記憶のロクス（精神内の仮想建築）については、その数が多いほど記憶容量が増えるわけだから、当然多く持つにこしたことはない。とはいえ、それも限度というものがある。ふたたび初期近代の記憶術教本を参照してみると、初心者は二〇程度、熟練してきたらだいたい一〇〇から一〇〇〇のあいだが標準とされている (Gesualdo 1592, 16r.)。ちなみに、この二〇という数字は、一つの建物の内部を二〇の小空間（玄関、廊下、窓、居間の壁、階段……）に細かく分節するという意味ではなく、二〇棟の建築ないしは仮想空間を常備するということであり、実際の運用にあたっては、それらをさらに細かく分割してゆくことになる。たとえば一つの家を五〇程度の小空間に再分割するとすれば、二〇棟の家のロクスを持つ者は、ざっと一〇〇〇項目あまりの記憶情報を収蔵できることになる。初心者はこの程度の容量で十分だと、記憶術マニュアルは教えているのである。

この数字だけでも我々には驚きであるが、ルネサンスにおける古典的記憶術復活の立役者となったイタリア人法学者ピエトロ・ダ・ラヴェンナ（ピエトロ・トンマイ）（一四四八頃―一五〇八年）に至っては、旅の先々で目にする主だった建築を片端から頭に放り込んでいった結果、なんと一〇万以上のロクスを蓄積するにいたったというから (Pietro da Ravenna 1491, p. 6)、とても常人には真似できるものではない。おそらく生得の才能も大きく作用していたのだろう。才能と努力が結び付いたとき、記憶術は爆発的な力を発揮するのだ。

　ちなみに、このピエトロ・ダ・ラヴェンナは、その飛びぬけた個性で、初期近代の記憶術史を華やかに彩《いろど》る愛すべき人物である。古典的記憶術の玄妙を体得したと謳ってはばからない遊説・興行の師で、イタリアで法学を修めたのち、諸国の宮廷や大学をめぐっては超人的な記憶パフォーマンスを実演して、そのテクニックの有効性を実証する生きた広告塔になった。その彼が記憶術の要諦を説いた著作『フェニックス（不死鳥）あるいは人工記憶』（ヴェネツィア、一四九一年）（図2-5）は、当時の大ベストセラーとなって幾度も増刷を重ねた（この著作については、イエイツ 一九九三、一四四―一四六頁、ロッシ 一九八四、五二―五五頁）。図版のたぐいはいっさいなく、簡潔なラテン語で綴られたわずか数頁あまりの論考ではあるが、その飾らないシンプルさがかえって読者に受けたのかもしれない。この著作以降、「記憶術文献」とでもいうべき文芸ジャンルが出版界に確立し、『フェニックス』を真似た様々なマニュアル本や医学的・哲学的な記憶論考などが、初期近代出版文化を賑わせてゆくことになる。

2-5 『フェニックス（不死鳥）あるいは人工記憶』1541年版（ウィーン）表紙

　さて、ピエトロが『フェニックス』で語るのは、場所とイメージに基づくいわゆる典型的な建築的記憶術であり、その教則にとりたてて珍しいところはないが、現代の読者の興味をそそるのは、著者が嬉々として語る記憶自慢の箇所である。なんでも彼が記憶に収めていたのは、聖書の無数の文言、膨大な大学講義の内容、キケロの数百の演説や警句、三〇〇あまりの哲学者たちの言葉、二万の法律の要点や注釈、さらには草木金石虫魚鳥獣などの莫大な博物学的知識だったという。こうした夥《おびただ》しい量の情報を混乱することなく記憶に収蔵し、求めに応じて即座に取り出してみせることができたのは、まさに洗練されたイメージ＝ロクス・システムの活用のおかげに他ならない。ピエトロの即興的な記憶パフォーマンスを目の当たりにして、さっそく『フェニックス』をもとめて書店に走った若者たちの姿が目に浮かぶようである。

記憶のアーティスト

だが、この時代の記憶術の流行・深化を考える上で、もう一つ考慮すべき重要な要素がある。それが、同時代のルネサンス美術（建築、絵画、彫刻）の発展だ。よく知られているように、ルネサンスの視覚芸術は中世までの記号的で平板な表現を脱し、とりわけ一五世紀以降、解剖学の知見に基づく写実的な身体表象を確立するとともに、人の情感や魂の葛藤をも描き出す圧倒的な描写力を磨き上げた。一五世紀の初頭に確立された遠近法の原理もまた、リアルな絵画空間の創出に与《あずか》って大きく力があった。とりわけイタリアを中心に個性的なアーティストたちが綺羅星のごとく登場し、自然をお手本にミメーシスの技巧を洗練させる一方、次々と地中から発見される古代の傑作彫刻からも大いに霊感を得て、古典的な美の規範（カノン）を築いてゆく。こうして、チマブーエ（一二四〇頃―一三〇二年頃）やジョット（一二六七頃―一三三七年）らの瑞々しい曙光にはじまり、ブルネッレスキ（一三七七―一四四六年）やドナテッロ（一三八六頃―一四六六年）、マザッチョ（一四〇一―二八年）（図2-6）らの大胆な革新を経て、やがて一六世紀初頭にいたると、人類史上稀に見る豊かさと密度を誇った、盛期ルネサンスの絢爛たる芸術文化が出来するのだ。

まさにその最盛期の古典芸術を担ったレオナルド・ダ・ヴィンチ（一四五二―一五一九年）やミケランジェロ（一四七五―一五六四年）、ラファエッロ（一四八三―一五二〇年）ら天才芸術家たちが生み出す作品は、絶妙なバランスの構図のもと、目を射るような鮮烈な色彩をまとい、豊かな表情と漲《みなぎ》る生気を帯びた圧倒的な存在感を有していた。その心を溶かすような美しさ、人物の印象的な仕草やうったえかけるような表情は、一度見たら心に深く刻印されて、なかなか忘れられない。いうなれば、

2-6　マザッチョ《聖三位一体》（1425年）（サンタ・マリーア・ノヴェッラ教会、フィレンツェ）

まさに「力あるイメージ」（≒賦活イメージ（imagines agentes））だったのだ。

こうした視覚芸術の劇的な展開を反映するかたちで、ルネサンス期の記憶術にも大きな変化が訪れる。精神内面に精緻な仮想建築を設計し、鮮烈なメンタル・イメージを様々に描きあげる記憶術師（artist of memory）が、一種の芸術家にたとえられるようになったのだ。たとえば、ナポリの自然科学者ジョヴァン・バッティスタ・デッラ・ポルタ（一五三五―一六一五年）の著作『想起術』（イタリア語版：ナポリ、一五八三年）をひもといてみよう。著者はその冒頭部分で、記憶術の根幹となる「想像力（imaginativa）」の重要性を強調しつつ、その役割をこう述べる。「〔想像力は〕卓越した画家のように、物質的な事象の肖像を形成し、その筆でもって、あたかも目の前にふさわしい画板があるかのように、記憶の中に素描をする」[3]のだ、と。いうなれば記憶術師とは、精神をキャンバスに見立てて絵筆を振るう画家なのだ。また、同書の別の箇所では、ルネサンス美術の巨匠を引き合いに出しながら、傑作絵画のもつイメージの力を次のように強調している。

ミケランジェロやティツィアーノの絵画は、凡庸な画家のものよりも、はっきり想いだすことができる。なぜなら、後者の作品には通常のありきたりな場面しか描かれていないが、前者の絵画では、多彩な動きや見慣れぬポーズを目にすることができるからである。[4]

天才の手になる表現力豊かな絵画のほうが、凡庸なイメージよりもはるかに記憶に焼きつく。デッラ・ポルタの主張は、なるほどもっともだ。そして、この点をふまえて、記憶イメージも同様に、役

2-7　ミケランジェロ《最後の審判》（1535-41年）
（ヴァティカン宮殿システィーナ礼拝堂）

2-8　ティツィアーノ《ウルビーノのヴィーナス》
（1538年頃）（ウッフィーツィ美術館、フィレンツェ）

者ばりの個性的な動きをさせたり、鮮やかで多様な衣装をまとわせたり、極度に美しかったり醜かったりする姿で描いて、偏倚《へんい》で新奇で鬼面人を驚かすような図像にしあげるとよいのだという。つまり、賦活イメージの作成に際して、ルネサンスの巨匠の絵画作品がモデルとして推奨されているのである。

確かに、たとえばミケランジェロの《最後の審判》（図2-7）は、画面を埋め尽くす裸体の群れがみな思い思いに身をくねらせ、中央上部で腕を振りかざす雄渾なキリストの周囲で、多彩かつ強烈な人間ドラマを演じている。けたたましい轟音や人々の絶叫までもがはっきりと聞こえてきそうなその凄絶な画面の中では、地獄に落とされて絶望に顔をゆがめる者や、必死の形相で悪魔を振り払う者、あるいは救世主の審判を驚愕自失の表情でみつめる者など、まさに阿鼻叫喚、疾風怒濤の絵図が繰り広げられている。その鬼気迫るイメージは、一度見たらそう簡単には忘れられない。感受性の強い人なら、なおさらだろう。一方で、ティツィアーノ（一四九〇頃—一五七六年）によるウェヌスやフローラといった甘美な異教の女神のイメージ（図2-8）は、なまめかしい肉感と妖艶な雰囲気で観る者をたちまち虜《とりこ》にする。やわらかいタッチと暖かい色彩が魅惑的に描き出す女神たちのうったえかけるような視線は、ミケランジェロの激しい情感表現とはまた別の仕方で、観者の心をとらえて放さない。

2-9　ジャンボローニャ《サビニ女の略奪》（1581-83年）（ロッジャ・デイ・ランツィ、フィレンツェ）

イメージの強さに着目すれば、右の議論は盛期ルネサンス芸術に限らず、その後の時代の芸術にも相応に当てはまるだろう。「蛇状姿態（フィグーラ・セルペンティナータ）」（図2-9）や難解な寓意、あるいは奇抜な色彩を導入して観者の驚きをさそったマニエリスム様式の絵画や彫刻、あるいは情感豊かなバロックの諸芸術もまた、あたかも記憶術で用いられる「賦活イメージ」が物質化したかのような印象を我々に与えてくれる。

ともあれ、一五世紀から一六世紀にかけてイタリアを筆頭に芸術文化が爛熟し、視覚芸術の傑作が多数生み出されたことで、評判が評判を呼び、それらの質の高いイメージの記憶もまた人々の共有財産になっていった。その背景に版画メディアの発達が与って大きく力があったことは言をまたない。傑作のコピー画を誰もが手軽に入手できる時代の到来である。つまり、誰それが制作したあの作品、という指示だけで、人々が同一のイメージを思い浮かべることができるようになった、ということだ。これは中世までには考えられなかった状況である。そのことは、たとえば多作をもって鳴るヴェネツィアの文筆家ロドヴィーコ・ドルチェ（一五〇八—六八年）の『記憶を増大させ保持する方法についての対話』（ヴェネツィア、一五六二年）をひもとくと、さらに得心がゆく。典型的な古典的記憶術を解説したこの本のなかで、著者のドルチェはこう勧めている。神話の登場人物に関する記憶イメージを作る際には、ティツィアーノの絵画を参照するのがよい、と（Dolce 2001, pp. 146-147）。そう、またしてもティツィアーノなのだ。色彩に重点をおき、感覚的・官能的な美を追求したヴェネツィア派の巨匠がたびたび引き合いにだされているという事実は、記憶術とルネサンス・マニエリスム美術との関係をさぐるうえで、大変興味深い点といえるだろう（本章でのちほど触れるジューリオ・カミッロの記憶劇場に配置する図像を描いたのも、ティツィアーノだとされている）。

記憶のアーキテクト

一方で、記憶術師は画家であると同時に、心の中に壮麗な家を設計する建築家でもある。ルネサンス時代の一流の芸術家たちが建築から絵画、彫刻、家具デザインまで一人で幅広くこなしたのと同様に、記憶を造形する者たちもまた、内面空間のトータル・デザイナーたることを求められた。その観点からは、哲学者ジョルダーノ・ブルーノ（一五四八―一六〇〇年）（図2-10）の記憶術理論書『イデアの影』（一五八二年）の言葉が、たいへん印象的だ。すなわち、記憶術師とは、精神の中に、場所とイメージからなる調和した構築物を作り出す「建築家」なのだという。[5]

そもそも古代ローマの記憶術では、当時の都市空間を飾っていた邸宅や列柱廊や広場などが、記憶の背景として勧められていた。つまり、普段目にする建築を、頭の中に再構築するのである。その原則は、中世や初期近代においても基本的には変わらない。どの時代であっても、記憶術を実践しようとする者は、自分の目に映る町並みを、まずは情報の容器のモデルとして採用してきたのだ。ということはつまり、記憶術の教則本などで、記憶のロクスの具体例としてあれこれ挙げられている建物や空間の描写を注意深く読み解いてゆけば、そこに間接的にではあるが、その時代の典型的な都市景観や建築の姿を透かし見ることも、不可能ではない。実際、中世に書かれた記憶術論考では、修道士たちが主な読者だったこともあり、教会や

2-10　エドゥアルド・マターニア《ブルーノ肖像画》（Civica Raccolta delle Stampe Achille Bertarelli、ミラノ）（出典：Ciliberto 2007）

修道院の建築が例として挙げられることが多かったのに対して（中世の記憶術については、カラザース一九九七、Carruthers 1998）、初期近代になると、ルネサンス建築学の発展と軌を一にするかたちで、壮麗な宮殿や劇場、広大な整形広場などが、ロクスとして勧められるようになるのである。

ここでごく簡単にルネサンス建築の発展を振り返っておくなら、一五世紀から一六世紀にかけて、古代ローマ風の建築様式を復興しようとする動きがイタリアを中心におこった。人文主義文化が古典古代のテクストに範をもとめたように、建物もまた、古代の壮麗さを再獲得することを目標にしたのだ。その際、指針となったのが、古代建造物の遺構と、帝政ローマ時代の現存唯一の建築理論書たるウィトルーウィウス『建築論』（前三〇―二三年頃）だった。とりわけ遺跡が集中していたのは、当然のことながら、かつての帝都ローマだった。一五世紀初頭には、フィレンツェのサンタ・マリーア・デル・フィオーレ大聖堂の巨大ドームをいかに架けるかのヒントを求めて、ブルネッレスキがローマの遺構をかたっぱしから計測し、徹底的に分析したことが知られている。こうした実測分析を通じて古典的オーダー、すなわちドリス、イオニア、コリントスの各円柱様式が復興され、古代の建設技術も習得されていった。

一方で、レオン・バッティスタ・アルベルティ（一四〇四―七二年）のような理論家肌のアーキテクトは、文献学的なアプローチを交えながらウィトルーウィウスの著作を丁寧に読解し、そこに語られている古代建築の空間原理を定式化してゆく。こうして、美しく、丈夫で、機能的な建物の設計方法が美学的・数学的に定義されていった。こうした建築界の流れを統合し、一六世紀初頭に一つの完成形に導いたのが、ドナート・ブラマンテ（一四四四―一五一四年）である（ブラマンテについては、稲川・桑木野・岡北 二〇一四）。古代ローマに範をとったルネサンス古典主義建築のスタイルを確立した彼の最大の成果が、ヴァティカンのサン・ピエトロ大聖堂の改築原案であり、教皇宮殿を取り囲むベルヴェデーレの中庭の壮麗な空間だった（図2-11）。

こうして、徐々にではあるが、人々の暮らす都市空間にルネサンス古典建築の新風が吹き始める。中世の不整形なゴシック風の邸館の隣に、壮麗な古典スタイルのパラッツォが建ち、何世代もかけて有機的に発展してきたいびつな都市広場が、リズミカルな円柱のアーチが囲む整形広場にとってかわられる。劇場や大規模な幾何学庭園なども、古代ローマの空間類型をお手本に、都市のインフラとして整備がすすんでゆく。当時の人々は、自分たちの暮らす空間が新しい建築スタイルによって日々刷新されてゆくのを、肌身で感じ取っていたはずだ。

そして、このような秩序と多様性と壮麗さを兼ね備えた最新の建築モードが、初期近代の記憶術教本において、ロクスのお手本として推奨されるようになる。これは考えてみれば当然の帰結といえるだろう。つまり、外部世界における建築景観の変化が、脳内の建築ロクス、すなわち人々の精神風景をも変容させたというわけだ。たとえば、トスカーナ大公国の首府フィレンツェで活躍したドミニコ会修道士アゴスティーノ・デル・リッチョ（一五四一―九八年）

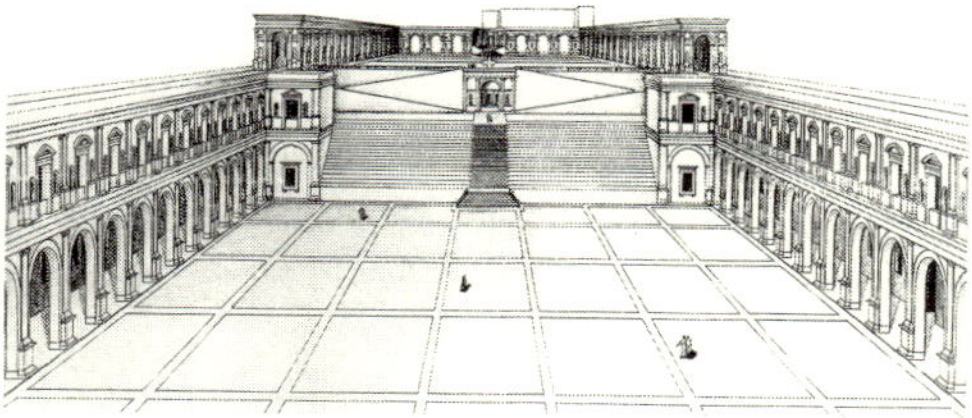

2-11　ベルヴェデーレの中庭の復元図（出典：Frommel 2009, p. 163）

2-12　シニョリーア広場（著者撮影）

は、その著作『記憶術』（フィレンツェ、一五九五年）のなかで、彼が暮らしていた当時のフィレンツェの実在する街路（スカーラ通り）や広場（シニョリーア広場）（図2-12）を記憶ロクスの具体例として紹介している。[6] そこでは、通りや広場に面する礼拝堂や工房、噴水、教会などが具体的に記述されているため、執筆当時の都市景観が手に取るようにわかるのだ。これは同時代のフィレンツェ市民を読者として想定していたためだが、この部分は貴重な都市史の史料にもなっている。デル・リッチョのこの著作については、第5章で詳しく見ることにしよう。

さて、これらの例とは対照的に、実在しない架空の建物や街路を記憶のロクスとして設定する事例も存在する。架空のロクスの使用については、すでに古代の一部の記憶術論において承認されていたが（作者不詳（偽キケロ）『ヘレンニウスに与える修辞学書』三・一四・三二）、後世の記憶術理論家たちの意見は様々だ。より効果的に精神にロクスを刻み込むという観点からは、やはり普段からよく見知っている実在の建築をベースにすべきだ、という意見が強い（Della Porta 1996, p. 66; Gesualdo 1592, p. 12v.）。それに対して、現実の都市空間はそもそも記憶の背景として設計されたわけではないから、記憶の容れ物として用いるには、様々に不便な点もあるだろう。だから、そうした点を改良して理想的な仮想空間をつくったほうが、より効果的に運用できるはずだ、とする立場もある。この場合は、記憶術の実践にとって最適の条件、すなわち秩序と多様性と恒常性をそなえた架空の空間を、ゼロから頭の中で設計することになる。それは、まさに「精神の建築家」（ブルーノ）の名にふさわしい、心を造形する作業である。以下では、これらのファンタスティックな記憶建築をいくつか見てみることにしよう。

記憶術と演劇の世界

先述の『想起術』を著したデッラ・ポルタ（図2-13）は、カメラ・オプスクーラの原理を解明する一方で、植物学や観相学、錬金術にも深い関心を抱くなど、自然科学や魔術思想に通暁した、まさに八宗兼学の鬼才だった。文芸の領域でもその才幹をいかんなく発揮し、二〇点あまりの悲喜劇作品を執筆するなど劇作家としての顔も持っていた（デッラ・ポルタについての基礎文献は、Torrini (ed.) 1990; Piccari 2007）。

2-13　デッラ・ポルタ

そんな彼が開陳する記憶術の教則は、どこか演劇じみていて興味深い。デッラ・ポルタの記憶術の最大の特徴は、ロクスのなかに「住人」を住まわせることである（Della Porta 1996, pp. 68-70）。建築のロクスについては、よく見知った建物を使う以外、特にこれといった指示はないが、

その中に一定のインターヴァルで人物像を配置することによって、ロクスの差異化をはかるのだという。記憶すべき内容を表す、いわゆる「賦活イメージ」とは別種の、ないしはその補助機能を担う、ロクス内の目印と考えてよいだろう。つまり、建物とそこに暮らす人々を、セットで記憶ロクスとして設定するのだ。

これらの住人は基本的には実際に知っているか、見たことのある人物を使用し、精神内で自由に着せ替えをして、記憶内容にあわせて様々なジェスチャーをさせる。もちろん記憶によく残る人のほうがよく、たとえば親友、愚かしい人物、紳士淑女、子供たち、愛する女性、自分が秘かに恋心を抱いている淑女（！）などが例として挙げられている。そして、彼ら・彼女たちの好み、習慣、身に降りかかった出来事などを個別に把握し、イメージの特徴描写に活用してゆく。記憶イメージを配置してゆく際には、それらの人物たちに持たせたり、あるいはなんらかのアクションをイメージに対して起こさせたりすることで、より一層の情報の定着を期待できる。そして、ロクスを心の目で巡回してゆく際には、住人たちのそばを通るたびに、名前を呼び、握手をし、親しげに抱擁をかわす（！）のだという。デッラ・ポルタにとって、記憶術の実践はさぞかし楽しいひと時だったことだろう。

さらに興味深いのは、これらの住人は、想起を行わない時にはまるで休演中の操り人形のように、手足をだらりと下げて、動きを止めている、という点だ。記憶術師は、この場合、記憶の舞台の演出家ということになろうか。そもそも、古代の重要な記憶術理論書としても読めるキケロ『弁論家について』の中に、記憶の賦活イメージを劇の仮面／人物（ペルソナ）にたとえている箇所があることを鑑みれば、演劇の世界と記憶術はもともと親和性が高かったのかもしれない（キケロー 二〇〇五、(下)

九九頁)。

また、デッラ・ポルタは、人物の数をやみくもに増やさず、画家や悲喜劇詩人のように、必要最小限の人数でストーリーを語るのがよいとしている(Della Porta 1996, pp. 72-73)。つまり、ロクス内の各住人が、ある程度の時間の幅をもった意味のある仕草を展開することで、より多くの意味を担わせ、イメージの経済化をはかっているのだ。これは、見方をかえれば、住人=俳優がそれぞれのロクスで、そのつど割り当てられるであろう記憶イメージを使いながら、ちょっとした即興寸劇を演じているのに等しい。まさに劇作家デッラ・ポルタの面目躍如といったところであろうか。

カミッロの記憶劇場

記憶術と演劇という観点からは、イタリアの文人・思想家ジューリオ・カミッロ(一四八〇頃—一五四四年)の記憶劇場の構想も興味深い。記憶術の理論をベースに据えつつ、劇場というフィジカルな器に、森羅万象のあらゆる情報を整然と配置して世界の雛形、すなわちミクロコスモスを生み出そうとする、実に壮大にして雄渾なアイデアだ。まさに劇場の形をした世界だといってよい。復活した記憶術が世俗的な人気を博し、人々が気軽に脳内のイメージを操っていたそのかたわらで、こうした極度に思弁的かつ神秘主義的な展開もまた確固たる流れを形成していたのである。

カミッロは著作『劇場のイデア』(フィレンツェ、一五五〇年)のなかで、その構想の概略を綴っている。しかしながら、彼がそこで提案するのは、記憶術一般でおなじみの精神内の仮想建築ではなく、現実世界に建設されるべきフィジカルな劇場である(Camillo 1991; Camillo 2015)。すなわち、古

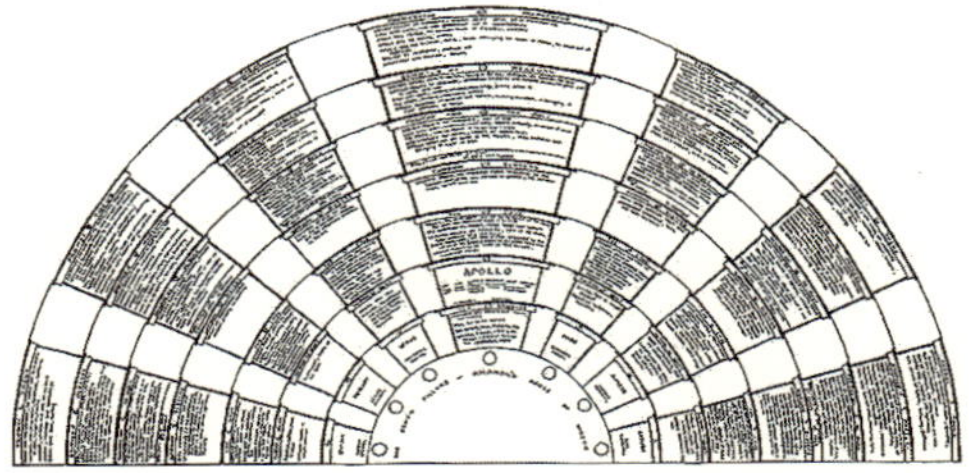

2-14　イエイツによるカミッロ劇場の復元案（出典：イエイツ 1993、fig. 10）

代ローマの擂《す》り鉢《ばち》状の円形劇場を記憶のロクスに設定し、円弧状の客席の部分を記憶イメージの収蔵区画に割り当てて、中央最下段の舞台上にたった観者が一望のもとにデータを掌握できるように構想したものだ。

劇場の客席部分は、七つの惑星に割り当てられた縦軸と、神話などから取られた七つの位階（原理）からなる横軸が、放射状に合計四九の均等なグリッドを形成するように構成されている（図2-14）。ここでいう惑星とは月、水星、金星、太陽、火星、木星、土星の七つであり、これらが横軸の七つの象徴的原理、すなわち扉、饗宴、洞窟、ゴルゴン三姉妹、パシパエ、メルクリウスの靴、プロメテウスと交わることで、そのつど異なった象徴的な意味（月の饗宴、月の洞窟、月のゴルゴン……）を生み出す仕組みだ。この世に存在するすべてのものおよび思惟可能なもの悉皆《しっかい》は、これらの四九のカテゴリーのいずれかに分類されることになる。ことさらに謎めかした象徴的な概念を用いているのは、世界のすべてをこれら四九の限られた単位に還元するための優れた方途であり、実際の運用にあたっては、それらの濃密な観念体系の原液を希釈して解きほぐし、具体的な事象に結びつけてゆく強靭なイマジネーションと連想のセンスが必要になるだろう。その解釈の鍵を解説した著作が、『劇場のイデア』だった。

縦軸と横軸が交わる客席上の各点にはデータ保管用の箱が置かれ、絵画イメージが添えられる。そこには、縦軸と横軸の組み合わせが生み出す多彩な意味の参照・照応のネットワークに応じて、様々な情報やオブジェが収納された。全体としては、中央の舞台から遠ざかるにつれて、存在の位階が「単」から「多」へ、「抽象」から「具象」へと展開してゆくように組織化され、天地創造のプロセスをなぞる意図も込められていた。イメージと観念の結合術《アルス・コンビナトリア》が生み出す寓意や象徴性を読解する鍵を有する者が舞台中央に立てば、森羅万象のあらゆる事物や事象を、宇宙全体の構成原理のなかで正しく位置づけることができる、そんな気宇壮大な世界分類の装置だった。いや、使い方によっては、そこから無限の観念連想が可能となる、実にクリエイティヴな思考器械でもあったのだ。

逆にそうした読解原理を知らぬ者の目には、なにやら怪しげなイメージにあふれた得体の知れないガラクタに映ったことだろう。実際、人文主義の王と呼ばれた理性の人エラスムス（一四六六―一五三六年）は、木造の家具／小型建築として実現したカミッロの記憶劇場についての詳細なレポート書簡を知人に送らせて吟味しているが、とうてい彼のおめがねにかなう代物ではなかったようだ（イエイツ 一九九三、一六六頁）。代わりに大いなる常識人として彼が勧める記憶強化法とは、きわめてオーソドックスな復唱実践だった。覚えたい事柄があるなら、繰り返し手と口を動かして体で習得せよ、ということだ。なるほど、エラスムスの警戒心も分からないではないが、これでは少々面白みに欠けると思ってしまうのは、私だけだろうか。

ともあれ、カミッロの劇場では、記憶術師は俳優であると同時に演出家でもある。ただし、それを頭の中ではなく、現実世界で、木造の小型劇場をつくって運用してみようというのが、このプロジェクトの新奇な点だった。そして、実際に人が入れるほどの大きさの木造劇場が製作されたことが、先ほどのエラスムス宛の書簡記録などから分かっているが、残念ながら軀体は現存しておらず、またその姿を写し取ったイメージのたぐいも発見されていない。ともあれ、精神と現実界の緊密なつながりを、これほど明確な形で提示してみせた事例は他に見当たらない。この木造劇場は、いってみればカミッロの心のしくみ、彼の宇宙観や情報制御のシステムを外界に投影したものにほかならず、本来なら個々人が精神内面で行う観念の操作を、外部の人にも目に見えるかたちで示したものだといえる。彼にとって記憶劇場は、己の心の構造を透かし見る「窓」の役割を果たしていたのかもしれない（この点については、Bologna 1992; Bolzoni 1995, pp. 157-162)。

記憶のアーバニスト（都市計画家）

これまで見てきたのは、主に単体建築を記憶の器として用いる事例だったが、実践にあたっては一棟の建物だけではロクスの数が足りなくなるのは目に見えている。そこで通常は複数個の建築ロクスを準備することになるわけだが、それらの建物があつまって、心のなかに都市が出来上がることがある。つまり、記憶術師は都市計画家の顔も持つのだ。

先ほど紹介したデル・リッチョは、実在するフィレンツェ市内の街路や広場をロクスに設定していたが、やはり断然おもしろいのは、架空の街を作り上げてしまう事例である。たとえばラテン語で執筆されたヨハンネス・ホスト・フォン・ロンベルヒ（一四八〇頃―一五三二／三三年）の記憶術著作『人工記憶の集成』（ヴェネツィア、一五三三年）、およびロドヴィーコ・ドルチェ編訳によるその増補イタリア語版『記憶を増大させ保持する方法についての対話』では、各種の店舗や工房、施設等を、その職種名に基づいてアルファベット順に並べ、時計回りに配置した綺想に富んだ都市を提案している（Dolce 2001, pp. 70-71）。掲載された図版を見ると（図1-4）、都市の門をくぐってしばらく行ったところに、塔をそなえて周囲を壁で囲まれた建物があり、「修道院（ABATIA）」の文字が添えてある。そのまま時計回りに建物をたどってゆくと、「理髪店（BARBITONSOR）」、「武具店（BELLATOR）」、「書店（BIBLIOPOLA）」、「屠畜業者（BOVICIDA）」、「牛飼い（BVBVLCVS）」ときて、ふたたび都市の門のところにもどる。建物が見事にアルファベット順に並んでいるのがわかる。この図版ではおそらくスペースの都合で「A」と「B」の文字だけになっているが、本来ならAからZまで、同様の仕方で時計回りに建築ロクスを配置してゆくことになるはずだ。それにしても実にシュールな都市景観である。

これと同様の計画都市は、フィレンツェのドミニコ会士コスマ・ロッセッリの著作『人工記憶の宝庫』（一五七九年）でも構想されている。こちらは円弧ではなく、直線上に建物が並ぶ構成だ。まず一本の広壮な街路を心のなかに描く。ついで読者が暮らす町にある各種の工房・店舗群のなかから、二〇軒を選び出して、その道路に一列に並べる。それぞれの建物を五つの小ロクスに分割することで、合計一〇〇のロクスを得ることができる計算になる。つまり、この街路には一〇〇項目の記憶データを収蔵することができ、想起したいときには、頭の中でウィンドーショッピングをすればよいわけだ。

ただし、それらの店舗は、先ほどと同じで職業名の頭文字に基づくＡＢＣ順になっている必要があり、各文字につき一店舗が割り当てられるのだという（Rossellius 1579, pp. 56r.-56v.）。「A」で始まる職業の店舗の隣には「B」の職種の店、その隣は「C」、といった具合だ。これも、架空の恣意的なロクスにアルファベット順という論理的な整合性を与えて覚えやすくする工夫と考えてよいだろう。そして、似通った店どうしをよりはっきり区分するために、それぞれの軒先に、まるで看板のように各アルファベットの文字を大きく掲げるのだという。ロッセッリもロクス内の「住人システム」を採用し、各工房のなかにはそれぞれの職業の典型的な衣装や作業服に身を包んで、おなじみの道具を持った労働者や職人たちの姿を想像するように命じている。こうした配慮と、軒先のアルファベット看板によって、その店が何の工房かがすぐにわかり、記憶に定着しやすくなるのである。ただし、記憶のさまたげになるという理由で、この人工の街路を行き来する一般市民の姿は描かないのだという。こうして、さながら職業博物館のジオラマセットを見るかのような、あるいは蠟人形館にでも迷い込んだかのような、実に奇妙な都市景観が我々の心の中に出来することになる（ロッセッリの記憶術的都市計画の詳細については、桑木野 二〇〇九）。

記憶の図書館

最後にもう一つ、独創的な仮想建築の例を見てみよう。一六世紀イタリアのフランシスコ会修道士フィリッポ・マリーア・ジェズアルド（一五五〇―一六一八年）の記憶術著作『プルートソフィア』（パドヴァ、一五九二年）（図2-15）には、「記憶の図書館（la libraria della memoria）」という実に魅惑的なアイデアが披露されている（Gesualdo 1592, pp. 55v.-58v.）。この本自体は、記憶術に関する知識を百科全書的に集大成したもので、当時記憶をめぐって何がどこまで知られ、どんなことに人々の関心が集まっていたのかを知るうえで、実に貴重な資料となっている。その中で一章を割いて語られる記憶の図書館の事例は、いわばそれらの知識を実地に応用した実践例とみなすことができる。

記憶の図書館とは、その名のとおり、人知のすべての領野の情報を収蔵する、理想のアーカイヴ構想だ。先ほどのカミッロとはまた別の形で、万有万象の知識を掌握するためのプロジェクトだといえる。ともあれ、万巻の書物を収めたヴァーチャル図書館が頭の中にあったら、さぞかし便利だろう。二四時間いつでも好きなときに利用できるし、つっけんどんな司書やマナーの悪い利用者に不快な思いをしなくてすむ。もちろん図書の紛失や磨耗の心配もないし、火事や洪水の被害も考慮しなくてよい。何しろ頭の中に収まっているのだから、どこにでも持ち運べるうえ、当然建物の建設費も維持費もかからない。一六世紀当時は書籍はまだまだ高価だったから、貧乏学生にはうってつけだ。本好きなら誰でもあこがれる、そんな理想の仮想図書館を、イメージと場所に基づく記憶術を応用して、頭の中に作ってしまおうというのだ。

基本原理はごく単純で、要するに記憶したい書物の内容を、賦活イメージによって一連の図像に変換し、それらを記憶ロクスに一定のインターヴァルで配置してゆく。記憶すべき書籍を入手する

1.

PLVTOSOFIA
DELLA MEMORIA
ARTIFICIALE
Spiegata da F. Filippo Gesualdi minor Conuentuale.
IN XX. LETTIONI.
Lettione Prima.

POICHE è manifesto è chiaro, che alla magnificenza e maestà di Regni, e d'imperij, non solamẽte conuengono le ricchezze e li tesori, per distribuirsi nelle occorrenze di Guerra ò di Pace, à mantener gli esserciti, custodir le Prouintie, fortificar le Città, munir le fortezze, aggrandir le pompe del Regno, fomentar la maestà reale, souenir alli seruenti, soccorrer alli popoli: ma si ricercano ancora li publici Erarij ne i quali sicuramẽte quel le ricchezze, e tesori sian custoditi. Però non ci sarà di marauiglia

A

2-15　『プルートソフィア』扉

にはそれなりの努力がいるが、知人から借りたり大学の図書室のものを参照したりすれば、費用を浮かすことができるだろう。さて、図書館というからには、ロクスはきっと大きな建物で、その内部に分類書架なり収蔵戸棚なりが整然とならんでいるのだろう。そのスペースに、本を置くかわりにイメージを配置してゆくのだ。とはいえ、一冊の書物の内容をイメージ化しようとしたら、要点をしぼって可能な限り内容を圧縮するにしても、数十枚の画像が必要だろう。そうすると書棚はすぐに埋まってしまうのではないだろうか——そんな心配をするのも当然だろう。

そうした疑問にこたえるかたちで、著者ジェズアルドは「発想の転換」とでもいうべき解決法を提示する。すなわち、「図書館」とはあくまでこの知のアーカイヴの総体をさす概念であり、実際には、個々の学問分野ごとに、広大な建築ロクス群が割り当てられるのだという。つまり、書架をそなえた一棟の巨大な図書館の建物を思い描くかわりに、法学や神学や医学などの学術ジャンル別に街区を形成し、一つの都市をまるごと建設してしまうのだ。当然、都市は複数の建築や街路、城壁、広場、庭園などから構成された複合体であるから、内部の区画を細かく分割することで、学問分野ごとの詳細な下位区分に対応した膨大なデータの保存が可能になる。そうして、法学地区、神学地区、医学地区等々のゾーニングがほどこされた、絢爛たる叡智のメトロポリスが、記憶術師の脳内に聳立《しょうりつ》することになる。

ジェズアルドが提示するのはあくまで大まかなアイデアのみであり、具体的な都市ロクスのデザインや記憶イメージの詳細は、読者の自由にゆだねられている。大部の著作『プルートソフィア』に語られている古典的記憶術の規則を総動員しなければ、理想の記憶図書館の造営と運用は難しいだろう。当然のことながら、このような壮大な構築物は一朝一夕に作れるものではない。日々の丹念な読書経験を通じて、そのつど獲得した知識をロクスとイメージで分類配置しながら、徐々に記憶の学術都市を建築してゆくのだ。こうして、日々少しずつ成長してゆく仮想のアーカイヴとともに、知を丁寧にかみしめ、いつくしむ人生を歩むことになる。

欲しい情報はなんでもインターネットで手に入る時代に生きている我々にとって、こうした手法はなんとももどかしく見えてしまうかもしれない。だが、情報の海におぼれ、自分にとって本当に必要かどうかさえ分からないデータを次から次に消費しては、なんら心に留めることなく捨ててゆく現代人と、書物の一頁一頁をかみしめるように読んで、必要だと判断した内容を、記憶術によって脳内にしっかり刻み付けてゆく初期近代人士たち――本当の意味での「知恵を愛する者（φιλόσοφος（フィロソフォス）＝哲学者）」といえるのは、どちらだろうか。

第3章

忘却術とイメージの力

アントワーヌ・カロン《三頭政治下の虐殺》
（部分）（1566年）（ルーヴル美術館、パリ）

＊忘却術によるイメージ制圧を髣髴とさせる絵画。

忘れがたい記憶

ひとつ読者のみなさんもルネサンス時代の記憶術師（artist of memory）になったつもりで、精神内のロクスにイメージを配置してみよう――便宜上、ロクスとしては架空の古風な洋館を想像し、邸内の一室として広い居間を作りこんでみたい。窓からは暖かな陽光が差し込み、瀟洒なオーク材の家具を照らしている情景をまずは思い浮かべよう（図3-1）。しつらえの具体的なデザインや空間構成の委細はお好みにまかせるが、部材の質感や部屋の空気、周囲の明るさや体感温度まで、できるだけ臨場感をもって克明に心に描くことが肝要だ。高い天井にはきっと重厚な漆黒の木梁《もくりょう》が幾本も走り、漆喰を塗りこめた白い壁には鮮やかな紋様を描く綴れ織りがかかっている。暖炉には燃えさしの薪《まき》がくすぶり、木の焦げるかすかな香りが辺りを包んでいる。

器の準備が整ったら、次はイメージの配置だ。ここでは前章でみたデッラ・ポルタの教えを参考に、ロクス内の住人を用いるケースを想定してみよう。以下、詳細は省くが、定められた手順を踏んでイメージの配置を終えたら、壁に沿って一定の間隔で人々が居並び、みな一様にきらびやかな服装をまとった姿が出来するだろう。それは実にシュールな光景になるはずだ。初期状態では誰一人として微動だにせず、首と腕をだらりと下げて、まるで休演中のマリオネットのように生気がない。ところが、ある瞬間を境に、何かにはじかれたかのように、みなが一斉に動き出す。ある者はひょうげた踊りに身をくねらせ、ある者は奇声を上げながら隣の人と取っ組み合いの喧嘩をし、またある者は思わず見とれてしまうほどの美貌に笑みをたたえながら、手話のようなジェスチャーをひたすら繰り返している。短いフレーズを発する者もいれば、手に持った物をこちらに差し出す者もいる。どの人物

3-1　ルネサンスの邸館の居室（パラッツォ・ダヴァンツァーティの室内）（著者撮影）

もその場を離れることなく、一心不乱に同じ動作を延々と続けているのだ。滑稽とも不条理ともいえる不思議な美しさ。時を忘れていつまでも見入ってしまいそうな、良くも悪くも実に魅力的な、いや、「忘れがたい」連中だ。

と、ここまでが、前章までに詳しく見た古典的記憶術の準備段階となるだろう。あとは記憶を呼び出したいときに、心の中でこの居間を巡回し、人々と挨拶をしたり抱擁を交わしたりしながら、各人の服装やジェスチャーなどをヒントにして、彼らに託したデータを引き出してゆくのだ。ロクスやイメージを魅力的に作りこむほど、想起のプロセスもまた一段と楽しい瞬間になる。

と、そこへ勢いよくドアを蹴破り、耳を劈《つんざ》くような咆哮をあげながら、完全武装の戦士が一人、髪を振り乱して転がりこんできた。焦点が定まらず血走ったその瞳には、明らかな狂気が宿っている。男のあとには、暴力に飢えた野盗の一団がどやどやと続く。たちまち凍りつく場面——次の瞬間、男たちは野獣のようなけたたましい雄たけびとともに刀や斧を勢いよく振り回し、ばったばったと手当たり次第に、無防備な住人たちを切り捨ててゆく。まさに阿鼻叫喚の地獄絵図の出来だ。ある者は抵抗むなしく凶刃に倒れ、ある者は命からがら窓を破って逃げ出してゆく。狼藉者たちは生命のあるものもないものも、とにかく目の前のすべてを叩き潰さなければ気がすまないようだ。刀の一振りごとに真紅の血しぶきがあたりを朱に染め、破砕された家具の断片が勢いよく散乱する。そして、数刻にわたる無慈悲な殺戮と徹底的な破壊が終わり、返り血を滴《したた》らせた野盗の群れがどこかに立ち去ると、あたりは異様な静寂につつまれた――血の海となった床には哀れな犠牲者が冷たく転がり、家具はことごとく引き倒され、窓ガラスもみな叩き割られていた。生気を欠いた、ただただ空虚な部屋だけが、そこには残っていた。

冒頭の穏やかな情景から一転して、ひどく凄惨な場面を唐突に描いてしまったが、この理不尽な殺人鬼の一団は、いったい何のために、誰に命令されてこんな凶行におよんだのだろうか。心を乱す彼らの正体とは?――種明かしをしてしまうと、実は殺人を命じたのもまた記憶術師であり、猛り狂う暴漢どもも、他ならぬ術師が自分で作り出した心のイメージだったのだ。そして、こうした惨《むご》たらしい情景は、実は記憶術を実践するうえでさほど珍しいものではなかったと、まずは言っておこう。

では、なぜこのような眉をひそめたくなるような場面を、わざわざ思い描く必要があったのだろうか。その答えのヒントを与えてくれるのが、「イメージの力」という概念である。本章では記憶術と表裏一体になった忘却術の世界を、イメージがはらむ暴力性に着目しながら探索してみることにしよう。

イメージの力

古典的記憶術の教則をあらためて検討してみると、この技巧が、いかにイメージの力に全面的に依拠したテクニックだったのかが理解される。イメージには、情報を圧縮する効果のほかに、心に強くうったえかけて内容を忘れにくくする力もある。だからこそ、「賦活イメージ（imagines agentes）」と名づけられた記憶用のメンタル画像は、可能な限りヴィヴィッドで、極端なものが推奨された。美しいのであれ、醜いのであれ、とにかく通常の規範を大きく逸脱した図像を意図的に準備することで、心を激しく揺さぶり、記憶に深く刻み付けてゆくのである。毎日の太陽や月の運行はとりたてて気にも留めないが、日食や月食があった日のことはよく覚えているのと同じ原理だ（作者不詳（偽キケロ）『ヘレンニウスに与える修辞学書』三・二二）。

珍しいもの、驚異の念を掻き立てるものほど記憶によく残る。これは現代の認知科学の知識によっても一定の説明がつく。心を締め付けたり、強く刺激したりするようなイメージには情動を掻き立てる力がある。情動とはいわば精神的なストレスのことであり、これによってストレスホルモン（アドレナリン、副腎皮質刺激ホルモン、コルチゾールなど）が活性化され、脳（特に扁桃体）に作用することで、短期記憶（数秒から数分しか持続しない）が長期記憶（数時間から場合によっては一生涯保存される）に変化する手助けとなるのだ（脳科学的観点からの記憶については、二木 一九八九、マッガウ 二〇〇六、スクワイア＋カンデル 二〇一三、鈴木 二〇一六）。だから、記憶イメージを作成する際には、人物像であればうっとりするような美形か、思わず二度見してしまうような個性的な顔立ちの者を描く。服装も当然エキセントリックか、ど派手か、豪華なもの、あるいはその真逆で、見るからに貧相で憐みをもよおすほどボロボロの衣装を選ぼう。さらに、奇妙に体をくねらせていたり、奇声を発していたり、大きく表情を崩していたりすれば、それだけ一層印象深くなるし、自傷したり他人を傷つけるなどして流血の場面が生み出されていたら、最高に「力強い」イメージになるだろう。

前章で出会った、一〇万以上のロクスを具えていたといわれるピエトロ・ダ・ラヴェンナは、イメージの運用に関してもその奇人ぶりをいかんなく発揮して、我々を愉しませてくれる。「長年秘密にしておいた記憶術の真髄を読者に開陳しよう……」ともったいぶって彼が秘術を語る箇所は、著作『フェニックス』の白眉といってもよい。なんでもピエトロは過去に付き合いのあった水も滴る美少女のイメージを効果的に用い、その麗《うるわ》しい姿を通じて記憶を刺激していたのだという。そして読者にも、記憶を効率的に活性化し、想起を容易にしたければ、うら若き乙女のイメージをぜひともロクスに配置するよう勧めているのだ（Pietro da Ravenna 1491, p. 9）。いわゆるロクス内住人のシステムそれ自体はとりたてて珍しいものではないが、これはなんとも艶《つや》やかだ。

この種のイメージがはらむ記憶促進効果のメカニズムについては詳しく語られていないが、男なんてそんなものさ、という著者の声が行間に漂っている。これは現代の視点から見ると、いかにも男性目線の偏った見解ではあるが、著者のピエトロ自身、おこりうる批判を予想してか、女性嫌いのかたがたにはこの種の工夫も効き目がない、と付け加えている。また、敬虔な宗教家のかたがたも、きっと眉をひそめられることだろう、などと殊勝なことも言う。けれども、彼の超人的な記憶パフォーマンスが、この種の刺激的でエロティックなイメージに大幅に依拠していたことは間違いない。脳内の記憶建築にはべる妖艶な美姫《びき》たち——。リビドーの底なしのパワーが爆発的な推進力となって、記憶を駆り立てているのだ。

強すぎるイメージの弊害

情報を映像化して心に刻み込む段階では、なるほど、イメージの刺激が強ければ強いほど有効だが、かといって度を越した強度は、のちのち様々な不都合をもたらす。単純に考えても、ロクスに配置された画像の力があまりに強すぎると、今度はいらなくなった時になかなか消去できないという弊害が生じてしまうことが予想される。イメージ、特に人や動物をかたどった画像にあまりに力を持たせてしまうと、いつしか人格のようなものを帯び、主人からの消却命令に対して抵抗をみせる、などということも考えられなくはない。イメージを消すことができなければ、そのロクス（＝記憶の器）を再利用することができなくなり、記憶の負担は増すばかりである。「賦活イメージ」とは、いわば諸刃の剣なのだ。

西欧世界の文化史をひもといてみれば、こと記憶術の領域にトピックを限定せずとも、イメージの力による様々な弊害を報告した事例には事欠かない。生き別れになった恋人の姿がどうしても脳裏を去らず、衰弱死にいたる悲運の恋物語であるとか、あるいは水面に映る自らの姿に恋をして、やがて死に至った美青年ナルキッソスの神話（図3-2）など、いずれも強すぎるイメージが引き起こした悲劇だといえるだろう。

そうした数ある悲喜劇のなかでも、本書の観点から見て非常に示唆的な一例を挙げよう。一六世紀イタリアの芸術家ジョルジョ・ヴァザーリ（一五一一―七四年）が『芸術家列伝』で伝える話である。

3-2　カラヴァッジョ《ナルキッソス》(1598-99年)(ローマ国立美術館(パラッツォ・コルシーニ))

イタリア中部の文化都市アレッツォ出身の画家スピネッロ・アレティーノ(一三五〇頃—一四一〇年頃)が、故郷の町のサント・アーニョロ信心会のために、礼拝堂の壁画を手がけていた時のことである。画題は《反逆天使の墜落》の場面で、画面には「反逆天使ルシフェルと、悪魔に変身して地に堕ちる天使たちの破滅の場面が描かれていた」。恐ろしい画題ながらも興が乗ってきたスピネッロは、嬉々として制作に打ち込み、堕天使の姿を極度におぞましく、身の毛もよだつような醜い姿に描きあげた。おそらく会心の出来だったのだろう。すると、ある夜、画家の夢の中に、まさにその画中の悪魔ルシフェルがそのままの姿で現れ、「なにゆえおのれの筆をもってこのような恥辱をなしたのか」とスピネッロを恫喝した。つまり、ことさらに醜悪な姿に描かれた悪魔が、怒って夢の中にまでクレームをつけにきた、というわけだ。あまりの恐怖に目が覚めた彼は、そのまま精神錯乱に陥り、絶命してしまったという(Vasari 1969, vol. 2, p. 287. Cit. in Luchinat 2013, pp. 20-29, in part. p. 20)。

要するに、画家は己の描いた恐ろしい悪魔のイメージを、日々の描画作業を通じていつのまにか記憶の奥底に焼き付けてしまっていたのだろう。醜悪で、身の毛もよだつほどおぞましく、見るものを恐怖のどん底に落とす圧倒的な悪魔の姿——負の力をたっぷり充塡したそのイメージが、理性のたがが緩む夢の中で暴れだし、果てには本人を死に至らしめてしまった悲劇だといえる。あまりに力を蓄えすぎた内面イメージは、いつしか自律性を帯び、やがて制作者のコントロールをも逃れて暴走しだすのだ。この問題は、イメージのパワーを意図的に増幅させ、その効力の極限状態を人工的に生み出す記憶術においては、ひときわ深刻である。心の耐性のない者はたちどころに、偏倚で、奇矯で、抵抗しがたいほど魅惑的で、しかも残虐な記憶イメージの群れに、心を侵食されてしまうだろう。たかが心の中の映像に何を大げさな、と思われる読者もいるだろうが、逆の見方をすれば、それほどの強度を持ったイメージを準備しないと、記憶術はその効力を十全に発揮できないともいえる。

忘却術

強すぎるイメージを抑え込み、術者の心の安静を守るにはどうすればよいか。時には死をももたらす鮮烈な図像の攻撃を、なんとか和らげる方途はないものだろうか。

実は、古典的記憶術には、まさにそのために開発された実に頼もしいテクニックが存在する。それが「忘却術（Ars oblivionalis）」である。初期近代に多数印刷出版された記憶術のマニュアル本には、たいていイメージ消去のテクニック集が収録されており、それらが一つの術（アルス）を形成しているのだ。[1] いかにしてイメージの力を削ぐかという点に特化したそれらの技法や工夫の数々を見ていると、逆に、どうすれば強いイメージを作り出せるのかという点も類推できて興味深い。以下に心を侵食する負のイメージへの対処法を紹介してみたい。

ロクスに配置した記憶イメージがなかなか消去できないときは、しばらく放っておくとよい。時間の経過とともに、自然と薄まってゆくからだ。どんなに鮮烈な記憶も、楽しい思い出や悲しい経験も、時とともにやがて薄れてゆく。古代ローマの弁論家キケロは、最愛の娘を失った悲哀のなかで「時が癒してくれぬような悲しみはひとつもない」(『縁者・友人宛書簡集』四・五)という言葉を友人から贈られているが、彼が記憶哲学の泰斗でもあった点を考えると、非常に意義深い言葉だ。逆にいえば、定期的なメンテナンスを施してやらないと、メンタル・イメージをいつまでも新鮮な状態で保持するのは難しいということだ。忘れたくない記憶は、繰り返し思い出してエネルギーを随時補充してやる必要がある。

けれども、放っておいてもなかなか消えてくれない時には、その図像が置かれている場所(ロクス)の照明を落とし、あたりを暗くして見にくくする。すでに指摘したように、記憶や想起は単なる無味乾燥なデータの出し入れ作業ではなく、強い身体性を帯びているという点を思いだそう。ロクス間を長距離移動すれば心が息切れするし、恐ろしいイメージに出会えば、術者の心拍数は上昇する。当然のことながら、ロクスが真っ暗であれば、そこに置かれたイメージも暗闇につつまれ、肉眼と同様、心の目でも何も見ることができなくなるはずだ。

それでも効果がなければ——と、忘却術の教えるテクニックは次第に積極的になってゆく——イメージに白い布をかけて、覆ってしまうのも有効だ。つまり、あるイメージを消すために、「白い布」という別種の映像を作り出し、それを上に重ねるのである。布の代わりに、白い絵の具で塗りたくってもいい。時間がたっても、いつまでも暗闇で燦々と輝くイメージを生み出せるほどの想像力があるのなら、同じくらいの強度を持った純白の布地を鮮やかに描き、それを問題のイメージの上にかぶせてしまえばいいのだ。当然、その布もまた強烈な存在感を保ち続けるだろうが、白い背景として、その上に別の画像をおくこともできるから問題はないだろう。

さて、それでも消えない時にはどうするか。つまり、白い布で覆っても、それを貫いてイメージが浮かび上がってきてしまう場合にはどうすればよいのか。一六世紀末～一七世紀初頭の低地諸国やフランスで活躍した著名な記憶術師ランベルト・トマス・シェンケル（羅：シェンケリウス）（一五四七―一六三〇年頃）が紹介する手法は、いたって過激だ（Schenkelius 1610, pp. 123-124. Bolzoni 1995, p. 147も見よ）。いわく、ロクスのすべての窓や戸を開け放ち、そこに猛烈な勢いの「嵐」をぶつけて、暴風の力でイメージを吹き飛ばしてしまうのだという。記憶術を自在に扱えるほどの者なら、相当に強烈な風雨の場面も想像できるはずだ。風や雷鳴が生み出す轟音や、打ちつける冷たい水滴の触感なども、一緒に添えるとよいだろう。

それから、こんな手法もある。きれい好きの「清掃人」が、部屋中のイメージを箒《ほうき》でかき集め、捨ててしまうのだ。これは実に分かりやすい指示だ。今も昔も清掃人のパワーをあなどってはいけない。我々も、ホテルのチェックアウト直前にあたふたと荷造りをしているときや、駅や学校のトイレに入ったときなど、実に「強力な」権限を有した清掃人に追われるようにして、その場をあとにした経験があるだろう。あるいは新幹線の清掃スタッフや、子供部屋を片付ける親も、実に強力無比な存在だ。普段からこのような人々の姿をイメージにストックしておいて、いざというときに、精神内のロクスに送り込んでやればよいのである。だが、掃いて捨ててしまうにはもったいない貴重なイメージがあったら、脇にのけてとっておくのだとシェンケルはいう。実に芸が細かい。

けれども、それでもイメージがしぶとく記憶にこびりついている場合にはどうすればよいか。シェンケルが提唱する最後の手段は、非常にショッキングなものだ。いわく、「武装した殺人鬼の集団」を送り込み、なかなか消えない記憶イメージを片っ端から殺戮するのだという。まさに「毒をもって毒を制する」の原理で、イメージによってイメージを制圧してしまうのだ。本章の冒頭で描写したのは、この場面を再現したものだった。殺戮や破壊の場面を生々しく想像すればするほど、それだけ消去のパワーも増大する。手足を寸断され、首を切られた血まみれの図像たちは、「破壊され、生命を絶たれた」という強烈なメッセージを新たに獲得することになり、再び蘇ることはないだろう。だが、この残虐な処理が終わったあと、このやっかいな殺人鬼の集団、すなわち脳内で猛り狂うイメージたちをどう制御すればよいのかについては、シェンケルは黙して語らない。ともあれ、このような暴力的な手段に訴えなければ、力を付けすぎたイメージを制することはできないのである。

破壊されるイメージ——忘却術と美術

イメージを除去し、ロクスを再生させる忘却術とは、記憶術のいわば影の部分をになっているといえる。正真正銘の記憶術師になるためには、両方の規範に精通している必要があった。

だが、それにしても忘却術には、いわくいいがたい不気味な魅力がある。その運用の実際を図解したイラストが豊富にあれば理想だが、筆者がこれまでに見つけることができたのは、一五世紀末の写本の一例のみである。それはパリのサント＝ジュヌヴィエーヴ図書館に所蔵されている、記憶術に関する作者不詳の写本（MS 3368）で、剣を振るってイメージを追放する古拙なイラストが収録されている（図3-3）（この記憶術論については、Torre 2009; Pich e Torre (eds.) 2017）。このいたってシンプルな図版から、術の運用の実際を想像するのはちょっと難しい。

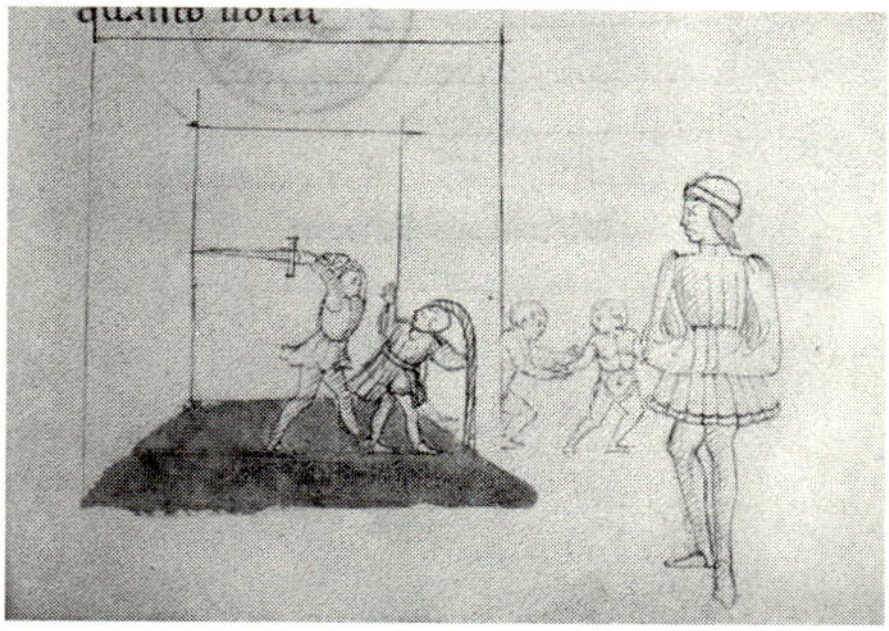

3-3　忘却術の一場面（*Di l'artificial memoria*, Bibliothèque Sainte-Geneviève, Paris, MS 3368, fol. 44r.）（出典：Beecher and Williams (eds.) 2009, p. 54; Pich e Torre (eds.) 2017）

前章で見たように、記憶術と美術のあいだにある種の親和性があったとするなら、おなじことが忘却術に関しても想定できないだろうか。つまり、当時の絵画作品のなかに、画中の人物群を追いたてたり、あるいは惨殺したりといった場面が描かれているものがあれば、それは記憶術師の頭のなかで起こっていたイメージ消去の現場をどこかでかすかに反映している可能性もゼロではないといえないだろうか。以下に、筆者の主観がたぶんに入り込むことを承知の上で、興味深い作品を二、三ピックアップしてみよう。

たとえば、ラファエッロの佳作《大天使ミカエル》（一五〇三―〇五年）（図3-4）は、完全武装の大天使が醜悪な悪魔を踏みつけ、今にもとどめを刺そうと剣を振りかぶった凛々しい姿を描いている。忘却術で用いるイメージ消去のためのイメージは、必ずしも荒ぶる殺人集団である必要はない。悪魔のイメージに取り憑かれてしまっ

3-4　ラファエッロ《大天使ミカエル》（1503-05年）（ルーヴル美術館、パリ）

た哀れな画家スピネッロの事例のように、もし消去すべき記憶イメージが邪悪な存在を象《かたど》ったものなら、むしろこの絵のように、強力な聖性を帯びた存在を送り込んだほうがより効果的だろう。この場合、新約聖書の『ヨハネの黙示録』が語るハルマゲドンにおいて、悪魔を相手に獅子奮迅の活躍をする大天使ミカエルほど頼りになる者はいない。その意味で、当時の教会を所狭しと飾っていたキリストや天使や聖人の像は、強力な「対抗イメージ」の源泉になっていたのではないだろうか。

突飛で力に満ちあふれて鮮烈な賦活イメージ群を、脳内から追い立てる場面をまさに連想させる名画としては、アンドレア・マンテーニャ《美徳の庭から悪徳を追放するミネルヴァ》（一四九九―一五〇二年）（図3-5）がなんといっても秀逸だ（この作品については、Campbell 2006, pp. 145-168; Lucco 2013, pp. 343-350; 喜多村 二〇一四）。画面は幻想的な美しさと同時に、ある種異様な雰囲気をも漂わせている。画面中央のウェヌス（ヘルマフロディトス（両性具有）という説もある）の周囲に、鬼面人を驚かす体の異形の住人たちが蝟集している。両腕が欠損した人物や黒い猿のような獣人、ケンタウロスにサテュロス、呆けた表情のまま運び去られる裸体の王族、鮮やかな昆虫の翅をはばたかせるプットーなど、いずれも強烈な印象を放つキャラクターたちだ。彼らはそれぞれが〈無為〉や〈嫉妬〉、〈不精〉、〈無知〉、〈忘恩〉、〈吝嗇〉といった悪徳の寓意になっていることが、画面に小さく描きこまれた文字によって確認される。

3-5　マンテーニャ《美徳の庭から悪徳を追放するミネルヴァ》（1499-1502年）（ルーヴル美術館、パリ）

　場面は甘美な庭園であろうか、美しいトピアリー（幾何学的剪定術）のアーチと常緑の生垣に囲まれて、泉のまわりで思いのままに逸楽の時を過ごす悪徳の寓意像たち。と、そこへ羽根付きのヘルメットをかぶり、胸当てと盾で武装した知恵の女神ミネルヴァが、槍を構えて画面左から雄々しく乱入する。その先駆けをつとめるのは凛とした月神ディアナと〈貞潔〉の寓意像。女神の槍の穂先が折れているのは、すでに渾身の一撃を喰らわせたためであろうか。この思いがけぬ闖入者に、一帯はパニックにおそわれ、我先にと右手の庭の外に向かって逃げ出してゆく。その慌てようは、いかにもぶざまだ。大混乱のなか、中央のウェヌスだけは落ち着き払って、宿敵ミネルヴァのほうを不遜ににらみ

3-6　マンテーニャ《パルナッソス》（1497年）（ルーヴル美術館、パリ）

返す。その表情がまた絶妙だ。自らの宰領する悦楽境を蹂躙され、怒り心頭の面持ちではあるが、ここはひとまず退散するしかない、そんな無念の心情がにじみ出ている。

この絵は、マントヴァの侯妃イザベッラ・デステ（一四七四―一五三九年）の私室（ストゥディオーロ）を飾る一幅として注文された。ルネサンス一の才媛と謳われた女性が、ひとり研究や瞑想に耽《ふけ》るための私的空間を飾っていたのだ。そして、この絵と対になる作品として描かれたのが、同じくマンテーニャの手になる傑作《パルナッソス》（一四九七年）（図3-6）である。こちらは神話の聖山にて、軍神マルスと美の女神ウェヌスが見守るなか、九柱の学芸女神ムーサたちが、アポロンの竪琴にあわせて輪舞を踊っている場面だ。様々な学問が手に手を取り合って円環を形成するさまは、まさにルネサンス人文主義の知の理想的境地たるエンサイクロペディア（百学連環）の観念が結晶化した状態にほかならない。と同時に、記憶女神ムネモシュネの娘たちを生き生きと描写したこの絵画は、記憶が学問の基礎であることを高らかに謳いあげているようにも見える。記憶と忘却――ひょっとしたら、この二つのイメージは、神話画の体裁を借りつつ、ルネサンス文芸における記憶観を表しているのかもしれない。

複数の人物があらそう闘争図や、追跡や殺戮の場面を描いた美術作品は意外と多い。当時でも、殺人や戦闘の場面に出くわす機会はそう多くはなかっただろうから、教会や市庁舎に飾られたこの種の絵画・彫刻イメージから、記憶術／忘却術の実践者たちは術の運用の際のヒントを得ていたのではないだろうか。

カトリックのイメージ崇拝

さて、忘却術にともなうこの種の執拗なまでのイメージへの攻撃を見ていると、自然と連想されるものがある。初期近代の記憶術の隆昌とほぼ時を同じくして、アルプス以北で展開していた宗教改革の擾乱がそれだ。なかでもキリストや聖人や天使を象ったイメージを徹底的に破壊した、プロテスタントのいわゆる聖像破壊運動（イコノクラスム）の暴走である。

そもそも、この運動はカトリックにおける伝統的なイメージ崇拝に対する強力な反動として展開した経緯があるので、まずはそちらを先に整理しておこう。ユダヤ＝キリスト教の伝統には、偶像崇拝、すなわち神の姿を象った彫像や絵画の崇拝を禁ずる教義があった。モーセの十戒には「あなたは、いかなる像も造ってはならない」という文言があり、そうした偶像イメージを崇拝することも同時に禁じていた（旧約聖書『出エジプト記』二〇・四―五）。人々の認識をはるかに超え出る存在であるはずの神や天使を、下界の物質的形象に固定するなど、思い上がりもはなはだしいということだ。

けれども、一般信者にとっては、小難しい神学教義を延々と説教されるより、ありがたい神や頼もしい天使のイメージ、あるいは慈愛に満ちた聖母の図像を目の前に見せてもらったほうが、はるかに納得がゆく。イメージが持つそうした効力を教会側も完全に無視することはできず、やがては部分的容認、果てには全面解禁のような状況が出来する。これに関しては神学者たちのあいだでも意見が割れた。たとえば聖グレゴリウス（五四〇頃—六〇四年）のように、イメージとは文字が読めない人のための書物であるとして、教会をかざる多彩な影像を擁護する立場もあったし（木俣 一九九九）、逆にクレルヴォーの聖ベルナール（一〇九〇—一一五三年）のように、その種の図像のいっさいを撤廃して、純白の壁の修道院をこそ良しとする論客もいた。とはいえ、ベルナールはイメージそれ自体を否定したわけではなく、むしろ信徒各人が自らの心の中に、他人ではなく自分が作り上げた聖なるイメージを描くように勧めている。シトー会の修道院の白い壁は、いわばそれらのメンタル・イメージを投影するためのスクリーンの役割を果たしていたとも考えられるのだ。

ともあれ、カトリック圏の中世来の教会を飾る無数の彫刻や絵画を見ればわかるように、全体の趨勢はイメージの黙認、いや、場合によっては積極利用に傾いていった。こうした文脈のなかでとりわけ注目すべきなのが、奇跡を起こすと信じられた像（ミラクル・イメージ）の存在だ。たとえば病気や怪我を治してくれたり、ペストの猛威から守ってくれたり、戦争での勝利や旱魃の解消をもたらしたりしてくれる像として、中世以来人々の厚い信仰を集めていたキリストや聖母、聖人のイメージ（絵画、彫刻）である。同様のご利益《りやく》があるとされた聖遺物（聖十字架やキリストの茨の冠、聖人の衣服や遺骨の断片など）といわば同格の扱いを受けてきた存在であり、今なおヨーロッパ各地の教会に散

3-7　作者不詳《受胎告知》（1325-60年頃）（サンティッシマ・アンヌンツィアータ教会、フィレンツェ）（出典：AA.VV. 2013, p. 113）

在している。フィレンツェでは、オルサンミケーレ教会の聖母子像（ベルナルド・ダッディ画、一三四七年）や、天使が描いたとされるサンティッシマ・アンヌンツィアータ教会の受胎告知画（図3-7）が、とりわけその種のイメージとして一般信徒の崇敬をひろく集め、その名声は遠く国外にも広がった（ミラクル・イメージについては、水野 二〇一一、水野 二〇一四）。

こうした人気のミラクル・イメージの周囲には、「エクスヴォート（ex voto）」と呼ばれる、願掛けのための奉納品がうずたかく積まれた。図像に向かって願い事をする際や、あるいは願いがかなって感謝する意図で、人々は己の身体パーツを象った蠟製の模型や、着飾った等身大の人形、あるいは各種の金銀宝石類をこぞって奉納した。霊験あらたかだと評判のイメージであればあるほど、その種の供物の量も増大し、肝心のご本尊が隠れてしまうほどだったという。手足や胸の模型は治癒を願う身体部位を表し、人形は、本来なら信者自らが感謝のために教会に一定期間無償奉仕するところを、身代わりとして本人に似せた像を奉納したものである。とりわけ名声を誇ったフィレンツェのサンティッシマ・アンヌンツィアータ教会の受胎告知画の周囲には、一六三〇年の時点で六三〇体もの奉納人形が床面に立錐の余地なく並べられ、あるいは天井からロープで吊るされていたという（Holmes 2013）。まさに眩暈《めまい》がするほどの、圧倒的な物とイメージの集積空間だったに違いない。こうした民間信仰の盛り上がりに対して、ある種の呪術的要素の萌芽をそこに認め、偶像崇拝に堕する可能性を手厳しく批判する動きも、カトリック内部では早くから存在した。けれども、そうした批判が極限まで先鋭化されたのは、宗教改革期の福音主義の陣営においてだった。

聖像破壊運動（イコノクラスム）

周知のように宗教改革は、一五一七年にマルティン・ルター（一四八三―一五四六年）が贖宥《しょくゆう》状販売を批判する目的で、「九五箇条の提題」を世に問うたことを端緒とする。[2]「人はただ信仰によってのみ救われ、その信仰のよりどころは聖書である」（福音主義）と主張するルターとその支持者たちは、カトリックに対する対抗軸を打ち立てる意味でも、敵側の信仰生活に深く根ざしたイメージ崇拝を槍玉に挙げた。本来なら信者ひとりひとりが聖書を読んで神と向き合うべきなのに、それをせずに聖人や聖母の画像をありがたく拝み、供物をささげ、救済のとりなしを期待するなど、彼らに言わせれば偶像崇拝以外の何ものでもない。

こうした教義を受けて、ルターらの福音主義に共鳴する地域では聖像破壊運動の嵐が吹き荒れた。一般信者たちが半ば暴徒と化し、自然発生的に破壊行為が吹き荒れることもあったが、一五二二年にはヴィッテンベルク市の法令が宗教イメージの廃棄を公的に命じたのを皮切りに、以降は公権力の側でもこの動きを積極的に後押しした（聖像破壊運動については、Koerner 2004）。その勢いはすさまじく、一六世紀の前半、ドイツ美術史に空白期間ができてしまうほど、宗教に関する視覚芸術のすべてが破壊されつくしたという。ある種の反動とでもいうべきか、人々は教会に押し入って、つい先日までミサや日々の礼拝の折に眺めていた聖母の彫像や聖人の画像、磔刑のキリスト像などを引き倒し、粉々に粉砕して、果ては燃やしてしまったり、建築資材に転用したりもした（図3-8）。その残忍ともいえる徹底振りを見ていると、不思議な矛盾を感じざるをえない。もしイメージ崇拝を認めず、図像には何の価値も、効力も、霊性もないと考えるのなら、単にそれらを無視すればよいだけであり、こうまで執拗に敵愾心をあらわにするのは、むしろどこかでイメージが帯びる魔術的な力を信じていたからではないか、と疑ってみたくなるのだ。

3-8　聖像破壊の場面（作者不詳、1530年頃）（出典：Koerner 2004, p. 133）

　ともあれ、深刻だったのは、それまで絵画や彫刻、家具などの製造に携わってきた芸術家や職人たちだった。たとえばチューリヒ市では一五二四年に、何人《なんぴと》も図像制作を依頼してはならない、との法令が布告され、違反者には厳罰が科された。当然、その種の生産に携わる人々の仕事がなくなる。アウクスブルク出身の著名な肖像画家ハンス・ホルバイン（一四九七—一五四三年）も、福音主義に共鳴してはいたものの、イメージ生産に対する厳しい環境をきらってイングランドに移住している（一五二六年）。この時期のドイツ芸術の衰退を象徴する出来事

3-9　ユトレヒトの教会に残る聖像破壊運動の跡

だといえる。

さて、先ほども少し触れたが、聖像破壊運動にはどこか、忘却術を髣髴とさせるものがある。取り除いた彫刻や絵は、まるで浄化の儀式のように炎によって焼かれた。聖像が取り払われた教会では、キリストや聖母の彫像や絵画が置かれていた壁を、灰色で塗りつぶすこともあった。そこにイメージがあったという痕跡を、完全に消し去りたかったのだろう。また、ユトレヒトの教会では、浮き彫りを完全には破壊せず、人物像の顔の部分だけを削り取って放置するということも行われた（図3-9）。これは、破壊された像、あるいは偶像崇拝に対する懲罰を加えられた浮き彫り、という新たな意味をもつイメージの生産にほかならない。破壊がもたらした皮肉な創造といえようか。

精神内面のイコノクラスム

聖像破壊運動は、しかしながらモノとしてのイメージをことさらに敵視したのではない。むしろ、信徒の精神が、誤った仕方でモノに結び付けられることのほうを憎悪していたのだともいえる。当然、物理世界のイメージを壊すだけでは不十分であり、その「検閲」は人々の心の中にまでおよんだ。こうした文脈で、実は記憶術そのものも、福音主義陣営からの攻撃対象となった。フィリップ・メランヒトン（一四九七―一五六〇年）をはじめとする当時の教育理論家たちも、記憶術を益体《やくたい》もないものとして非難している。聖書の文言や神学知識を記憶するのに、脳内で典雅幽艶な淑女と戯れたり、哄笑感を生む放恣な画像をもてあそんだりすることなど、もってのほかというわけだ（Berns 1993）。ピエトロ・ダ・ラヴェンナの『フェニックス』が語る記憶術のエロティックな奥義など、彼らにしてみればまさに噴飯ものの議論だったことだろう。かれらにとっては賦活イメージ（imagines agentes）は偶像の一種にほかならず、それによって心が占領されてしまうのは許しがたい事態だった。かわりにルターが信頼を置いたのは言葉である。とりわけ耳から入ってくる言葉だった。そして、言葉が心の内に喚起する観念のイメージであれば、これを是としたのである。

このように、ルターはイメージを十把ひとからげに断罪したのではない。そのことは、彼のプロパガンダ戦略にも見て取れる。ルターは実際、ある種のイメージを積極的に推奨し、信者獲得の手段として活用した。それがすなわち、福音主義の教義を分かりやすく図解する画像である。たとえばルターの盟友だった画家ルーカス・クラーナハ（一四七二―一五五三年）の作品《律法と福音》（一五二九年）（図3-10）をみてみよう。クラーナハは宗教改革以前、情感あふれる、それこそバロックを先取りするような劇的な磔刑図などを描いたりもしていたが、この絵はどうだろう。まるで小学校の教材のように、実に明快で分かりやすく、「説明的」な画面になっている。左側は旧約・カトリックの堕落した世界、右側はルターが導く新約の世界である。観者が内容を取り違えないよう、ご丁寧に絵の下部には画像に対応する適切な聖書の文言が書き込まれている。

3-10 クラーナハ《律法と福音》(1529年)(歴史博物館、ゴータ)(出典:Koerner 2004, p. 31)

ルターがもとめたイメージとは、このようなものだった。イメージは間違っても観る人を誘惑したり、虜《とりこ》にしたり、困惑させたりするものであってはならない。したがって、美しくある必要すらない。シンプルで内容がすぐ理解できれば、偶像崇拝の罠に陥ることはないし、福音主義の教義を広めるのにも役立つだろう。要するに、ルターが求めていたのは、記憶術で推奨されていた賦活イメージとは真逆の性質をもった、いってみれば「力の抜けた」イメージなのである。それは、映像が持ちうるパワーを徹底的にそぎ落とした、無害で無臭の画像だった。プロテスタント圏ではこの種の絵画や版画が大量に生産されて、信徒の教育に活用された。ただし、カトリック相手のプロパガンダ合戦の場面では、ルター陣営も一枚刷りのビラを利用して、どぎつい描写の風刺画(図3-11)を大量に生産しているから、イメージが持つパワーそれ自体には、大いに敏感だったことがわかる。

以上、三章にわたってみてきたように、イメージの力は、内面図像の作成にも、脳内ロクスの設定にも、等しく必要とされる。記憶術あるいは忘却術の教則のあれこれを吟味してみると、近代以前の人々がいかにイメージを恐れ、また同時にその力を有効活用しようと奮闘してきたのかが、実によくわかる。我々などよりも古代やルネサンスの人々のほうがはるかにイメージと真摯に向き合い、深く共生していたのである。どこかの誰かが作ってくれた借り物の映像を受動的に消費するのではなく、一人ひとりが己の想像力を極限まで駆使して、自分だけの心のイメージを作り、愛し、育て、会話を交わし、そして時には命懸けで戦っていたのだ。記憶術師とは、いってみれば、心の造形芸術の偉大なマイスターであり、内面図像を自在に操る舞台演出家であり、精神の健康を管理する名医でもあったのだ。

3-11　教皇ロバ（1523年）（出典：Melanchthon und Luther 1523）

本書の基礎パートを閉じるにあたって、もう一度確認しておこう。イメージは、それ自体では善でも悪でもない。うまく使えば、不在のものを現前させ、メッセージを効果的に伝達し、記憶に深く情報を刻印することができる。逆に悪用すれば、他人の心を占有したり、都合のよいメッセージだけを印象付けて世論を自在に操ったりすることもできる。要するに、イメージが諸刃の剣となるかどうかは、使い方次第なのだ。これまで見てきた様々な事例は、言い換えると、人々がいかにしてイメージを味方につけようとして奮闘してきたのか、その実になまなましい記録だったともいえる。やがて時代の趨勢は一七世紀以降、とりわけ学術界においてイメージへの信頼が次第にゆらぎ、やがてテクストのみを情報伝達の媒体として過度に重視する方向に展開してゆく。テクスト偏重の時代である。けれども、その流れを委細に語るのは本書の任ではない。我々はイメージのパワーが全盛だった時代に今しばらくとどまり、記憶術の絢爛たる映像世界をのぞいてみることにしよう。

次章以降は、記憶術に関する基本的な知識をふまえたうえで、この術の深奥を探訪する旅に出かけてみたい。まずは初期近代に雨後の筍のように叢生したという記憶術の教則本を具体的に取り上げ、その書物の冒頭から結末までを丹念にたどることで、当時の記憶術学徒の読書経験を追体験してみよう。それらの教本を読破し、記憶強化の法をしっかりマスターしたら、その次は、この術を独創的に応用して知の改革をめざした叡智の建築家たちのアトリエを訪れてみよう。彼らが作り出した壮麗な記憶建築が、我々を待ち受けているはずだ。

第4章

天国と地獄の記憶

ロッセッリ『人工記憶の宝庫』

ランブール兄弟《ベリー公のいとも豪華なる時禱書：叛逆天使の墜落》
(15世紀)(コンデ美術館、シャンティイ)

＊秩序的空間として描かれた天界は記憶のロクスとしても最適。

イエイツが残した宿題

人生も半ばを過ぎんとする齢《よわい》にさしかかった私は、ふと気がつくと、鬱蒼《うっそう》と生い茂る暗い森の中を彷徨《さまよ》っていた。先刻まで叢林を羊腸と縫っていた経路もいつしか視界から消え、いまや道なき濃緑の繁みに、私の存在自体がすっかり搦《から》めとられてしまったかのようだ。重く頼りない足取りはいつしか心の迷いと重なり、進んでも進んでも未来永劫ここから抜け出せないのではないか——そんな絶望が、死と変わらぬ恐怖となって心を苦しめる。

冥《くら》き森をひとり行く、この彷徨い人の名は、ダンテ・アリギエーリ(一二六五—一三二一年)(図4-1)。西欧文学史上の金字塔『神曲』「地獄篇」第一歌の、一読したら忘れられない印象的な導入部だ。やがて、さすらい人は、獰猛な雌豹、獅子、雌狼(それぞれ「羨望」(あるいは淫乱)、「高慢」、「貪欲」のアレゴリー)の三獣に行く手をはばまれて進退窮まるものの、そこに「理性」の象徴たる古代詩人ウェルギリウスが現れ、救いの手を差し伸べる。彼こそは、天国に座すダンテの永遠の思い人べアトリーチェが、聖母マリアの意志を受けて遣わした導き手であった。ここから抜け出すには「別な旅路」を経なくてはならぬ、という古代詩人の言葉にうながされ、二人は連れ立って地獄の険谷を抜け(「地獄篇」)、浄罪の急峰を登り(「煉獄篇」)、その山頂の地上楽園へと至る。歓喜に包まれた悦楽の苑で待っていたのは、焦がれてやまぬ憧れの人、純白の面紗の上にオリーブの冠を被った、聖なる貴婦人だった。その名乗りの場面は、原文の美しいリズムとあいまって読者の胸を強く打つ。「さあよくご覧なさい、私は、私こそはベアトリーチェ(Guardaci ben! Ben son, ben son Beatrice)」(「煉獄篇」第三〇歌、七三行)。その美しい容貌は、目を眩《くら》ませ、忘我の境地に誘い込むほどだったと繰り返し綴るダンテの喜悦は、いかばかりであっただろう（図4-2）。ここからは古代の詩聖に代わって「神学」の象徴たるベアトリーチェその人が、上空に聳える天球の層を駆け昇り、やがて至高天（天国）へと至る見神（*visio beatifica*）の旅路を先導してゆく（「天国篇」）。

かつて西欧の修辞の森の奥深くに、記憶術とよばれる蒼古たる技巧（アルテ）があった。それは古代の弁論術に淵源する人工的な記憶強化のテクニックで、常勝の将軍カエサルやローマ随一の弁論家キケロにも馴染みの術であったという。これを実践しようとする者はまず、精神の中に情報の受け皿となる建築を刻印し——と、そんな魅惑的な語り口に惹かれて、フランセス・イエイツの名著『記憶

4-1　ギュスターヴ・ドレ《暗き森をさまようダンテ》

4-2　ベアトリーチェとダンテ（ボッティチェッリ画）（出典：*Sandro Botticelli,* p. 227）

術』の世界にのめりこんだ読書子も多いことだろう。いまや、この主題を語るうえで避けて通ることのできない、古典中の古典だ。

本章の冒頭で『神曲』のトピックを持ち出したのは、他でもない、その御大イエイツが、我ら後進の記憶術学徒に対して、非常に魅力的かつ難しい宿題を残しているからだ。彼女は言う。『神曲』「地獄篇」は、「地獄とそこで与えられる罰を整然と配列された鮮烈なイメージで描き、避けなければならない悪徳を心に刻むための記憶法のひとつとみなされていた」のかもしれない、と（イエイツ 一九九三、一二五頁）。イエイツはそれ以上の考察を行っていないが、全一〇〇歌、一万四二三三行からなる『神曲』という壮大なテクスト自体が、鮮烈なイメージを整然と空間配列して大宇宙の結構を写し取った、緻密な設計図に基づく建築的かつ記憶術的な作品である可能性がここに示唆されたわけである。確かに、とりわけ個性的なキャラクターたちが躍動する「地獄篇」は、身の毛もよだつようなイメージ群が、整然と区画された地獄世界の中で、罪の重さに応じて階層的に配列され、実に記憶しやすい構造になっている。多少なりとも記憶術の心得のある読者なら、そのことにすぐ気がつくはずだ（イエイツの宿題に正面から取り組んだ好著としては、De Poli 1999）。同様に、悔悛すべき罪によって階層的に構成された煉獄山や、恩寵の度合いによって祝福された魂たちが分類配置されている天国の各天球も、記憶術的な色合いが非常に濃い空間だといえる。ひょっとすると、その点を意識してのことだろうか、イメージ（登場人物）やロクス（場面）を描写するダンテの筆致は、時としてエクフラシス的な画文一致の甘やかな韻律を響かせ、読者の脳裏に鮮烈なメンタル・イメージを描き出す。長大にして複雑でありながら、『神曲』ほど記憶しやすいテクストもまた、そうそうないといってもいいかもしれない。

『神曲』の記憶論(1)――語りえぬ記憶

イエイツからの大きな宿題を頭の片隅におきつつ、本書でこれまで整理してきた記憶術に関する諸規則を援用しながら、実際に『神曲』を、「記憶」をテーマにして読み直してみることにしよう。

截然と区分された空間の中に、鮮烈なイメージが置かれている――そう指摘しただけでは、実は記憶術との関連を探るうえで、たいした説得力をもたない。そのようなことを言い出せば、西欧世界の教会や宮殿の大半が、記憶術と結び付いてしまう（ひょっとしたら実際そうなのかもしれないが）。もう一歩踏み込んで、たとえばその空間を生み出した者がその場にどんなメッセージや機能を込めようと意図したのか、またそこを訪れる人々がそれらの場所とイメージをどう体験し、そこからどんな思考を紡ぎだしたのか。そこまで考慮して、はじめて本格的な検証が可能になるはずだ。また、『神曲』のような文学作品の場合は、そもそも著者がどのような記憶観を持ち、それをどうテクストに反映させているのか、といった点にまで測深の錘鉛を降ろす必要があるだろう。イエイツの宿題は、なかなかにハードだ。

ダンテ『神曲』の記憶論を本格的に綴ろうとすると、それだけで分厚い本が一冊書けてしまうから、ここでは作中で触れられる主だった記憶のトピックについて概観するにとどめよう。そうした観点から注意深く読み込んでゆくと、記憶についての深い考察や興味深い言及が随所に見られることに気がつく。あたかも『神曲』は、中世末期の記憶哲学を物語の形に敷衍した作品のようにさえ思えてくるほどだ。

まずは「地獄篇」から見てゆこう。第二歌の劈頭において、ダンテが詩を司るムーサ女神（＝記憶女神ムネモシュネの娘）たちに祈りを捧げる場面。

詩の女神達よ、我が高き知性よ、さあ、私を助けたまえ。
私が見たものを記した記憶よ、
ここにおまえの真価を見せよ。（ダンテ 二〇一四、「地獄篇」第二歌、七―九行。以下、本文中に引用するのはすべて原基晶氏の訳。ただし、対応する行数については、訳文と原文のあいだにズレがあるときは原文のほうの行数を記した）

詩人が霊感を授かるために詩神たちに祈る場面は、古代以来おなじみの文学トポスだ（クルツィウス 一九七一、三三一―三五七頁）。だが、同時にダンテは自らの知性にも呼びかけ、己が記憶したものを召還しようとしている。つまり『神曲』という作品は、地獄から煉獄を経て天国での見神体験を終えたダンテが、ふたたび地上に戻った後で、それまでの体験を想起しながら綴ったテクストであることが、ここからわかる。別の言葉でいえば、『神曲』とは、記憶にストックされたデータの再生記録としても読める、ということだ。だが、その再生には、様々な苦痛や困難を伴ったことが、作品の随所で吐露されている。

登場人物としてのダンテは、地獄や煉獄において、身の毛もよだつような拷問や凄絶な苦行の場面に遭遇して、恐怖や悲しみ、同情などのあまり、思わず体を震わせ、涙をながし、時には失神さえしてしまう。思い出すのもつらい記憶だ。けれども、現世に舞い戻った筆者としてのダンテが記憶の再生にあたって、とりわけ重度の困難を覚えたのは、むしろ喜悦に満ちていたはずの天国での体験だった。「天国篇」第一歌の冒頭で、神の聖なる光を最も強く受ける至高天《エンピレオ》に、自分は行ってきたのだと詩人は言う。

その方の光をひときわ強く受ける天空のまっただ中に
私はいた、そして誰しもがその天空から降りると
語る術も語る力も持たぬ事物を見た。（四―六行）

「見神」あるいは「至福直観」というキリスト教徒にとっての最高の経験——けれども通常、地上の俗世では体験不可能なことを体験してしまったダンテは、それを俗なる言葉に表して描写することができない、と嘆くのだ。けれども、詩人の矜持にかけて、ここで筆を折るわけにはゆかない。

それでも、聖なる王国について
我が記憶の中の宝（tesoro）にできた限りを、
これより我が歌の題材としよう。（一〇―一二行）

4-3　天国篇でのベアトリーチェとダンテ（部分）（ボッティチェッリ画）（出典：*Sandro Botticelli*, p. 273）

このあとダンテは、古代神アポロンに祈りを捧げ、「天国篇」を書き上げることができるように、そして「脳裏に刻まれた（segnata ne mio capo）」聖なる王国のヴィジョンを綴ることができるように（二二―二四行）、と祈るのである（図4-3）。

けれども、古代詩神の力を借りてもなお、天国の聖なる情景を描写しつくすのは難しい。「天国篇」とは、いわばダンテの詩人としての言語能力の限界と、神や天使や聖人たちの言表を超え出た神聖なヴィジョンとが、常にせめぎあって生まれたテクストだともいえる。たとえば、第一四歌では、各惑星の天球を昇ってゆくごとにその美しさを増してゆくベアトリーチェが、このたびは「あまりにも美しく／私の前に現れた」ため、「記憶が追いつけなかった」のだと、詩人はもどかしい心情をさらけ出す（七九―八一行）。また、同じく第一四歌で、第五天球たる火星天で目にした十字架のヴィジョンを前にして、「ここでは我が記憶は我が詩才を凌駕している」と嘆息し、記憶の中のその情景を伝えるのにふさわしい文辞を見出せない自分に苛立ちを覚えている（一〇三―一〇五行）。その他にも、第二〇歌では、記憶から滑り落ちてしまうほど素晴らしい歌をうたう天使たち（一〇―一二行）に触れて、生身の人間の記憶にはそもそも貯蔵不可能なほどの聖性を称えている。

「天国篇」の最終歌たる第三三歌では、ついに詩人の祈りは神への直接の嘆願となる。「あなたの栄光から発する閃光の一筋だけでも」（七一行）、詩に託して語る力を我に与えたまえ、

なぜなら、それが少しでも我が記憶に戻ってくれれば、
そしてこの詩がいくらかでもそれを声に出せれば、
あなたの勝利について人々はさらに理解を深めるであろうがゆえ。（七三―七五行）

ついに見神の恩寵に浴したダンテは、しかしながら、最後の最後に至るまで、自身の言語能力の不足を嘆いてやまない。

今や、我が言葉は
私が記憶しているわずかなものを表すのにさえ、
乳首を舌で舐めて濡らす幼児の言葉より至らぬだろう。（一〇六―一〇八行）

少し即物的な言い方をすれば、ダンテの苦悩とは、あまりに強烈な神的ヴィジョンにくるまれた自身の記憶データ、すなわち鮮烈な賦活イメージを、一般に理解できる言語の形式で再生することができない、という点にあったのだろう。これもまた、強すぎるイメージの弊害とでもいうべきだろうか（第三〇歌でも、思い出そうとしても語る能力が麻痺してしまう、と天国のヴィジョンの言表不可能性に言及

している)。

『神曲』の記憶論(2)——記憶のメタファーと情動

一方で、ダンテが『神曲』の随所で記憶に言及している箇所には、記憶ないしは心を物理的なメタファーでとらえているものが非常に多いことに気がつく。たとえば、前節で「我が記憶の中の宝にできた限りを」という言い回しを引用したが、記憶内容を心に秘蔵した宝物(伊:tesoro/羅:thesaurus)とみなす考え方は、キケロや聖アウグスティヌスをはじめとする古代以来の修辞学の伝統において、おなじみの表現だった(キケロ『弁論家について』一・五・一八、アウグスティヌス『告白』第一〇巻)。この比喩を敷衍するなら、記憶データ=宝を大事にしまっておく精神・心は、宝箱ないしは宝物庫とみなすことができる。つまり、我々の精神を、ある種の物理的な広がりをもった空間としてとらえ、何かを記憶するとはその空間のなかに宝物なり物資なりを搬入・貯蔵する行為、そして想起とは、その空間をあちこち捜し歩いて、お目当ての物品を見つけ出す営みと捉えることができるわけだ。しかも、宝箱・宝物庫とは、何でも乱雑に放り込んでおく雑嚢・物置ではなく、間仕切りや棚によってきちんと分類され、詳細な目録が作られたものを指す。そうでないと、せっかくの宝も価値を失い、死蔵されてしまうからだ。もうお気づきのことと思うが、この空間秩序の類比をさらに展開したものが、すなわち建築的記憶術ということになる。

ダンテもまた精神の広がりを物理的に捉えていたことがわかる箇所が「天国篇」にある。たとえば第五歌には、こんな表現がでてくる。

記憶の扉を開きなさい、私があなたへと明らかにするものを
その中に収めるのです。（四〇―四一行）

ここで「記憶」と訳されている“mente”という言葉は、一般には「精神」を意味する単語であり、まさに記憶術でいうところの、精神内ロクスへの賦活イメージの配置を髣髴とさせる描写だ。また、第一八歌では、例の言表不可能なヴィジョンとのからみで、「かの方〔ベアトリーチェ〕がお導きにならねば、その内奥の深部まで／戻ることはできない記憶」（一一―一二行）という表現で、記憶の物理的な広がりを暗示している。ダンテの物語世界では、記憶・想起とはまさに心の中でのフィジカルな身体移動として理解することができるのだ。

記憶や精神を物理的なものとみなすメタファーは、伝統的にもう一つの記憶の比喩とも結び付いてきた。それが書記のメタファーである。すなわち、心に情報を銘記する（＝記憶する）ことを、紙に何かを書く、もしくは蠟板に図像を刻印する営為になぞらえ、また何かを想起する行為を、心に書かれた文字や図像を読むことにたとえる伝統だ。古くはプラトン、アリストテレスなどがこの比喩を用い、また古代ローマ期のキケロやクインティリアヌスらの弁論術理論書にも継承されて、記憶術のしくみを説明するための重要なメタファーとして機能した（Small 1997）。心の筆記帳にデータを書き込み、それを後から読みかえす。我々現代人にも分かりやすいイメージである。

ダンテもまたこの比喩に精通し、自家薬籠中のものにしていたことは明らかだ。たとえば、先に

「脳裏に刻まれた」聖なる王国のヴィジョンという表現を見たが、これなども、心を硬い物質とみなし、そこへの情報の刻印として、記憶活動をとらえている。また、ダンテは、記憶を一種のノートにたとえ、そこへの情報の書き込みを、物語の展開上重要な行為としてうまくストーリーに組み込んでいる。「地獄篇」第一五歌では、かつての文学の師ブルネット・ラティーニ（一二二〇頃―九四年）と再会する印象的な場面が展開されるが、ダンテは師との会話をしっかりと心のノートに書き写している。

あなたが私の人生についてお話しになっていることを私は書き記し、
それを大事にしまい、他の本文と合わせて
それができるであろう貴婦人のもとで注解をいただきます〔…〕（八八―九〇行）

これと似たような表現は、「煉獄篇」第三三歌にも見られる。煉獄山の頂上で、ベアトリーチェがダンテに語るセリフのなかの一節である。

あなたは記憶に記しなさい。そして私が話しているそのままに、
死へと絶え間なく向かう生命を生きる
生者達にこれらの言葉を告げなさい。（五二―五四行）

詳細は省くが、記憶の書記メタファーは他にも、「天国篇」第一七歌（「記憶の中に記して」（九一行））にも出てくるし、同・第二三歌では「過去の出来事をくまなく順に書き留める本〔…〕」（五四行）という言い回しで、記憶を一冊の本にたとえている。

一方で、紙とペンよりもさらに古層の書記文化を伝える蠟板と印章のメタファーも、「煉獄篇」の第三三歌に見られる。ベアトリーチェがダンテの知性を硬い石にたとえると、ダンテは蠟のメタファーでそれに答える。

「〔…〕けれども私〔ベアトリーチェ〕には、あなたが知性においては
石でできていて、しかも石化した結果として暗く濁り、
そのために私の話の光があなたの目を眩ませていることが分かるので、

そうではあっても、書きつけられたものとは言わず、少なくとも素描を
あなたが自らのうちにしまい、棕櫚の枝を巻いた杖を持ち帰るのと
同じ理由で、それを持って帰って欲しいと思っています」。

すると私〔ダンテ〕は、「印章を受ければ
象られた形を変えることのない蠟のごとく、
あなたから今や我が頭脳は印を捺されました〔…〕」（七三―八一行）

ダンテがここで下敷きにしているると思われるのが、古代権威のなかでもとりわけ卓越した印章メタファーを繰り出した、アリストテレス『記憶と想起について』の議論である。そもそも知覚を蠟板への刻印とみなす考え方は、古くは古代ギリシアのホメロスやデモクリトスにまでさかのぼるものであり、プラトンも『テアイテトス』の中で心を蜜蠟にたとえている（Sassi 2007）。一方で、アリストテレスは同書において、年齢によって記憶力に差が出る理由を分析し、それは心の硬軟の差によるものだと喝破した。すなわち、幼い子供の心は軟らかすぎて、情報を刻印しようにも、すぐに形が崩れてしまう（＝記憶の保持力が弱い）。それとは逆に、老人の心はすでに干からびて硬くなっているため、なかなか覚えることができない（＝情報のインプットが困難）、というものだ（詳しくは、Sorabji 1972）。以上をふまえてダンテとベアトリーチェの会話を読み直してみると、なるほどと得心がゆく。聖女は、ダンテの心（知性）が石のように硬直化して、情報の刻印がままならないのではと危惧するものの、ダンテは蜜蠟と印章の喩えでそれに応じ、ベアトリーチェを安心させているのである。

記憶のテーマに関してもう一点だけ指摘しておくなら、記憶に書き込まれた情報は、時としてダンテの心を激しく揺さぶり、わしづかみにするものだった。古典文学作品の読解に、情動とストレスホルモンの結びつきが生み出す記憶強化現象（本書第3章）を持ち出すほど筆者も野暮ではないが、ダンテの記憶が激しい心の動きと密接に関連づけられている点は、やはり無視できない。たとえば「地獄篇」第一五歌では「私の記憶には刻まれ、今は悲しみで心を苛むのですから」（八二行）とあるし、有名な同・第五歌のパオロとフランチェスカの悲恋の場面でも「悲惨のさなかに／幸せな頃を思い起こすことよりも／悲しいことはありません」（一二一―一二三行）と、記憶と情動が深く結び付いた描写がある。同じく第三歌では、恐怖の記憶のせいでダンテは冷や汗をかき（一三〇―一三二行）、第三〇歌では師のウェルギリウスに叱責されたことを想起して、深く恥じ入っている（一三三―一三五行）。そのように、感情を激しく揺さぶる記憶だったからこそ、ダンテは長い旅路を終えたあとでも、その道中の出来事をこれほど克明に綴ることができたのだ。

『神曲』の記憶論については、まだまだ語るべきことがあるが、紙幅の都合で割愛せざるをえない。ダンテがいわゆる古典的記憶術を知っていたのかどうか――この点については、資料の制約もあって、断言することはできない。ただし、以上に見たように、ダンテが当時の記憶理論に通暁し、記憶の様々な特性を巧みに活かした物語構造を紡いでいることは確かだ。では、記憶術と対になる忘却術についてはどうか。彼はそのデータ抹消の秘技を知っていたのだろうか。実はダンテの綴る世界には、とびきり強力な忘却装置が用意されていた。地上楽園（「煉獄篇」第三三歌）での、ベアトリーチェの言葉を引いてみよう。

もしもあなたが思い出せないのであれば、
〔…〕
あなたがレーテの水を飲んだことを思い出しなさい。（九四―九六行）

すべてを一瞬で忘れさせる冥府の川レーテこそ、記憶の最強の敵だったのだ。

4-4　ドメニコ・ディ・ミケリーノ《ダンテ、『神曲』の詩人》（1465年）（サンタ・マリーア・デル・フィオーレ大聖堂、フィレンツェ）

『神曲』と記憶術

『神曲』の地獄では、人は、己が生前犯した罪ゆえに恐ろしい罰を受ける。いわば過去の圏域だ。また煉獄での浄罪は、現在進行形の罪の償い、すなわち現世とのつながりを強く持つ。一方で「天国篇」は、未来に約束された天国のヴィジョンだといえる。これらの過去・現在・未来の世界はいずれも厳格な空間分節がほどこされ、強烈な個性を持った罪人や聖人たちには、それぞれの罪状や徳性に応じた固有の場所が割り当てられている。これら彼岸の世界はダンテの筆致を追う限り、実に秩序然とした空間だと想像されるのだ（図4-4）。と同時に、多様性とインパクトにも十分富んでいる。要するに、これらの空間は、慧眼なイエイツが指摘するとおり、記憶のロクスとしての最適の特徴を備えているのだ。

そんなキリスト教的な救済ヴィジョンに基づく世界を、文字どおりまるごと記憶ロクスに設定してしまった人物がいる。フィレンツェのドミニコ会修道士コスマ・ロッセッリだ。一五七九年に出版された彼の著作『人工記憶の宝庫』は、本書でこれまでさかんに言及してきた、いわゆる初期近代の記憶術教本の典型的な一冊である。そこでは、地獄の谷を越えて、雪霜風雨の吹き荒れる四象を過ぎ、玲瓏たる天界に至るまでの壮大な旅路が、記憶ロクスとして堂々と提示されている（Rossellius 1579）。ここでは同郷の詩聖ダンテの著作へのオマージュが、当然ながら込められているのだろう。一方で、ロッセッリが属するドミニコ会には、もう少しシンプルに図式化したかたちではあるものの、地獄や四元素界、天界などの構成を記憶ロクスとして活用する伝統が古くからあったことも確かだ（図4-5）（イエイツ 一九九三、一四七頁）。『人工記憶の宝庫』は、そうした先行モデルを咀嚼しつつ、初期近代の情報爆発に適応すべく、独創的なデータベースの骨格を提供しようと試みた著作ではないだろうか。

以下に、先に見たイエイツからの宿題に対する創造的回答の試みとして、この魅力的な記憶術論考をじっくり考察してみたい。

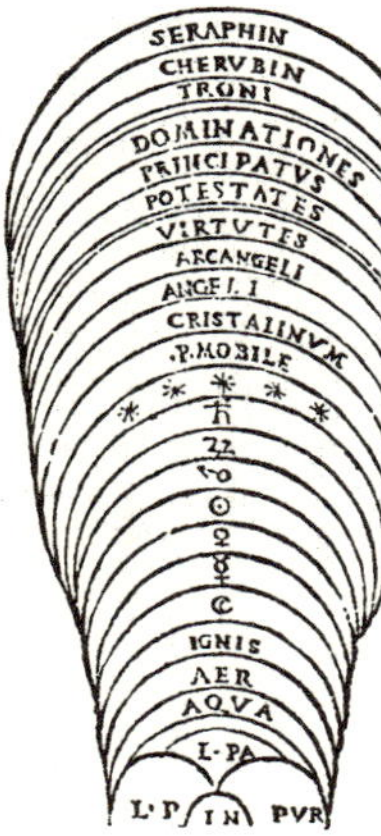

4-5　記憶ロクスとしての地獄〜天界（ロンベルヒ『人工記憶の集成』（1533年）より）（出典：イエイツ 1993、149頁）

ロッセッリ『人工記憶の宝庫』の概要

『人工記憶の宝庫』については、すでに本書の第2章で、その大変シュールなＡＢＣ商店街を取り上げて、簡単に紹介した。著者のコスマ・ロッセッリは、フィレンツェのサン・マルコ修道院の僧で、正確な生没

4-6 『人工記憶の宝庫』表紙

年は明らかになっていない。一五七九年刊行の『人工記憶の宝庫』は死後出版であることが確認されているから、おそらく著者は一六世紀初頭に生まれ、一五七〇年代に亡くなったのだろう。

『人工記憶の宝庫』はラテン語で綴られた、分量にして三二〇頁あまりの重厚かつ理路整然とした書物である(図4-6)。といっても、その文体は技術マニュアルにふさわしく平明にして簡潔で、過度に難解な哲学的議論や、頭が痛くなるような抽象的な形而上学的議論が盛り込まれているわけではない。ラテン語が読める読者を想定した、やや上級者向けの記憶術教本といった位置づけが妥当だろうか。かつてイエイツは同書を指して、一六世紀の記憶術の展開と洗練化を推し量る上で非常に興味深い著作であるとの評価をくだしたが、いまだに現代語訳がないせいもあってか、現在に至るまで目立った研究の進展は見られないようだ(ロッセッリの記憶術については、桑木野 二〇一三b、四〇三―四八一頁)。

全体は二部構成で、記憶ロクスを論じる第一部と、記憶イメージを扱う第二部に分かれている。そこで語られる教則は、基本的には古典的記憶術の伝統に根ざしたものであり、そのことはタイトルに込められた「記憶=宝庫」のメタファーにも見て取れよう。実際、序文(「誠実なる読者への序言」)を読んでみると、アリストテレスやキケロ、クインティリアヌス、セネカから古代の記憶学に関する権威の名が堂々と引かれ、議論の補強がなされている。

ロッセッリが序文で繰り返し強調しているのは、生得の記憶は人工的に強化可能であるということだ。[1]そして、記憶術で駆使するイメージが、決して記憶の新たな負担になることはなく、むしろ感覚や認識機能に多大な効果をもたらすことが主張される。この言葉を裏付けるように、実際『人工記憶の宝庫』には、まことに味わいのある木版画が多数収録されており、それらの古拙で愛嬌に満ちた図像が、本書を一段と魅力的なものにしている。ともあれ、こうした弁明じみた文言が冒頭で綴られていることからも、当時、記憶術に対する偏見や敵意が相当に根強かったことが窺われる。序文の後半では、記憶術がもたらす様々な恩恵や効能が列挙される。いわく、無知のものを賢者にし、愚鈍な輩を聡明な人間にする。不動のものを動かし、果ては死者をも蘇らせる力が、この術にはあるのだという。もちろん、故人の記憶を想起するという意味だろう。こうした文言に心を躍らせ、読者は本文に入ってゆくことになる。

ロクスの基本教則

本書の白眉は、なんといっても、ダンテ風の壮大かつコスモロジカルな記憶ロクスを設定する箇所だが、その分析に移る前に、ロッセッリが提示する記憶術の基本教則を確認しておこう。まずはロクスから。著者の定義に従えば、ロクスとは記憶用の図像（figurae）を受け入れ、活用する仮想の器のことで、大きく分けて「共通（communia）」と「個別（particularia）」の二種がある（Rossellius 1579, p. 1v.）。共通のロクスとは、その中に個別のロクスを含むことのできる巨大な空間のことであり、一方で個別のロクスとは、そこにじかに記憶イメージを配置する場所のことである。つまり、個別のロクスとは、記憶イメージの直接の背景になるような最小の空間分節単位、たとえば柱、階段、踊り場、窓、扉、彫像、家具などであり、共通のロクスとは、それらを含んださらに大きな空間単位、つまり邸宅や宮殿、街路、広場、都市などのことだ。ロッセッリの記憶論の秀抜なところは、この共通のロクスに関して、さらに厳格な階層構造を導入し、膨大な記憶情報を操作するための舞台環境ないしはフレーム構造を精緻に作りこんでいる点である。

共通のロクスは、大きいものから順に、以下の六つのカテゴリーから構成される(Ibid., p. 2r.)。「極大(の共通ロクス)(amplissima)」、「特大(ampliora)」、「広大(ampla)」、「大(maiora)」、「中(mediocria)」、「最小(minima)」。これらは互いに、大きいものが小さいものを包摂するかたちで、階層構造をなしている。『人工記憶の宝庫』の前半部分は、これら六つの共通ロクスの詳細な記述に充てられている。そのうち最大の紙幅が割かれているのが、最上位のカテゴリーである極大ロクスの説明(Ibid., pp. 2r.-50v.)である。これは以下の四つからなる。①地獄、②四元素界、③天界、④至高天(天国)。お気づきのとおり、ダンテを髣髴とさせる三千大千世界のロクス化が試みられるのは、この「極大」のカテゴリーにおいてだ。これらのコスモロジカルな仮想空間については、のちほどじっくり見ることにしよう。

さて、その次のカテゴリーにあたる「特大」を見てみると、そこにはもう少し規模の小さい空間、たとえば平原、河川、地域一帯、幹線道路などが含まれている。以下同様に、「広大」、「大」……とクラスが下がってゆくにつれて、含まれる空間も都市、教会、店舗……と縮小してゆき、最終的には「最小」において人間身体や動植物までたどりつく。これらが入れ子構造になって、ヒエラルキーを形成しているのだ。極大から最小へと、共通のロクスの層を降り下ってゆくことは、あたかもツリー状に構成されたデスクトップ上のフォルダーをつぎつぎとクリックして、階層の奥深くに進んでゆくような感覚に近いといえようか。四元素界の土元素（地上）をクリックすれば、河川や道路が走る地理上の一定の領域が現れ、その中の都市をクリックすれば、さらに街区や街路が拡大され、それらは邸宅や教会から成り、その中には部屋があって、人が暮らしている。こうしたロクス間の立体的階層構成こそ、本書が提示する記憶術の独創的な一面だといえる。

イメージの基本教則

本書の第二部（Rossellius 1579, pp. 77r.-145v.）は、記憶イメージを扱っている。一言で内容を要約するなら、いかにして記憶すべき事物を図像化するか、その各種方法や具体例を満載した、一種のヴィジュアル・コード事典のような体裁をとったパートだ。記憶すべき事物や概念をイメージに結び付ける仕方は実に様々で、性質や形状、外観、特性などの類比や対比（例：キケロで修辞学を、クジャクで傲慢を表す）からはじまり、寓意を用いたり、換喩やメタファーを駆使したり、伝統的な図像学やヒエログリフ、絵文字（図4-7）に訴えたりと、観念とテクストとイメージが無碍に通底するそのファンタスティックな行文は、読者を飽きさせない。かつてウンベルト・エーコが本書のこの箇所を、記号論的観点から嬉々として分析してみせたことが思い出される（Eco 1992. Eco 2007にも関連する議論がある）。

また、当時の記憶論にはよく見られた、いわゆる「事物のアルファベット」も、本書にはしっかり

4-7　記憶用の絵文字（Rossellius 1579, p. 96r.）

収録されている。その仕組みについては次章で詳しく見るが、簡単に言うと記憶イメージの作成を容易にするためにＡＢＣ順に名詞を並べたもので、術者はこれらを参照することで、図像を素早く形成することができる。ロッセッリの著作では、悪魔、貴石・宝石類、蛇類、小動物、植物、果樹、ハーブ、陸上動物、水生動物、鳥類、星、聖人などのカテゴリーが設定され、かなりの数の名詞が収録されている。ラテン語の名詞がきっちりと分類されたこれらの紙葉を手繰《たぐ》っていると、まるで中世風百科全書を読んでいるような感がある。というのも、そこには新大陸の動植物や異邦の新奇な文物などの情報はいっさいなく、あくまで古代から中世までの伝統的な知の体系のなかで伝承されてきた事物・観念へのこだわりが、はっきりと見られるからだ。つまり、これらのリストに挙がっているどの名詞も、古典的教養を備えた人々には馴染みの典型的な存在であり、古代・中世の権威たちがその著作で言及したものばかりなのだ。[2]

　本書のイメージ論がさらに興味深いのは、図像の具体例として、四元素界や天界、至高天など、すでに前半部で記憶のロクスとして詳細に解説がなされた空間や事物が、ふたたび挙げられている点である。その理由を、著者は次のように説明している。

以前ロクスとして言及したものが、今また、記憶イメージに適していると言っても、驚くことはない。前述したロクスは（様々な点に応じて）記憶イメージのためにも活用することができるだろうから。（Rossellius 1579, p. 78r. なお、ibid., p. 108v. にも同種の発言がある）

要するに、この世のあらゆるものは、ロクスにもなるし、イメージにもなりうる、ということだ。両者の自在な変換可能性もまた、本書の大きな特色のひとつだ。つまり、従来の記憶術では中性的な情報の器と見なされていたロクスが、記憶情報を伝達する媒体としても機能しうる、ということだ。たとえば、以下で見てゆく地獄や天国のロクスは、データの容れ物であると同時に、それ自体で、キリスト教の彼岸の世界を表す記号としても機能する。もしそこに、悪魔や天使に関する神学的な情報を表すイメージが重ね置かれたなら、背景のロクスにあらかじめ充填された意味と相乗効果を発揮して、より強力な記憶効果を得られるものと期待されるのだ。

地獄の記憶

では、さっそく、ロッセッリの記憶術をもっとも独創的なものとしている「極大」の共通のロクス、すなわちダンテの詩世界をそっくり記憶の器に設定してしまった部分を、順番に詳しく見てゆこう。従来の記憶マニュアルでは、ロクスが備えるべき一般的な特徴を列挙したのち、具体的な仮想空間の事例をわずかに例示して済ませていたのに対して、ここでは精神内の仮想空間の詳細な設計法が

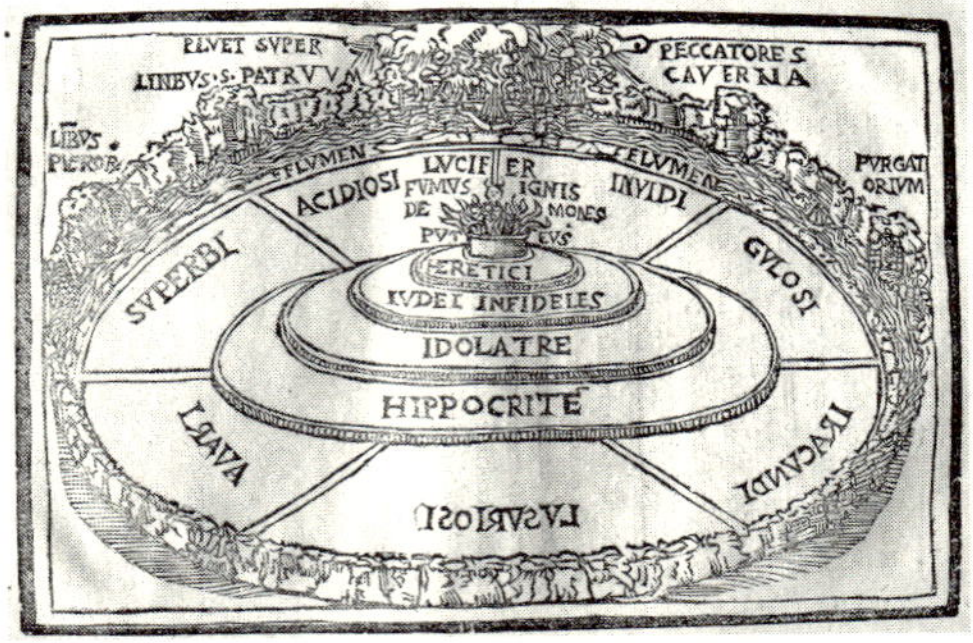

4-8　地獄のロクス（Rossellius 1579, p. 12r.）

具体的に語られてゆく。『神曲』でダンテを導いたのは詩聖ウェルギリウスと聖女ベアトリーチェだったが、『人工記憶の宝庫』の読者を先導するのは、著者ロッセッリの明晰な筆致である。

本書の記憶の旅路は、深遠なる大地の奥底、恐怖と暗闇に閉ざされた地獄からスタートする。ロッセッリの想像する冥府の姿は広大な円形で、まるでルネサンス期の理想都市平面のように放射幾何学状の区画分節がなされている。添えられた図版（図4-8）は、視点が微妙にデフォルメされた鳥瞰図になっている。そもそも地獄とは、教会博士たちの議論によれば、暗闇に閉ざされた混沌とした無秩序の世界であるはずだった。その果てしないカオスの状況こそが恐怖を生むのだ。けれども、その一方で、とりわけダンテ以降の文芸や視覚芸術の伝統では、罪人たちが巣くう冥府を秩序だった空間として描く流れが台頭してくる。当然、ロッセッリも、この後者の系譜に属している。以下、彼が文字とイメージで紡ぎだす恐怖の暗黒世界を再構築してみよう。

冥府の中央には深い井戸があり、その口から勢いよく流れ出した紅蓮《ぐれん》の炎が、熱き濁流となって地獄中を駆けめぐっている。猛り狂うその火勢は罪人たちを苦しめる神の道具（dei instrumentum）として機能する（地獄ロクスの記述は、Rossellius 1579, pp. 3r.-10r.「神の道具」の表現は、ibid., p. 9r.）。その業火と煙幕に包まれて、井戸の上から不気味に周囲を睥睨《へいげい》しているのが、悪魔の君主たるルシフェル。その魁偉な姿で、空間全体のかなめを形成している。

地獄は全部で一一の区画に分節されている。その中央部分には、井戸を囲んで同心円状に四段の区画が上下に重なる。それぞれ幅三〜四ブラッチョ（一・七五〜二・三三メートル、一ブラッチョはフィレンツェ尺で五八・三六センチメートル）、高さ二ブラッチョ（一・一六メートル）。その最下段の縁からは、放射状に七つの壁が直線状に伸び、地獄の残りの空間を扇状に七等分している。この境界壁は、厚さが一ブラッチョ、高さが三〜四パルモ（八七・四五〜一一六・二八センチメートル、一パルモ＝二九・一五センチメートル）。また、冥府全体の外周を覆う円形の壁は高さ三パルモ、その外側には、氷のように冷たい漆黒の急流が走っている。このように寸法に関する具体的な数値を細かく指定してゆくのは、たとえば聖書中の幕屋や天空のイェルサレムの建築描写にも見られるスタイルであり、誰も実物を見たことのない架空の空間を想像するうえでの手助けになることを期待したものだろう。それにしても、挙げられた数値から推定される地獄ロクスの大きさは、意外と小さいという印象を受ける。たとえば、ダンテが描く広漠無辺の冥界とは歴然たる差がある。ロッセッリのものは、あくまで記憶術の運用に際しての利便性を考慮して決められた数字だといえるだろう。

掲載した図版では省略されているが、これらの一一に分けられた各区画の内部では、様々な罪を犯した罪人たちが、それぞれに見合った罰を受けている。記憶術ではおなじみの、ロクス内の住人の設定だ。そうした人々が拷問を受ける様子や、背負っている罪の多様性が、記憶を刺激するのだという。それにしても、水も滴《したた》る美少女が待ち受けていたピエトロ・ダ・ラヴェンナの快活なロクスとは、なんとかけ離れていることだろうか。

罪人たちの様子を詳しく見てゆこう。ルシフェルにもっとも近い、中央円形区画の最上段には、異端者たちが割り当てられている。その位置からして、最も重い罪とロッセッリが見なしていたことがわかる。この連中は「聖書の真の意味を捻じ曲げるのが常であった」がゆえに、聖書を破き去り、火にくべる姿で表現されている（Ibid., p. 9r.）。要するに、犯した罪を想起させるような動作をしているのだ。以下、冥府に置かれたすべての罪人たちも同様で、その仕草や持ち物をみれば、背負っている罪状がたちどころに把握できるように工夫されている。二段目の区画にはユダヤ人たちがいる。彼らの顔が鉄面なのはその強情さを、目隠しされているのはその盲目さを、頭をうなだれているのはその心の固さを、それぞれ表すのだという（Ibid., p. 3v.）。三段目では偶像崇拝者たちが、砕かれた異教神の像とともに地面に倒れており、四段目では偽善者たちがその偽りのマスクを悪魔に剝ぎ取られている（Ibid., p. 9v.）。彼らはロクスを活性化する要素であると同時に、教会の教えを伝える媒体としても機能していることがわかる。

秩序化された地獄——七大罪の表象

続いて、周囲の七つの扇状区画へと視点を移そう。ここには、キリスト教のいわゆる「七大罪」が一つずつ割り当てられてゆく。その具体的な姿を見る前に、キリスト教美術における地獄と罪の表現の伝統を簡単に振り返っておこう。ロッセッリの描くロクスを、図像学の発展史のなかに位置づける試みだ。

ひとくちに地獄をヴィジュアル化するといっても、いろいろな表現法がある。たとえば初期の頃は、海蛇の悪魔レヴィアタンが大口をあけ、罪人たちを十把ひとからげに鯨飲する場面が好んで描かれたという。一方で、主にイタリアを中心とする地域では、これとはやや系統が異なる図像が好まれた。すなわち、火炎の中にルシフェル（サタン）を置き、その周囲に罪人たちを配置する構図だ（中世における地獄表象については、Casagrande e Vecchio 2000）。ロッセッリもこの系譜に属しているといえよう。そうした表現の一例として、フィレンツェのサン・ジョヴァンニ洗礼堂の天井画を見てみよう（同洗礼堂のモザイク装飾については、Paolucci (ed.) 1994）。都市の守護聖人にささげられたこの八角形の建物は、市民の心のよりどころとして古くから崇拝を集めてきた。おそらくロッセッリも幼少時から何度も目にしていたはずだ。堂内に一歩足を踏み入れると、正八角形のクーポラの内側一面に煌《きら》めく黄金のモザイク画に、思わず呼吸を忘れて見入ることになる。そこには天使の位階や諸聖人の姿が表され、頂点にむかって漸減する面積をうまく利用して、天界のヒエラルキーが見事に織りなされている。その天井画の西面、一二六〇―七五年にかけて制作された「最後の審判」の場面の向かって右下に、大変魅惑的な地獄の情景が描かれている。地獄行きが決まった者たちが、醜悪な悪魔に駆り立てられ、炎がうずまく冥府へと突き落とされている。構図中央には罪人を喰らう恐ろしい形相のルシフェル（サタン）が鎮座し（図4-9）、その周囲では、悪魔と人間が入り乱れる、まさしく阿鼻叫喚の地獄絵図を描き出している。けれども、空間内部を建築的に分節するような仕切りなどはいっさいなく、罪の分類も見られない。地獄を無秩序な世界と捉えていることが分かる図像だ。

ところが、この図像伝統を一新する、革新的なイコノグラフィが一四世紀に登場する。ピサの大聖

4-9　サン・ジョヴァンニ洗礼堂（フィレンツェ）の天井モザイク画（部分）

堂脇に建つ「カンポサント」と呼ばれる共同墓廟に、画家ブオナミーコ・ブッファルマッコ（一四世紀前半に活躍）が一三三〇年代から四〇年代にかけて制作した《最後の審判と地獄》のフレスコ画だ（同フレスコ画については、Baracchini e Castelnuovo (eds.) 1996; Bolzoni 2002a, pp. 3-46; 絹川 二〇一二。ピサのカンポサント全体については、Bellosi 1974）。残念ながら第二次世界大戦中の爆撃で多大な損傷を受け、判読が困難になってしまったが、幸い一八世紀につくられた同画の忠実な版画模写が残されているので、これを頼りに読解を試みてみよう（図4-10）。この図像の革新的なところは、地獄の空間を七大罪によって分節化し、それまで混沌が支配していた冥府の暗黒世界に、明瞭な秩序を導入した点にある。罪人たちは、それぞれ生前犯した罪に対応する悪徳ごとに釜状の区画（ボルジャ）に集められ、永劫の責め苦にあう姿で描かれている。中央に悠然と構える魁偉なルシフェルが空間全体のかなめとなり、七大罪の筆頭である「傲慢」を表している。なぜなら、この傲慢の罪こそが、かつて天界一美しいと称えられた天使長ルシフェルを増長させ、神への不遜な反乱に駆り立てたからだ。キリスト教では、この傲慢が諸悪の根源とされる。さて、残りの六つの悪徳は、大悪魔の左右のスペースに均等に割り振られている。この絵を解釈したジェローム・バシェによれば、この構図を下から上に向かって読んでゆくと、各悪徳の頭文字が“SALIGIA”という語を形成するのだという。すなわち、「傲慢（Superbia）」、「吝嗇（Avarizia）」、「淫慾（Lussuria）」、「憤怒（Ira）」、「大食（Gola）」、「嫉妬（Invidia）」、「怠惰（Accidia）」という並びだ（Casagrande e Vecchio 2000, p. 239）。この“SALIGIA”（ラテン語風に発音するなら「サリギア」）という語それ自体に意味はないが、その語呂のよさから、七大罪を覚えるための記憶便法として中世に広く流布したことが知られている（“SALIGIA”については、Watson 1947）。なぜここにきて、突如こうした地獄空間の秩序化が行われたのかを探るのは本書の課題を超えるが、おそらくその背景には、七大罪をめぐる教会教義や神学の精緻化があっただろうし、文芸の世界でダンテの『神曲』「地獄篇」が描き出した階層状の地獄のイメージが広く拡散したことなども、こうした図像の誕生に影響を与えたものと思われる。

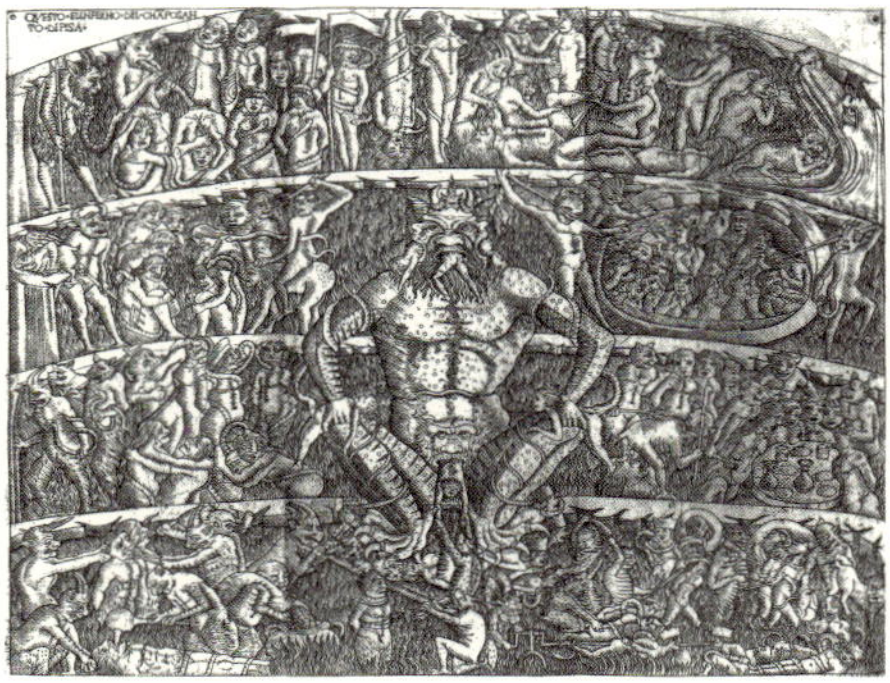

4-10　カンポサント（ピサ）の《最後の審判と地獄》の地獄部分に基づく版画（出典：Morrona 1787）

　さて、フィレンツェ在住の我らのロッセッリは、ピサに赴いてこの革新的な図像を直接見たのだろうか。当時

4-11 地獄の場面（オルカーニャ画、1344-45年頃）（サンタ・クローチェ教会、フィレンツェ）

の両都市は同じトスカーナ大公国に属していたから、その可能性は十分にあったと思われる。さらに、このピサの壁画から大きな影響を受けて制作された複数の冥界イメージが、フィレンツェの教会に存在するという点も重要だ。その種のイメージとして、たとえばオルカーニャ（一三〇八頃—六八年）による地獄画が、同市を代表する聖堂であるサンタ・クローチェ教会（一三四四—四五年頃）とサンタ・マリーア・ノヴェッラ教会（一三五四—五七年）に残されている（図4-11）。釜状区画（ボルジャ）によって罪人を区分配置するその構図は、明らかにピサの事例を参照したものだろう。少し時代は下るが、同系統のイメージが、ロッセッリが所属していたサン・マルコ修道院にも所蔵されている。同院の修道士画家ベアート・アンジェリコ（一三九五頃—一四五五年）が描いた《最後の審判》のトリプティク（三枚一組の聖画像）（一四三一—三三年）（図4-12）だ。ルシフェルが画面下方にずれている点、罪の配列が“SALIGIA”の順番を厳格には踏襲していない点などをのぞけば、ほぼピサの図像をそっくり踏襲したイメージになっている。同じ修道院に属していたロッセッリは、確実にこの絵を見ていたと想定してよいだろう。

地獄の円形劇場

以上の図像伝統を踏まえたうえで、再び『人工記憶の宝庫』の記述に戻ろう。ロクス中央にルシフェルが置かれ、その周囲に七大罪が分類配置されるというロッセッリの構想は、明らかにピサのカンポサントに発する地獄図像の系譜を踏襲したものといえる。ただし、先行図像では「傲慢」の罪は悪魔ルシフェルと一体化していたのに対して、ここでは両者が分離している点が異なる。ともあれ、「傲慢」が悪徳の筆頭であるという位置づけに変化はなく、ロッセッリが提示する記憶ロクスではルシフェルの右手に割り当てられていて、その理由として、強力な利き腕を延長した方向に位置するから、と述べられている（Rossellius 1579, p. 3v.）。ここに配された罪人たちは、その体を炎で焼かれ、付近を徘徊するライオン（＝「傲慢」の象徴）の姿をした悪魔によって四肢を引き裂かれているのだという。

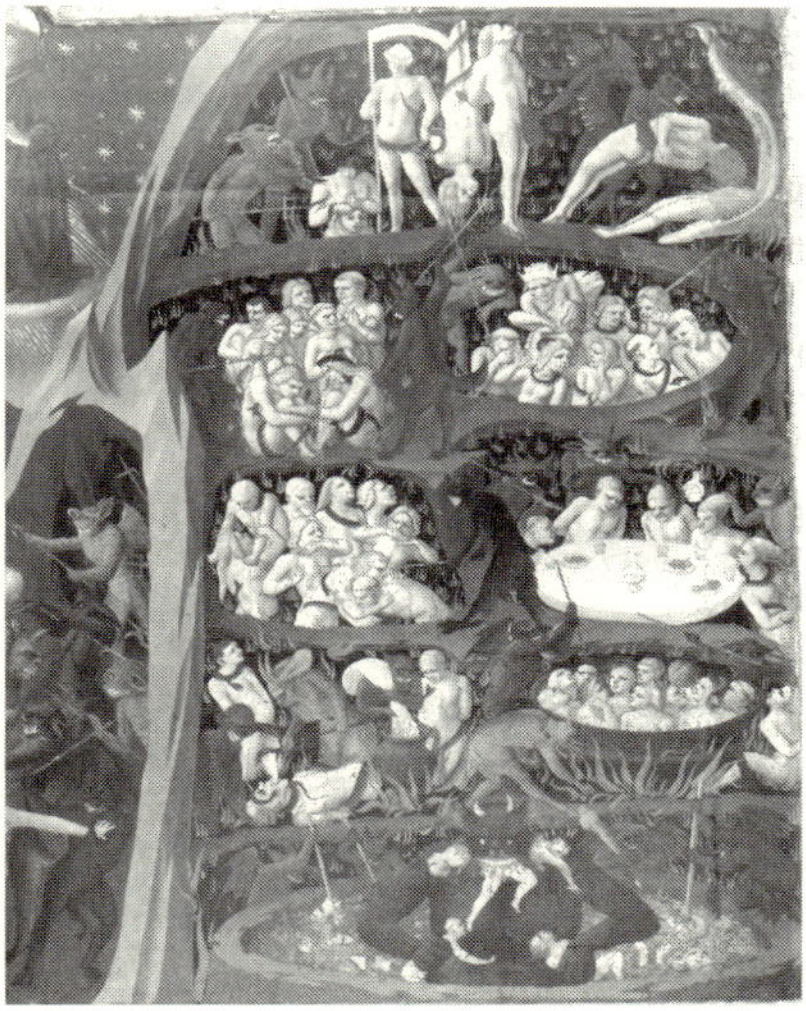

4-12　アンジェリコ《最後の審判》（部分）（1432-33 年）（サン・マルコ修道院（美術館）、フィレンツェ）

そこから反時計回りにすすんでゆこう。次に位置するゾーンには、「吝嗇」の罪が割り当てられている。罪人たちは「吝嗇」のシンボルとされる蛭《ひる》に、全身を咬まれて苦悶している。思わず鳥肌が立つイメージだ。また、この連中は生前あまりに地上の事物に執着しすぎたため、前かがみになって頭をうなだれたままの姿勢を変えることができない。その窮屈な状態で悪魔たちに容赦なく殴打されている。ちなみに、この区画は中央のルシフェルのちょうど右腰（右斜め前）の方向に位置しているが、これは吝嗇な連中が体のこの位置に常に財布を結わえるからだという。さらにその隣、ちょうどルシフェルの正面に位置する区画に割り当てられているのは「淫慾」の罪である。ロッセッリは黙して語らないが、当然中央に聳立する悪魔のある身体部位との対応を想定したものだろう。このゾーンの罪人たちは性器を蛆虫《うじ》に蝕《むしば》まれたうえ、悪魔たちになぶりものにされている。

以下、同じ要領で、中央のルシフェルを基点にして可能な限り空間の意味づけがなされつつ、残りの悪徳が配置されてゆく。その順番は、見事に“SALIGIA”の配列になっているのだ。ロッセッリは、永遠の劫罰にもだえ苦しむ罪人たちや醜悪な悪魔の姿を描写するにあたって、次々と聖書の該当箇所を引用しては、それらのイメージがしかるべき典拠を持つことを示してゆく。これは、いわば教会のお墨付きをもらった正統な画像が描き出す、正しくて恐ろしい拷問劇場とでもいうべきか。冥府に置かれたこれらの罪人たちは、データの容れ物すなわち記憶のロクスであるにとどまらず、それ自身がたっぷりと意味を吸収した賦活イメージとしても十分に機能しているわけだ。

ロッセッリの構想する地獄ロクスは、先行する冥府の絵画イメージに依拠しつつも、立体的な段差構成や厚みのある壁といった建築的要素を導入することで、中央のルシフェルを軸とした三次元空間へと見事に翻案されている。そして、その整然とした放射幾何学構成は、古代の円形劇場をも髣髴とさせる。混沌と無秩序がうずまく地獄の世界に、七大罪という分類ロジックを持ち込むことで、地獄に関する教会の正統教義を伝える恐怖の記憶劇場が出来したのだ。

記憶の博物誌――四元素界と天界

ロッセッリの記憶ロクスがダンテの『神曲』を髣髴とさせるのは確かだが、両者の違いも大きい。たとえば地獄については、罪の分類と空間の秩序化という点では共通しているが、擂《す》り鉢《ばち》状に降り下ってゆくダンテの広壮な冥府に対して、『人工記憶の宝庫』では凸状に盛り上がった構造が提示され、その空間規模もずっと小さい。また、『神曲』三部作で堂々と一篇を構成していた煉獄は、『人工記憶の宝庫』では地獄を取り囲む外壁の一部と化し、その説明にほとんど紙幅が割かれていない。一六世紀の中葉以降に本格化する宗教改革において、福音主義陣営（改革派）が煉獄の観念を厳しく批判したことが、何らかの影を落としているのだろうか。[3] 代わりにロッセッリは、地獄の直上から展開する四元素の世界へと描写の筆を進めてゆく。我々も駆け足でついてゆくことにしよう。

地獄に続く「極大」の共通ロクス・シリーズの二つ目として提示されるのは、土・水・空気・火のいわゆる「四大元素」からなる我々の生活圏を構成する空間だ。掲載された図版（図4-13）は非常にスケマティックで、放射状に展開する求心状の半円群の中に、簡潔な見出しが付されている。以下、本文の記述を参考にしながら順次見てゆこう。

ロッセッリが想定する土の世界は、六つの層に上下分割されて展開する（Rossellius 1579, pp. 16r.-

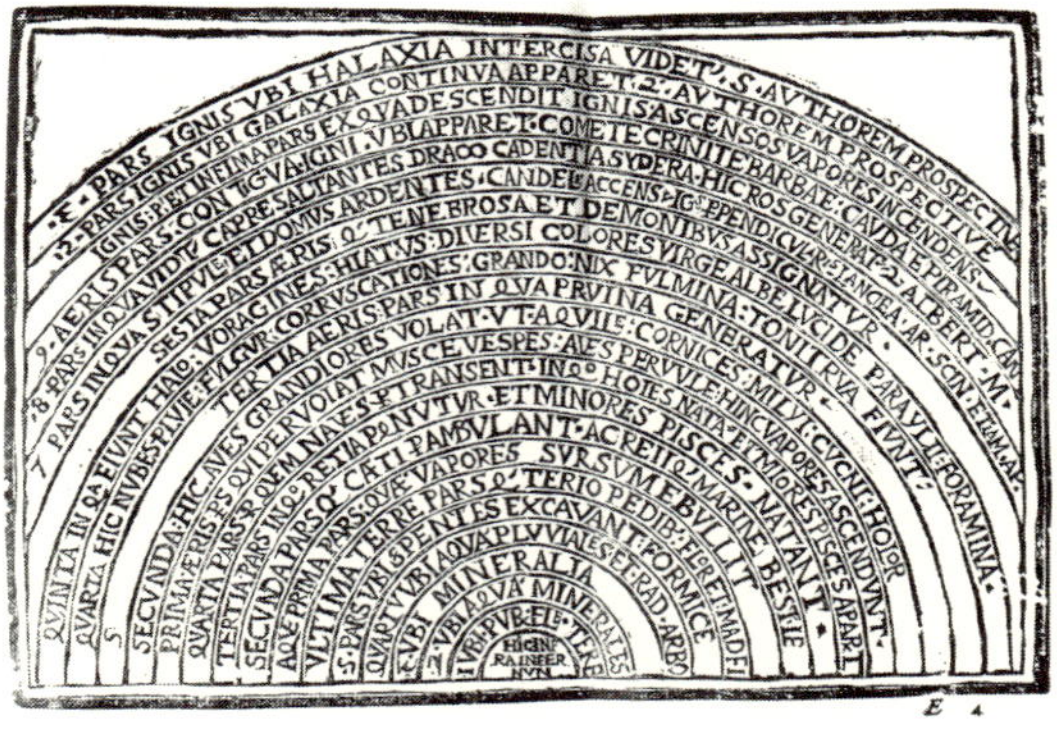

4-13　四大元素ロクス（Rossellius 1579, p. 19v.）

16v.)。最初の四つの層は金属や石などが埋まっている無機物の世界であるが、第五層は地表面近くに設定され、ヘビやアリ、モグラなどの地中生物が暮らしている。そして、最後の第六層はまさに地表面、人や四足獣が暮らし、草木が生い茂るゾーンになっている。当然、この第六層はさらに細かくアジア、アフリカ、ヨーロッパといった地域によって再分割することもでき、いわば地球上のすべての土地を記憶ロクスとして想定する可能性が示されている。

土の上に来るのが、水の元素である。西欧の世界観では、元素の世界はその重さに応じて、土・水・空気・火の順番で並ぶのが一般的であり、本書もその秩序にならっている。さて、その水の世界であるが、深度に応じて五層に分割され、下は暗黒の深海部から上は船舶の航行する海水面まで、階層構造をなしている（Ibid., pp. 16v.-17r.）。著者は各層に生息する魚の種類の多様性について、ごく簡単に触れているだけだが、魚類学の専門著作をあたることで、さらに細かなロクスの設定が可能であることは明らかだろうし、大小様々なタイプの船を思い描き、その艤装の一つ一つをロクスとみなすこともできるだろう。

続く空気の元素は、九つの層から成っている。ここでは鳥や羽根虫が舞う地表面近くの大気から、肉眼では見えないはるか上空の層まで、それぞれのゾーンが細かく特徴づけられている。たとえば、第四層では雲や雨、雷、風が発生する一方で、第六層では月や太陽にかかる暈《かさ》が生み出される、といった具合だ。彗星は第九層で生成するのだという。そうした気象を事細かに列挙するに際して、中世の気象学や自然学の古典的権威であるアリストテレス、聖アウグスティヌス、アルベルトゥス・マグヌス、トマス・アクィナスらの意見がさかんに引用されている（Ibid., pp. 17r.-18v.）。同時代の最新の自然学ではなく、あくまでカトリック教会によってお墨付きを与えられた著述家たちである点に注意しよう。

そして、最後に来るのが火の元素の世界だ。ここは三つの層に分割され、それぞれにごく短く解説が付されている。第一層では、火が生成され、炎の渦が上昇と下降を繰り返している。一方で第二層と第三層には天の川が含まれるというが、詳細は語られていない。ともあれ、ここで四大元素のロクスが終わり、次の天界ロクスへと記憶の旅路は続いてゆく。

「極大」の共通ロクス・シリーズの三番目にあたる「天界」は、合計一〇の天球から構成される。すなわち、七惑星、恒星天、第九天、原動天である（Ibid., p. 21v.）。ちなみに、『神曲』ではこれらの各天界はすでに天国の圏域として描写されていたから、ここにも両作品の世界観の差異が認められる。掲載された図版（図4-14）は四大元素と同様の求心状の半円構成で、実に簡素である。シンプルであるだけに、各天球間の差異を特徴付けるのが難しいのも確かで、この箇所の記述には著者の苦心のあとが見られる。たとえば、ロッセッリは七惑星の天球を相互に差別化するために、それぞれの惑星と伝統的に結び付けられてきた異教の神々や貴金属を列挙し、またそれらの神々については、今度は伝統的な図像学に基づいて、その衣装や持ち物（アトリビュート）を詳しく描写している。月の天球を例にとると、この天体はディアナ女神と金属の銀に結び付けられている。また、水星であれば、メルクリウス神と水銀がセットにされる、といった具合だ。いずれも西欧の占星術や錬金術の伝統では馴染みのカップリングである。一方で、様々な色彩の星々が煌めく恒星天（第八天）では、黄道一二宮をはじめとする星座や星々などを、すべて細かなロクスとして設定することができるという。星座の数は四八であり、全天の恒星は一〇二二個あるとする学説が引かれている。ともあれ、その一つ一つをロクスに設定すれば、収蔵可能な記憶データは膨大な数にのぼるだろう。続く第九天、第一〇天には、それぞれの天界を宰領する天使の姿が想定されている。ロッセッリは、これらの記述に加えて、各天球の細かな特徴、たとえば惑星の大きさ、運行速度・周期などの各種数値、色彩、特性、地表への影響力などを簡潔にまとめたリストを付している。天文学の古典的権威の意見が縦横に引かれるこの箇所は、独立した天文学的論考としても読める体裁になっている[4]（Ibid., pp. 23v.-27r.）。

4-14　天界ロクス（Rossellius 1579, p. 27v.）

以上をまとめるなら、『人工記憶の宝庫』が提示するロクスの長大な連鎖は記憶データの器であると同時に、一種のヴィジュアル版百科全書として、宇宙に関する人類の全知、自然万有の天霊地気に関することごとくを、体系的かつ記憶可能な形式で提示したものだといえよう。すでにお気づきのことと思うが、ここには一六世紀中葉以降に本格的に展開する近代科学の影響は、まだほとんど認められない。コペルニクスの地動説（一五四三年提唱）など、どこ吹く風だ。つまり、『人工記憶の宝庫』のロクスは、当時の教会が支持していた、中世以来の静的で安定した知の骨格を写し取ったものということができるだろう。

記憶ロクスとしての天空のイェルサレム

「極大」の共通ロクス・シリーズを順に辿る旅路も、いよいよ最後のステージにたどり着いた。天球ロクスの最上部に位置する原動天の上にそびえるのが、至高天《エンピレオ》だ。ダンテが『神曲』「天国篇」の最終目的地とした場所である。その至高天の上に聳立する天空のイェルサレムが、ロッセッリがいうところの「天国」を形成している。掲載された図版は、本書に収録されたロクス・イメージの中でもっとも手の込んだ仕上がりとなっている（図4-15）。四大元素～天界の世界を支配していた単調さに替わって、ふたたび多様性の世界が戻ってくる。

さて、その天国であるが、図を見て分かるとおり地獄と同じ円形状で、その直径は二五ブラッチョ（一四・五九メートル）というから、これまた意外と小さい。ロッセッリはまず、この円形都市の内部の構成について詳述し、次いで外壁の形状を描写してゆくのだが、ここでは著者のロクス観がよく現れた外周部分から先に見てゆくことにしよう。

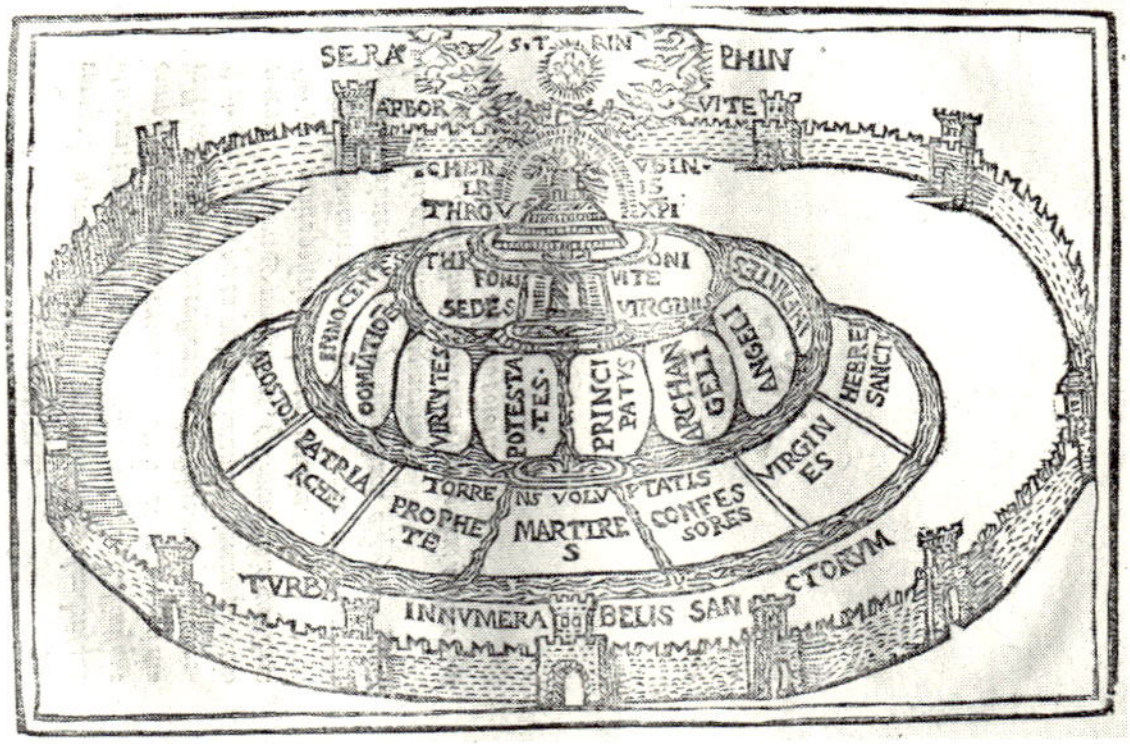

4-15　天国ロクス（Rossellius 1579, p. 51r.）

ロッセッリは、掲載図版への注釈というかたちで、キリスト教における天国の観念について博学な議論を展開する(Rossellius 1579, pp. 38v.-41r.)。簡潔・明瞭な『人工記憶の宝庫』の記述のなかで、おそらく最も思弁的かつ難解な部分だ。そこでは、まずプラトンやピュタゴラス、ヘルメス・トリスメギストスといった古代の賢哲たちが引かれ、彼らが提示した死後の世界についての教説が検討される。みな異教徒ではあるものの、そのすぐれた洞察力によってキリスト教の真理を直観していた聖賢という位置づけだ。これはルネサンス期の諸神混淆思想を特徴付ける、いわゆる「古代神学(prisca theologia)」の観念に通じる考え方であり、ロッセッリの思考の内にネオ・プラトニズム的な色合いを見て取ることも可能だろう(ウォーカー 一九九四、伊藤 二〇一二)。ついで教会博士たちによる教義が紹介され、天国の様々な呼称(神の国、聖なるイェルサレム、主の山、約束の地、喜びの楽園、等々)についての緻密な神学議論が、博識な引用に鎧《よろ》われつつ展開する。その際、天国のヴィジョンに関する最も権威のある典拠として挙げられるのが、旧約聖書の『エゼキエル書』と新約聖書の『ヨハネの黙示録』だ。

　ここでロッセッリが独創的なのは、これら二書の記述に盲目的に従うのではなく、記憶術のシステムをより効率的に運用するために、空間構成に大胆な改変を加えていることだ。すなわち、都市の形をした天国の記憶ロクス全体を四分割し、それぞれに四本の塔を等間隔に配する。ここまでは聖書の記述どおり。しかしながら、都市を囲む周壁については、『ヨハネの黙示録』の記述のような四角形とはせずに円形にするのだという。そうすることで、「より広い収容量の図像を描く」ことができるからだ（Rossellius 1579, p. 40v.）。これは重要な宣言で、つまり著者は、記憶データをより大量かつ効果的に収蔵するためなら、聖書の権威を改変することもいとわない、という姿勢を打ち出しているのだ。実はこの態度は、天国の内部のロクス構成についてもあてはまる。なぜなら、『ヨハネの黙示録』では、「わたしは都の中に神殿を見なかった」として、その内部構造については比較的曖昧な記述しかなされていないのに対して、ロッセッリは掲載図に見られるように、細部にわたって都市内部の建築的な骨格を創造的に描いているからだ。この部分は聖書の権威に縛られずに自由に構想された、いわば理想の記憶ロクスだといえるだろう。

中央の聖なる山

　円形城壁の内側には、中央に山が聳え、その頂《いただき》に据えられた玉座にキリストが座している。その姿は天国のどこからも容易に見ることができるという（Rossellius 1579, p. 30r.）。地獄において中央の座を占めるルシフェルと同様、ここではキリストがこの聖なる空間全体の中心軸を構成することが予想される。そして、玉座の背後からは生命の樹が二五ブラッチョ（一四・五九メートル）の高さまで伸び、たわわに実をつける。この数値は天国の直径に等しいから、相当に背の高い樹木ということになる。一方で、玉座の手前からは清冽な泉が湧き出し、やがて銀の清流となって天国のすみずみにまで流れてゆく。もちろん、これは地獄の世界を舐めつくしていた恐ろしい火炎流との対比だ。実はここまでの構成は『ヨハネの黙示録』の記述を踏襲したものである。同書によれば、天国には神の小羊の玉座があり、聖都の内部には川が流れ、その両岸に育つ生命の樹は年に一二回実をつけるとされる。[5]けれども、ここから先の描写は、ロッセッリの創意となる。

　生命の樹の上空、すなわちロッセッリが構想する全記憶ロクスの最高地点には、聖三位一体を象徴する光球が燦然と輝いている。聖なる光に燃え立つその円盤の中には、神と子と聖霊の三つの位格があらわれ、天国のどの位置からもその姿を見ることができる（Ibid., pp. 30v., 41r.）。その周囲には、最高位の天使たる熾《し》天使（セラフィム）たちが花輪のようなリングを形成しながら飛翔している。ロッセッリは、その際、それらの図像構成の典拠となった聖書や神学書の文言を、出典情報とともに丁寧に引用提示してゆく。また、これ以降、天国の構成要素を記述するたびに同様の手続きが繰り返される。これは見方を変えるなら、以下に見てゆく天国ロクスのすべての部分・要素は、ロッセッリの自由気ままな空想の産物などではなく、いずれも聖書をはじめとする権威的文献の特定の主題の引用、すなわちトポスから織り成されている、ということだ。

「トポス（τόπος）」とはギリシア語で「場所、位置」を意味する言葉であり、これをラテン語化すれば「ロクス（locus）」になる。修辞学や弁証術の文脈でトポスといえば、議論のトピック、すなわち「主題、論題」（テーマ）を意味するし、書誌学の文脈でロクス（複数形「ロキ」）といえば情報の出典箇所（どの本の第何章の第何節かといった情報）を指す。たとえば、聖三位一体についての最も権威のある典拠といえば、キリスト教神学の伝統ではおのずと特定の聖典の章句が想定されよう。その該当するテクストが語る内容が、聖三位一体のトポス（典型主題）を構成することになる。また、そのテクストが当該典籍内で占める位置・場所（第〇章、第〇節、〇行）は、書誌学的なロクスとなる。ロッセッリは天国の記憶ロクスの設計に際して、そうしたトポス／ロクスを自由に組み合わせて、彼独自の仮想空間を作り出しているのだ。

いや、天国ばかりではない。実は、これまでに見てきた地獄や四大元素、諸天球の記憶ロクスについても、聖書の代わりに古代の哲学者や自然学者の典籍が縦横に引かれることで、同様の手続きが踏まれていたのだった。彼の生み出すすべてのイメージの背後には、必ず典拠となるなにがしかの規範的・権威的なテクストが存在する。さらにもう一歩踏み込むなら、そうした様々な典拠から集められたトポス／ロクスが、具象的な立体イメージへと翻案されることによって、記憶ロクスに生まれ変わったのだともいえる。

つまり、『人工記憶の宝庫』こそ、修辞学・弁証術的なトポス（ロクス）と、書誌学的なロクスと、記憶ロクスという、三つの「ロクス」が無碍に通底する独創的な境位を、我々に提示しているのである。……が、少々先走りすぎたようだ。引き続き、ロッセッリの記述を追いかけてゆこう。

さて、生命の樹のふもとにあるキリストの玉座の周囲は、天使の位階では二番目に高位の智天使（ケルビム）たちが楕円の輪を描いて取り囲んでいる。このケルビムや先ほどのセラフィムは、ルネサンス期の絵画では童子の顔で羽が生えたかわいらしい天使として描かれることが多いから、イメー

4-16　マンテーニャ《ケルビムのいる聖母》（1485年）（ブレラ美術館、ミラノ）

ジしやすいだろう（図4-16）。キリストの玉座の描写は委細を極めるが、これは旧約聖書『列王記』上（一〇・一八―二〇）で語られるソロモン王の王座の記述を、ほぼそのまま引き写したものだ。つまり、天空のイェルサレムという新約聖書のトポスに、旧約聖書の王座のトポスが自由に接木《つぎき》されているのである。キリストは純白の衣装をまとい、頭には黄金の王冠をいただいて、手に支配の王笏を持っている。虹が輝くその周囲には、四人の福音書記者を象徴する四体の生き物（獅子、人、雄牛、鷲）がはべっている。

玉座の下方には、聖母マリアの座が据えられている。天界の女王として一二の星で飾られた冠をいただき、太陽をあしらった衣服をまとって、足を月の上にのせている。これは『ヨハネの黙示録』（一二・一）に登場する女の姿だ。彼女の周囲には壮麗な薔薇と百合が咲き誇り、林檎と葡萄の甘い香りが周囲を包んでいる。椰子やシトロンが涼やかな樹影を落とし、シナモンやバルサモの妙《たえ》なる芳香が尽きない。これは旧約聖書の『雅歌』で「私の妹、花嫁は、閉ざされた園……」と甘美に謳われた、有名な「閉ざされし庭」（図4-17）の引用とみて間違いない。聖母の純潔性を、汚されることのない陰園（giardino segreto）になぞらえた美しいイメージだ。また、ここで芳香（花や果物の香り）や温感（木陰の涼気）といった視覚以外の感覚も積極的に取り入れられている点は注目に値するだろう。

4-17　楽園の画家《楽園としての庭》（1410年頃）（シュテーデル美術館、フランクフルト・アム・マイン）（出典：Gothein 2006, fig. 183）

記憶術とは五感を総動員する技術なのだ。また、マリアの座の周囲には彼女を守護するかのように、山裾に沿って座天使たちがずらりと居並んでいる。天使の位階の三番目にあたる彼らもまた、それぞれ玉座に鎮座しているが、ここに天使の名称の地口（座＝玉座）が用いられていることは明らかだ。

以上が天国中央の山を構成する要素であり、ここまでで熾天使、智天使、座天使という、天使の九つの位階の上位三つが配されたことになる。

永遠の薔薇

次いでロッセッリは、天国中央の山を囲んで広がる水平領域の記述に移る。そこには、あたかも薔薇の花弁のように、八枚のテラス（platea）が放射状に広がっている。天使の位階の残り六つは、このゾーンに割り当てられている。ちなみに、この部分は、『神曲』「天国篇」の第三〇歌に登場する「永遠の薔薇（rosa sempiterna）」の放射状位階構成を明らかに意識したものだろう。[6]と同時に、聖なる光に満たされたその喜ばしき広場は、建築的記憶術の長い伝統において、もっとも美しくかつ荘厳な記憶ロクスだといえる。興味深いのは、図版を見ても分かるが、これら八枚のテラスは山をぐるりと囲んで閉じた環を構成しているのではなく、山上のキリストから見て前面から側面にかけてのみ広がっている点だ（図4-15）。おそらく、キリストの「背後」という、いってみれば「負の位置」に聖なるものを配置するのを嫌ってのことだろう。救世主の前面に広がる六枚には主天使、力天使《りき》、能天使、権天使《ごん》、大天使、天使が、そして側面の位置には無辜《むこ》嬰児殉教者たち、ならびに割礼と洗礼を受けた幼児たちが、それぞれ割り当てられている。

先ほども示唆したように、ここ天国ではキリストの身体が軸になっている。たとえば、キリストの右肩、すなわち人間身体の最も強力な部位に対応する位置にあるテラスには、天使たちの隊列を統御する役割をもつ主天使が配されている。一方で、能天使（Potestas）ならびに権天使（Principatus）が配されたテラスは、それぞれキリストの左右のふくらはぎに対応する位置を占める。ふくらはぎの形状が、アルファベットの「P」の形を連想させるからだという（図4-18）。こうして地獄における七大罪と同様、天国では天使の九つの位階が、聖書で曖昧なまま残されていた天国空間に一定の秩序を与えるためのツールとして機能しているのである。

各位階の天使たちについては、詳細な図像学的描写がなされている。つまり、彼らはどんな服を着て、どんな装飾を身にまとい、どのような武器や防具で身を固めているのか、また対応する宝石の特性や、各天使に典型的な身振りやセリフなどが、聖書の典拠とともに詳しく語られてゆく（Rossellius 1579, pp. 33r.-34r.）。ロクスの「住人たち」にこうした差異や弁別特徴を設けることで、各テラスの個性を際立たせて均質化を避けているわけだ。こうした多彩なキャラクターたちもまた、当時の知識人なら誰もが知っていたであろうおなじみの「天使のトポス」をヴィジュアル化してみせたものと解することができるだろう。

天使たちのテラスのさらに外周には、まるで花弁を支える蕚《がく》のように、七枚のテラスが取り巻いている。ここには、山上のキリストの右手から左手の方向に、十二使徒、教父、預言者、殉教者、証聖者、童男童女（処女）、旧約聖書時代の聖徒たちの順で住人たちが配置されている（Ibid., pp. 34r.-36v., 48r.-49v.）。予想されるとおり、ここでもそれぞれのキャラクターに対して、図像学の伝統によって継承されてきた典型的なイメージが付与されてゆく。聖ペテロは鍵を持ち、聖パウロは抜き身の剣を携え、聖トマスは復活したキリストのわき腹の傷を確かめるべく指を伸ばす仕草、といった具合だ。このようにして、ロッセッリの描く天空のイェルサレムは、教会の主要教義を図解する一種のヴィジュアル版神学大全を構成しているのである。

4-18　身体部位とアルファベットの対応（出典：Rossellius 1579, p. 100r.）

世界劇場としての情報フレーム

先述したように、ロッセッリが提示する宇宙誌的な記憶ロクスは入れ子構造の位階構成になっており、天国ロクスが終着点というわけではない。これまで地獄、四大元素、天界、至高天（天国）と順に見てきた「極大」の共通ロクスは、その内部に、いくらでもさらなる分割が可能なロクスを蔵しているのだ。実際このあとに続く頁では、再び四大元素ロクスの中の土元素の世界がクローズアップされ、特にその地表部分にある草原や耕作地、都市や河川、山などが、一審級下のカテゴリー（＝「特大」の共通ロクス）として設定されてゆく。さらに共通ロクスの階層を「特大」↓「広大」↓「大」↓「中」↓「最小」と降り下ってゆくと、最終的には人間身体や動植物にまで至ることは先に見たとおりだ。けれども、本章では、壮大な天国の薔薇のロクスを概観したことをもって、一旦の区切りとしよう。

『人工記憶の宝庫』が提示する壮大な記憶ロクスは、当時の保守的な知識人たちがいだいていた宇宙観そのものである。天国と地獄に挟まれた時空の中に、諸天球と四大元素の世界が展開し、生あるいだ人はそのただなかにあって、冥府の拷問を恐れ、死後の楽園に憧れつつ、渾天《こんてん》に散布された星辰の下で、土・水・空気・火の離合集散が織り成す生成滅失の世界を生きてゆく。その意味では、ロッセッリがここで想定する記憶術師とはコスモグラファー（宇宙誌家）か、あるいは世界を創造した神にさえ類するとされる偉大な造物主（デミウルゴス）だということができる。

ロッセッリが織り紡いだ世界は、その構成要素のすべてが、いずれも典型的なイメージでできていた。悪魔にせよ、天使にせよ、あるいは惑星や気象や動植物たち、そのどれ一つをとっても、それらがまとう形象（イメージ）には必ず確たる文献の典拠があり、図像学の伝統によるお墨付きがあった。そこには、その当時知られていたすべての知識、これまで人類が築き上げてきた知見の総体をあまさず蒐集・編集しようとする、この時代特有の百科全書的衝動を見て取ることができる。

なるほど、そこに描かれた世界は一見すると保守的で硬直した情報フレームのように映るかもしれないが、そのフレーム上にどんな情報を盛り込むかは、読者の裁量にまかされている。ロッセッリが示したのは、あくまで情報を受け入れるための器の部分のデザインだった。もし同時代に進展中の新たな博物学的知識（新大陸産の動植物データなど）を取り込みたければ、四元素世界のロクスを開き、もっともふさわしいと思われる位置に、関連するイメージを据えればよいだけだ。むしろ、古代以来の権威に裏打ちされたその安定した世界観は、見慣れぬ知見、新奇な情報がもたらしうる不安や恐れを、巧みに馴致するためのフィルターとして機能させることもできたはずだ。新大陸やアジアで発見されたどんなに驚異的な動物も、どんなに奇抜でぞっとする姿の植物も、どこか僻遠の地でおきた想像を絶する天変地異も、天の秩序を乱す星宿の異変も、すべてロッセッリが描く四大元素や天界の世界のどこかに、場合によると地獄や天国のいずこかに、そのふさわしい居場所を見つけて収めることができるはずなのだ。

「この世は舞台、人はみな役者」――シェイクスピアの台詞で有名な世界劇場の観念がこれほど似合う記憶ロクスも、ちょっとない。とりわけ地獄や天国の多彩で魅惑的な住人たちが織り成す人生劇場を見るにつけ、情報とはすなわちアクターであり、記憶のシステムという世界（舞台）で、自らに課せられた役割を演じているのだ、との思いを強くする。その舞台で演じられる物語こそ、キリスト教における人類の救済史という壮大なスペース・オペラだった。そうした宇宙スケールの筋書きに従って、ロッセッリのロクス内に置かれた、あるいはこれから置かれるであろうすべての情報が、その閉じた世界の中で確固とした存在の意味を持つことになる。我々の身近にある一見とるに足らない、まるで無意味と思える情報も、ロクスの階層を駆け昇り、ぐっと引いた視点から俯瞰してみれば、世界の維持に必要不可欠なピースであることが分かる仕掛けだ。

　同じ救済史のヴィジョンに従って天国と地獄の遍歴を描いた物語であっても、ダンテの『神曲』では、人類が独力で至福直観にいたる可能性が否定されていた。生身の体を保持したダンテは、聖女ベアトリーチェの介添えなくしては天国にたどり着けず、そこで見聞きしたものは、言葉に表すのは不可能な事柄だった。けれども、『人工記憶の宝庫』でロッセッリは想像力を駆使して、記憶の中で楽園に至り、見神体験を可能とする境位を提示したのではないだろうか。かつて偉大な記憶の思索家聖アウグスティヌスは、記憶の彼方に神がいる、と喝破した。ロッセッリが提示するコスモグラフィカルな記憶ロクスを精神内に構築する者は、神の定めた存在の階梯を一つ一つ昇り、それら造化の世界の構成要素が人類の歴史において占める位置や意味合いを理解するだろう。その歩みの最果てには、究極の原因たる神の認識が待っているはずだ。[7]

　宝庫になぞらえたロッセッリの著作が我々に与えてくれる真の「宝」とは、神との合一という得がたい境位である。それも、死後の永遠の生においてではなく、今生の我々の記憶の中において。

第5章

饒舌なる記憶

デル・リッチョ『記憶術』の世界

サンタ・マリーア・ノヴェッラ教会の内部
（著者撮影）

＊デル・リッチョの記憶術の舞台。

記憶術研究の二大巨頭

一九六六年――当時、ロンドンのヴァールブルク研究所に拠ってオカルト的ルネサンス像の再構築に邁進していた文化史家フランセス・イエイツが、満を持して、野心的な英語の著作『記憶術』を世に問うた。そこに鮮やかに活写された哲学者ジョルダーノ・ブルーノの独創的な思想と鮮烈な生き様は、ルネサンス文化史の総書き換えを迫るほどのインパクトを有していた。もともとは単なる暗記便法であったはずの記憶術が、ヘルメス主義カバラを唱導するブルーノのもとで、宇宙の調和的秩序を記憶に焼き付け、それらの内面イメージを介して天地乾坤の理を掌握するための、驚異の魔術的ツールへと変貌したのだ――そうイエイツは力説した。

そのポレミカルな主張はたちまち甲論乙駁を巻き起こし、斯界はまるでハチの巣をつついたような騒ぎになった。それ以降も彼女の著作や論文を通じて陸続と発表される、いわゆる「イエイツ・テーゼ」とよばれるオカルト的ルネサンス像によって、地中海の陽光のもとアポロンとウェヌスが明るく微笑み、透明な理性的思弁に貫徹された人間賛歌が響き渡る「文芸復興」（ルネサンス）の黄金神話は、その屋台骨を根底からゆるがされることとなった。彼女の説に同調してさらにこの方向にアクセルを踏み込むにせよ、あるいは緻密な反証を展開するにせよ、これ以降、怪物や魔術が跋扈する「夜のルネサンス」の側面が一方では確かに存在したという事実に目をつぶることは、もはやできなくなったといっていい。ともあれ、こうした議論の活性化によって、我々が初期近代の文芸・思想文化に向ける視線の深みと射程が、一気に拡大したことは確かだ。また、その副産物というべきか、イエイツの描くブルーノ像がオカルト的・魔術的な側面を必要以上に強調していたこともあって、記憶術といえば、どこか面妖なイメージがまとわりつくようになったことも確かである。

そのオカルト的記憶術観とは対照的なパースペクティヴを、イエイツの著作よりわずかに先行して描いていたのが、イタリア人文学の雄パオロ・ロッシによる『普遍の鍵』（ロッシ 一九八四）である。イエイツとほぼ同じテーマ、同じ時代を扱いつつも、医学思想や百科全書主義、普遍言語構想といった同時代の思潮との関連に着目して、知の編集の問題から記憶術を論じることで、可能な限りオカルト色を払拭してみせた。ロッシの研究の初版は一九六〇年だから、イエイツの記憶術論の六年前のことになる。

では、軍配はどちらにあがったかというと、短期的な視野でみれば、イエイツに指をささねばならないだろう。やはりストーリーテリングの妙と、ブルーノという破格の哲学者の強烈な魅力、そしてなにより英語で読める国際性なども手伝って、彼女の研究はその後しばらくのあいだ広く世界に浸透することになった。その一方で、イタリア語で書かれたロッシの研究が切り開いた広大な精神史的沃土を嬉々として耕作し、豊穣な知の果実を大量に収穫する準備を着々と進めていたのが、ポスト・ロッシ世代のイタリア（および一部ドイツ）の若き学者たちだった。「プロローグ」でも触れたように、この世代の学究たちが斬新な研究成果を発表し始めるのが一九八〇年代後半である。

いずれにせよ、イエイツとロッシの古典的研究は、記憶術学徒にとって避けて通れぬ偉大な金字塔として現在も君臨し続けている。だが、両者のあまりに明快かつ説得力に富んだ論述は、時として後学にとっては思わぬ足かせともなりうる。たとえば、イエイツの著作を読むと、初期近代の記憶術はみな多かれ少なかれいわゆる「ヘルメス的転回」を遂げ、魔術的な力を喚起して世界を掌握するため

5-1　アルシュテート

の術として機能した、という印象を強く受ける。それこそが記憶術の本流であり、至高の存在意義である、と。そうしたオカルト偏重の見取り図は、ロッシの本によって相当程度に修正可能ではあるものの、ロッシの研究によって、記憶術とは、ブルーノ、ペトルス・ラムス、フランシス・ベイコン、ハインリッヒ・アルシュテート（図5-1）、コメニウス、ライプニッツといった錚々たる思想家・哲学者たちの思考のツールであり、近代思想史における隠れた水脈である、というテーゼが強調されすぎるきらいがある。今後の記憶術研究に求められるのは、当時の知的文脈を丹念に再構築したうえで、社会史的な視点も取り入れながら、この術が人々にあたえた影響力を先入観なしに検証してゆく作業になるだろう。

普遍の鍵を求めて

ロッシの著作のタイトルにも謳われているように、初期近代に復活した記憶術には、時として「普遍の鍵（clavis universalis）」としての期待が込められていたことは事実だ。すなわち、人類の普遍知の総体――かつて失寵以前のアダムが楽園で享受していたであろう純粋無垢な知の総体――に通じる扉を開けてくれる万能の鍵として、この古代以来の記憶強化法が称揚された面が確かにあったのだ。

楽園追放によって失われてしまった知識を取り戻すには、記憶術を駆使して、被造物に関する膨大な知を蒐集・再編するしかない（たとえば、Gesualdo 1592, p. 3v.）。それも、とびきり創造的な仕方で。つまり、単なる機械的な暗記ツールとしてではなく、精神内における情報の柔軟な編集、さらには新たな知識の創造という圏域まで、この術の操作を通じて至ろうとする姿勢だ。

ある概念（言葉）を一つの映像で表す。別の概念には別の図像を用意する。その作業を繰り返したあと、出来上がった一連の表意イメージを空間的ヒエラルキーの中に秩序付けて配置する。以上が、これまで繰り返し見てきた、記憶術の基本原理だ。けれども、この単純な規範も、究極までつきつめてゆくと世界掌握の具（＝「普遍の鍵」）ともなりうる。つまり、その当時の世界観において宇宙を構成する（と考えられた）あらゆる基礎概念を固有のイメージで表象し、その自在な組み合わせと配列の妙によって、最小限の記号セットで自然の千姿万態、あらゆる事象を表現できる可能性が、そこには内包されているからだ。そして、さらに踏み込むなら、もし自然界にいまだ存在しない情報ビットの組み合わせを新規に考案できれば、そこから新たな知が生まれるはずだ――。そのとびきり魅惑的な思考実験に、当時の気鋭の思想家たちが飛びついたのも無理はない。こうして、カミッロやブルーノは、イメージと場所の階層的組み合わせの中に宇宙の天理・乾坤を捏造する力を見出そうとし（ブルーノの記憶術文献は、Bruno 2004; Bruno 2009. カミッロについては、本書第2章）、アルシュテートは「方法（methodus）」的に整序された造化の世界を写し取る百学連環（エンサイクロペディア）プロジェクトの要にこの術を据え（アルシュテートの百科全書プロジェクトについては、Hotson 2000; Valbusa 2008）、そしてライプニッツは記憶イメージの結合術《アルス・コンビナトリア》から着想を得て、記号論理学に通じるアイデアを汲み取ったのである。

イエイツやロッシらの著作を読んで得られる、このような明快きわまる思想史的な見取り図は大変スリリングかつ得心がいくものであり、筆者自身その妥当性を疑うつもりは毛頭ない――ないのだけれど、しかしながら、初期近代に雨後の筍のように出版された大量の記憶術の解説書を実際に手にとってみると、必ずしもそうした理解に当てはまらない事例が多数見つかることも、また事実だ。わずか数頁程度のことも多いその種の本には、ヘルメスもルルスも結合術《アルス・コンビナトリア》もカバラもいっさいでてこない。むしろ、学生や法曹、官吏、商人、会計士、公証人といった市井の人々に向けて、いかに効率よく情報を脳内に刻み込むか、という一点に主眼を置いている、いってみれば非常に俗っぽい著作が圧倒的に多いのだ。前章で詳しくみたロッセッリの『人工記憶の宝庫』にしてみたところで、確かにキリスト教神学的なヴィジョンが多分に強調されていたとはいえ、そこに過度の形而上学的側面を読み込む必要はないだろう。あくまで実用重視の教則本の体裁をとっていたのだから。

では、そのような庶民的で形而下的な作品は、記憶術の高尚な「本流」に属さない無価値で低俗なものなのだろうか。いや、そんなはずはない。巷間の人々が嬉々として手に取り、汲々として実践に励んだその種の一般向けのマニュアル本の潮流こそ、出版量からいっても、むしろ初期近代の記憶術文化の圧倒的メイン・ストリームであり、そうした強固な基盤があってこそ、記憶術はその上端の部分で、当時の前衛的思想家たちをも魅了する思考のツールへと変貌を遂げることができたはずなのだ。

前章に引き続いて本章では、これまであまり光が当たってこなかった、そうした初期近代の一般向けの記憶術の教則本を一冊、じっくりと読み解いてみたい。イデアや形相が飛び交う極度に思弁的な理論書ではなく、あるいはロッセッリの著作のようなラテン語が読める知識人層を対象とした著作でもなく、もっとずっと平易な語り口で一般庶民向けに書かれた俗語の記憶鍛錬のマニュアル本に注目してみたいのだ。そんな観点から、とびきりおもしろい一冊を本章ではピックアップしてみた。その書物がどのように始まり、何を語り、そしてどのように結ばれるのかを追いかけてみよう。

では、さっそく作者にご登場いただこう。

星まで届く悲鳴

西アジア原産のヨウラクユリ（バイモ属）は、その釣鐘状の見事な花が目を射る美麗な園芸種で、イタリアのトスカーナ地方には一六世紀の中ごろに持ち込まれ、庭園を飾る観賞花として人気を博した。その豪奢な花の姿から、「皇帝の冠（Corona Imperiale）」の俗称でも親しまれた（図5-2）。けれども、その大輪豪奢な奇花とは裏腹に、茎の部分には一面醜いまだら模様があり、それが一見するとヘビの鱗《うろこ》のように見えなくもない。

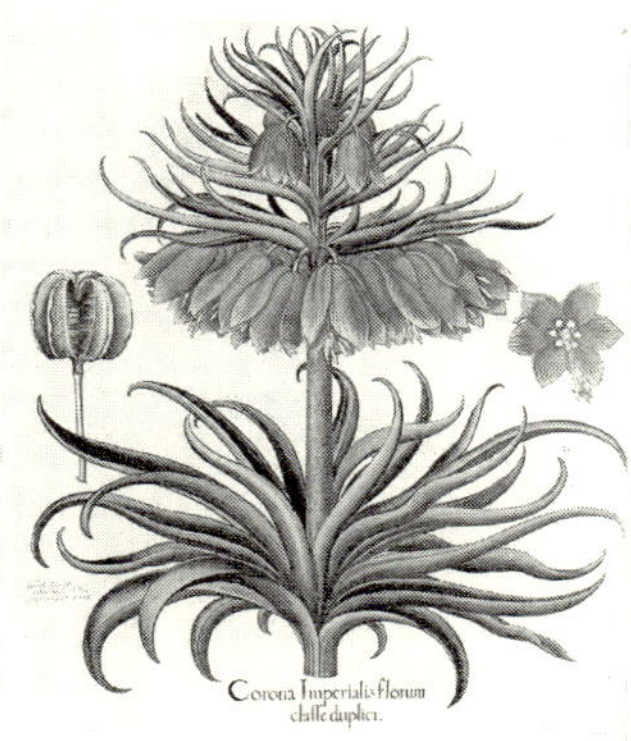

5-2　「皇帝の冠」（出典：Littger et Dressnedörfer 2000, planche 82）

親戚の若い娘っ子にちょっとしたイタズラを仕掛

けたい向きは、その植物（Corona Imperiale）の茎を手折って、綺麗な純白のハンカチに包むか、小箱の中にでも入れておく。それも、この植物の茎がとびきりグロテスクに熟《う》れた頃合を見計らって刈り取るのだ。受け取った少女が包みを開け、この醜悪な茎の巨塊を目にするや、彼女、てっきり生き物が入っていると勘違いし、大慌てで逃げ出して、きゃー！　と天の星まで届かんばかりのけたたましい悲鳴をあげることだろう。さて、脱線はこのあたりにして〔…〕(Del Riccio, *Agricoltura sperimentata*, III. c. 362r.)

突然、何の話だと思われた読者も多いだろうが、右に引用したのは、一六世紀の末にトスカーナはフィレンツェの地で執筆された『経験農業論』（一五九五─九八年）という著作中の、「ヨウラクユリ」の章からの一節だ。このひょうげた文章の作者の名は、アゴスティーノ・デル・リッチョ（一五四一─九八年）。同市のドミニコ会の一大拠点サンタ・マリーア・ノヴェッラ教会修道院（図5-3）で、菜園管理長の任にあった修道僧だ（デル・リッチョの伝記については、桑木野 二〇一三b、第二章）。トスカーナ大公国の君主だったフランチェスコ一世・デ・メディチ（一五四一─八七年）とも親しく、首府フィレンツェのメディチ宮廷に集う知識人や芸術家たちと幅広く交友したことが知られている傑僧である。そして、何より重要なのが、本書の第2章でも少し触れた『記憶術』（一五九五年）の著者でもある、という点だ。年齢的に、前章で取り上げたドミニコ会士コスマ・ロッセッリの一世代あとということになるが、同郷・同門の両者に面識があったかどうかは分からない。

本章では、デル・リッチョによるこの記憶増進マニュアルを丹念に読み解いてみたい。けれども、その前に、この好奇心のかたまりのような、とびきり個性的なデル・リッチョなる人物について、もう少しだけ紹介しておこう。

デル・リッチョとインプレーザ文学

トスカーナ方言で綴られた未刊行手稿『経験農業論（*Agricoltura sperimentata*）』は、デル・リッチョの主著と目される大著だ。園芸・農事に関する一種の総合百科全書の体裁をとっており、各種の樹木や果樹、香草、花卉《かき》類の特性、あるいは園芸・耕作技術について、関連する知識を幅広く論じた科学技術書である。若い頃から修道院の菜園管理に携わってきたデル・リッチョが、自身の四〇年あまりにわたる園芸実践の経験知識をすべてつぎ込んだ作品であるという。タイトルにある「経験」とは、そういう意味だ。フィレンツェ国立中央図書館に収蔵されているその紙葉の束は、フォリオ版の三巻組みで一〇〇〇頁を越す圧巻のヴォリュームで、しかも著者の死によって未完に終わったため、これでも全体構想の三分の一ほどにすぎないと考えられている。

この他にも、デル・リッチョの著作としては、前述の記

5-3　サンタ・マリーア・ノヴェッラ教会（著者撮影）

憶論に加え、一年一二ヵ月に咲く花々を列挙した『理論農業論』、その簡約版である『花の書』、建築や工芸細工、医薬などに使用される各種の貴石・準貴石や鉱石類を論じた『石類誌』などがある。これらはどれも著者の晩年に集中して書かれたもので、いずれも未刊行、すなわち手稿の状態で残っているが、そのうちのいくつかは印刷出版を予定していたようで、自然科学の分野では一定程度の注目をあつめた作品群だったことは間違いない。使用言語は一貫してトスカーナ方言である。より広範な読者を獲得するために、わざとラテン語で執筆しなかったのだという。また、伝存してはいないものの、本人の言によれば、諺や格言を集めた本、宗教的瞑想術を論じた著作、インプレーザ集などもあったようだ（デル・リッチョの著作については、桑木野 二〇一三b、六三―六九頁）。

ちなみに、「インプレーザ」というのは一六世紀に全欧規模で流行した文学形式で、二、三語からなる簡潔なモットー（寸句）と象徴的な図像（イメージ）の組み合わせによって、個人の信条なり人生の企図なりを表現する新興の文芸ジャンルだった（日本語で読めるインプレーザ文学の概説書としては、伊藤 二〇〇七）。たとえば、神聖ローマ皇帝カール五世（一五〇〇―五八年）のお気に入りのインプレーザは、ジブラルタル海峡沖にヘラクレスが世界の果ての目印として立てたという二本の円柱の間に、神聖ローマ帝国を表すワシをあしらった図像だ。その画面中央には、カルトゥーシュ上に「更ニ先へ（Plus ultra）」のモットーが刻まれている（図5-4）。旧世界を超えて新大陸にまでその勢力圏を拡張せんとする、皇帝の壮大な気概を表した傑作といえる。当時の君侯や貴紳は（たいていはお抱えの文学者に考案してもらった）この種の小洒落た個人的インプレーザを二、三は所有しており、衣装や邸宅、軍旗、証書などにあしらって、己の行動指針や決意表明とした。そうした作品を集めた、いわゆるインプレーザ集なる文学ジャンルが、一六世紀には大流行を見る。

質の高いインプレーザ作品は、含蓄のある寸句と鮮烈なイメージを巧みに組み合わせることで、莫大な情報をたった一枚の図匠の中に効果的に圧縮し、かつそのメッセージを記憶に深く刻み込む。たとえば右に見たカール五世のインプレーザは、たった二語の簡潔なモットーと印象的な図像のおかげで、一度見たら、そこに含まれるメッセージともども、まず忘れることはないだろう。こうした形式は、当然ながら、同時代の記憶術の流行とも無関係ではなかった（インプレーザおよびその姉妹ジャンルのエンブレム文学と記憶術の関係は、Bolzoni 2004）。文字とイメージの巧みな融合に依拠したその基本原理が、両者に共通しているからだ。だから、インプレーザ文学の作者が記憶術のマニュアルを執筆しているというのは、まったく理にかなったことともいえるのである。

5-4　カール５世のインプレーザ「更ニ先へ」（出典：Giovio 1978, p. 46）

残念ながらデル・リッチョによるインプレーザ集は散逸してしまったようだが、彼の現存著作の各所に、おそらく同書からの抜粋と思われる独創的なインプレーザ作品がちりばめられている。それらの中でも、デル・リッチョの人となりを知る上で最も興味深い作品が、彼のお気に入りだという「常ニ学ブ（Sempre inparo）」だ。先述の『経験農業論』の中で、農民たちから実践的な園芸知識を学ぶことを恥じてはいけない、と農園経営者たる読者を諭す箇所で引かれるこのインプレーザは、椅子にくつろぐ老人の頭上に、上述のラテン語のモットーが刻まれた図像であるという（残念ながら文中に図版は掲載されていない）。すなわち、老人になっても常に謙虚に学び続ける精神を忘れない、という彼自身の人生訓を、このように記憶しやすい形式で提示して、読者の脳裏にも効果的に刻もうとしているのだ（Del Riccio, *Agricoltura sperimentata*, II. c. 294r.）。死の直前まで知的好奇心を涸らさず筆を握り続けた彼のような人物に、なんともふさわしいインプレーザではないか。

饒舌の人

さて、まさにその学びの成果を晩年になってぶちまけた感のあるデル・リッチョの多彩な著作群だが、その文体は「饒舌体」とでも称するより他ないような、あるいは文学的マニエリスムの極致とでもいうべきであるような、あきれるほどの冗長なスタイルが特徴である。万事が右に引いた「ヨウラクユリ」の記述に見られるような脱線につぐ脱線で、とにかく読者を飽きさせない。本筋の科学知識の解説部分よりも、そうした余談のほうがむしろ記憶に強く刻印されてしまうほどだ。たとえば『経験農業論』から他にも拾ってみるなら、タマネギの章では急に、そういえば私の知り合いに「タマネギ（Cipolla）」というあだ名の僧がいたっけ、と軽くボケてみたり、あるいはイチジクの章では、この果実と一緒に生きたアブを飲み込んでしまった男が、おなかの中でブンブン飛び回る虫の羽音を必死でごまかして、鼻歌をうたっているふりをしたという小話が挿入される。さらには靴底をぐつぐつ煮た特製スープで意地悪な主人に仕返しする料理人の話（もはや何の園芸トピックにまつわる脱線か分からない）や、ワインは体に悪いから自分はあまりたしなまないけれど……と、もっともらしく弁解しつつ、なぜか延々数頁にわたってワインを絶賛する葡萄酒頌《しょう》を綴ってみたりもする。また、無類の弄石家としての側面を見せる『石類誌』では、金石珠玉・各種石薬の様々な効能や審美的価値を微に入り細を穿って説き去る通人ぶりを発揮する一方で、体内から採れる石を論じた箇所では、胆石で苦しむ友人が手術で石を摘出する場面に興味津々のていで立ち会い、記念にちゃっかりその石をもらってコレクションに加えた話などが嬉々として語られる（Del Riccio 1996, c. 96v.）。

私はあえて冗長に書くのだ――そうデル・リッチョは断言する。というのも、枝葉を削ぎ落として極度に簡潔なスタイルで綴られた文章は、一読ではその真意がつかみがたく、結局は何度も読み返すはめになるが、最初から誤解の余地のないように丁寧かつ十分に言葉を重ね、喩え話や具体例をふんだんに盛り込んで語れば、たった一度の読書で完全な理解が可能だからだ（Del Riccio, *Agricoltura sperimentata*, I. c. 33r.）。「さて、脱線はこのあたりにして……」、「では、本題に戻るとして……」、「読者からおしかりを受ける前に……」などと殊勝なセリフを連発しながら本筋と脱線のあいだを自在に行き来するデル・リッチョは、それでも一向に悪びれた様子もなく、自らの信念のもと、自分のペースで好きなだけ紙面をじゃらじゃらと挿話や雑学で飾り立ててゆく。そこには知の多様性そのものを愉しむ真の意味での哲学者、すなわち智恵（sophia）を愛する（philos）者の姿が、うっすらと浮かび上がる。

そんな彼の手になる著作『記憶術』をこれからじっくり読んでゆこう、などと言うと、思わず身構えてしまう読者もいるかもしれないが、ご安心あれ、この著作はデル・リッチョの作品にしては珍しく（?）、わりと簡潔で、さほど逸脱の多くない内容になっている。あくまで程度の問題かもしれないが――。

『記憶術』の概要とその評価

フィレンツェの国立中央図書館に所蔵されているデル・リッチョの未刊手稿著作『記憶術』は、原題を *Arte della memoria locale*（英：*Art of the local memory*）、すなわち『ロクス（場所）に基づいた／ロクスに関する（locale）記憶術』といい、タイトルからしてすでに正統派の古典的記憶強化の術を予想させるものになっている。五〇葉あまりにわたって流麗なトスカーナ方言で綴られた本書は、実際、場所とイメージと秩序に基づくおなじみの術の初心者向け解説書とみなすことができる。

本書に関しては、御大イエイツが比較的紙幅を割いて論じているが、あくまで記憶術の傍流、すなわち「ルネサンス的変容を遂げた刺激的な記憶術についてはは聞いたためしがなく、古い体系の流れを汲んでいた人物」によって著された、「弱体化」した同術のなれの果てをしめす一例として引かれているに過ぎない（イエイツ 一九九三、二八八頁）。ポスト・イエイツの研究潮流の中でも、やはり同様の評価が下されているようだ（Bolzoni 1984, pp. 47-50）。つまり、益体《やくたい》もない時代遅れの代物という刻印を押されてしまっているのである。

だが、本当にそう断定してしまってよいのだろうか。少なくとも我々は、デル・リッチョの驚くべき博学ぶりと、その手のつけられない好奇心と愛知の精神を多少なりとも知っている。多彩かつ膨大な情報で鎧われた彼の多ジャンルにわたる著作群こそ、まさしく古典的記憶術を縦横に活用した結果生み出された、独創的な知的産物ではなかっただろうか。その真偽を確かめるべく、さっそく『記憶術』の内容を見てみることにしよう。

本書の冒頭には、「何事モ労苦ナシニハ得ラレズ（Nil sine labore）」というラテン語のモットーをかかげた一頁大の彩色扉絵が付されている（図5-5）。何事にも王道というものはなく、成果を得たければ相応の苦労を積まねばならない、という警句だ。確かに記憶術は絶大な効果を確約してはくれるが、術そのものの習得――それは数ヵ月に及ぶこともある――の努力を怠った者には、その成果を期待する資格はない、というわけだ。この挿絵に続いて「人文学を学ぶフィレンツェの若者たちへ、アゴスティーノ・デル・リッチョ師からの挨拶」と題された文章が来る。短いが、著者の主張がはっきり述べられている箇所なので、全文を訳出しておこう。

5-5　『記憶術』扉絵

記憶は諸学の母であるから――というのも、人は記憶に刻み留めおかれたものを、真に知ることができるのだから――、この生得の記憶能力を完璧なものにする術は、非常に有益である。この術については、すでに多くの人によって様々な本が書かれている。けれども、だからといって、私が本書の執筆を思いとどまらねばならない理由はない。本書では、一人の強大な王を比喩として用いる。王は、二名の顧問官と三名の勇敢な将軍、そして彼らに必要な物資を供給する一名の召使いを従えている。これらの比喩のもと、私は記憶術の概要を、簡潔かつ明瞭なかたちで、七つの章にまとめあげ、諸君に贈呈しよう。読者諸氏に神の恵みがあらんことを。(Del Riccio, *Arte della memoria locale*, c. 1r.)

実際、本書は全七章で構成され、各章が王とその六名の家臣たちに擬されている。そこで語られる記憶強化の規則はごく一般的なものではあるが、こうした国王の比喩を用いて、記憶術の要諦原理をより分かりやすく読者に提示している点は、類書には見られないデル・リッチョ独自の工夫だといえる。また、冒頭部分で謳《うた》われているように、著者は記憶こそが諸学問の母だと位置づけている。これは、すなわち古代ギリシア神話において記憶女神ムネモシュネを母親として、学芸を司る九柱の学芸女神ムーサたちが誕生した物語を念頭においているのだろう。

この冒頭の文章に続いて、今度はラテン語による一六行の「読者へのエピグラム (Epigramma ad lettorem)」が来る。ここでもやはり、知識は記憶にとどめて初めて有益なものとなることが強調された上で、本書を丁寧に読み、目の前に広がる広大な世界にロクスとイメージを広く求めることが推奨されている。そして、記憶を鍛えれば、博学かつ先鋭なる知性を持つことができる、と読者を励ます。

第一章——「王と記憶術」と名づけられた第一規則

続く第一章では、冒頭に一頁大の扉絵が掲げられ（図5-6）、その図像を解説するところから本文がはじまる。王冠をかぶり、槍と盾で完全武装した凜々しい姿の王を描いたイメージだ。王はこちらに視線を向けつつ、右手で自分の頭を指さしている。背後にはオベリスクや円柱の台座などが見えるから、どうやら屋外の場面で、おそらくは行軍の途次なのだろう。彼が頭部をさしているのは、古代・中世以来の一種の脳機能局在論の伝統で、記憶の能力は後頭部（脳室後部）に位置すると考えられてきた背景があるからだ（カラザース 一九九七、第二章）。このあと一頁あまりの短い本文が続くが、そこでまず自然の生得記憶と人工的記憶の区分がなされ、本書では人工的記憶が中心に扱われることが宣言される。記憶術の具体的な効能については、次のように語られている。

5-6　『記憶術』第１章「王と記憶術」扉絵

（同術は）説教師、弁論家、学生、要するに老いも若きもすべての人に有益である。なぜなら、この技術によって、聞き知ったものや、様々な書物で読んだ事柄のすべて、あるいは講義で聞いた内容や説教の中味をまるごと、精神の内に保持することができるからである。であるが故に、この記憶術が、裕福で絶大な権能を有する一人の国王に喩えられるのも、もっともなこ

となのである。以上の事柄を私は「第一規則」と名付けることにする。（f. 5. 以下、出典のフォリオ番号を記載する）

ここで、この章は終わっている。生得の記憶能力は諸学の母に比されていたが、その記憶を人工的に強化する術は、強大な男性の国王に喩えられている。記憶術のもつ絶大なパワーをうまくとらえた比喩であると同時に、デル・リッチョのこの本を読むフィレンツェの若者たちにとっては、術をマスターすることで王にも擬される権能を得られるのだという、一種の動機付けとしても機能していたと考えられるだろう。非常に短い章だが、これから学んでゆく記憶術の有益性を読者に印象付ける、重要な役割を果たしている。

第二章――「場所（ロクス）と第一顧問官」と名づけられた第二規則

第二章の冒頭を飾る絵は、地球儀の上に手をかざす「国王付き第一顧問官」の姿を描いている（図5-7）。この章で論じられるのは、記憶ロクスの諸規則だ。簡潔な理論記述と豊富な具体例からなる、本書のなかでも最も内容の濃いチャプターである。掲載図版中には確認できないが、デル・リッチョによれば、この地球儀には「都市、大地、城砦、邸宅、工房、さらには教会、宮殿、街路、広場、修道院など」が描きこまれており、そこに手をかざす顧問官は、ロクスとして採用可能なそれらの空間をしっかり掌握することの重要性を示している。

デル・リッチョは、どうやら、読者がすでに記憶術の概要をある程度は知っていることを前提としているようである。というのも、シモーニデースのお決まりの記憶術起源譚の紹介もなければ、記憶術とはそもそもどういった仕組みで機能するのかといった概要の説明などもいっさいないまま、単刀直入にロクスの定義から入っているからだ。すなわち、ロクスというのは、そこに事物をたくさん置くことのできる場所である、という。

この簡便な定義のあと、具体的なロクス運用の実践例、すなわち室内のどんな場所にどういったイメージを置いてゆくのかが、複数紹介されてゆく。まだ記憶イメージについての解説もないままで、これは少々先走りのような気がしないでもないが、理詰めでいくよりも、ともあれ最初に記憶術の使い方を見せてしまおう、という著者なりの配慮なのかもしれない。

5-7　『記憶術』第２章「場所と第一顧問官」扉絵

たとえば、デル・リッチョ自身が所属していたフィレンツェのサンタ・マリーア・ノヴェッラ教会の内部も、キリスト教の神学概念を配置するための具体例として引かれている。すなわち、まず正面奥の主祭壇を基点とし、「愛（カリタス）」のイメージを配置する。そこから右回りに堂内を巡回してゆき、最初に出会うゴンディ家の礼拝堂には「希望」を、その右隣のガッディ家の礼拝堂（図5-8）には「信仰」を、といった具合に、教会を飾るルネサンス期の華麗な家族

5-8　ガッディ家礼拝堂（サンタ・マリーア・ノヴェッラ教会、フィレンツェ）（著者撮影）

礼拝堂をロクスに見立て、記憶すべき概念を配置してゆくという（f. 7v.）。一見何気ない記述に思われるかもしれないが、実はルネサンス建築史と記憶術が邂逅する、非常に貴重な瞬間ともいえるのだ。なかでも一五七五年から七七年にかけて建設されたガッディ家礼拝堂は、決して絢爛豪華なつくりではないものの、確かな鑑定眼で選ばれた極上の色大理石や貴石類の逸品が古典建築の文法に則って巧みに組み合わされ、その洗練された、華美に走ることのない幽玄な美が際立つ通好みの傑作だ。デル・リッチョも、別の著作『石類誌』において、同礼拝堂の清雅淡味の出来栄えを激賞していた（Del Riccio 1996, passim. ガッディ卿については、Luchinat 1980. ガッディ家礼拝堂については、Morrogh 2011）。ちなみに、同礼拝堂の施主であるニッコロ・ガッディ卿（一五三七―九一年）は、ジョルジョ・ヴァザーリ亡きあとのフィレンツェの芸術文化をリードした風流な文人貴族で、質の高い芸術コレクションを営み、建築や造園にも造詣が深く、デル・リッチョと親しく交友したことが知られている。

　さて、具体例の紹介がひととおり終わると、あらためてロクスをめぐる理論的な解説がなされる。

すなわち、記憶ロクスがそなえるべき七つの基本条件が、順番に紹介されてゆくのだ。いずれも記憶術マニュアルではお馴染みのものだが、以下、順をおって見てゆこう。

ロクスの満たすべき諸条件

一つ目の条件は、明るさである。すなわち、遠くからでもはっきりとロクス周辺の空間が識別できるような、十分な明るさがあることが肝要である。そうした光に満ちたロクスとしてふさわしいのは、建物の中でもたとえば、扉、窓、彫像、柱、部屋の角、祭壇、墓碑、壁龕、排水溝、暖炉、階段、ベンチ、簞笥、壁画など（f. 8）。要するに、建築の内部を適度に分節する要素である。

二つ目の条件は、堅固さである。すなわち、永久不変で安定したものがロクスとしてふさわしい。ここで著者は例外規定にもいくつか触れている。たとえば小部屋を細かくロクス分割して複数のイメージを置いてゆく際には、想像上のロクスや暫定的なロクスなども適宜用いてよいという（f. 9）。つまり、もしモデルとした部屋の壁に何の装飾もなく、家具などもなかった場合、そのままだとイメージを配置する「受け皿」（＝ロクス）がなく、スペースを有効活用できないから、そうした折には適当な位置に想像上のオブジェ（＝簞笥や絵画など）を据えて、それをロクスとしてもよい、ということだ。

三つ目の条件は、ロクス間の適切な間隔である。ロクスは近すぎても離れすぎていてもだめで、その適当な間隔はおおよそ八～一〇ブラッチョ（四・六～五・八メートル）とされる（f. 9v.）。ただし、人間の身体を細かく分割してロクスとする場合には、もっと短くてもよい。要するに、臨機応変に対応すればよいわけだ。

四つ目の条件は、ロクスが秩序正しく順番に並ぶことである（f. 10v.）。たとえば人間の身体を分割してロクスを設ける場合なら、ロクスは上から順番に、髪の毛、額、眉毛、目、口、顎……と連続してゆく。間違っても、髪の毛の次に足のつま先が来てはいけない。

そして、五つ目の条件として挙げられているのが、ロクスの巡回方向の規則性である。特別なこだわりがないのであれば、ロクスは常に右手方向から巡回を始めるようにするとよい。著者は、ここで右手方向が優位である理由を、各国語の書記法の例などを引いて理論付けているが、要するに右回りでも左回りでも、どちらか一方と決めたら常にそれを守るようにすればよいとしている。

さて、ロクスが備えるべき六つ目の条件として挙げられているのが、ロクスの転用可能性である。これはロクスの経済性に関わる規則と言い換えることができる。すなわち、覚えるべき事柄に応じてロクスを無限に増やしてゆくのではなく、イメージを効率的に消去することで、有限個のロクスを使いまわしてゆく方法である。デル・リッチョは、ここで托鉢修道会のドミニコ会士らしく、説教師の事例を引いている。説教師たるもの、生得記憶と人工記憶を巧みに組み合わせて、無数の説教を記憶しておかなくてはならない。けれども、我々の中には生まれつき優れた記憶力を有する人がおり、たとえば説教師フランチェスコ・パニガローラ（一五四八—九四年）のごときは、脳内に一〇万ものロクスを蓄えていたという（ff. 11v.-12）。ここで名が引かれているパニガローラとは、ミラノの貴族出身の司祭で、稀代の説教名人として対抗宗教改革期のカトリック圏で活躍した人物だ。[1] 記憶術に関する小著（『場所記憶術論』一五九九年）をものしており、[2] 修練士時代（一五六八年）にはフィレンツェにも滞在したことが確認されているから、ひょっとしたら町のどこかで二人は邂逅し、記憶談義に花を咲かせたのかもしれない。

とはいえ、パニガローラのような超人的記憶力を有する人は滅多にいない。そこでデル・リッチョがすすめるのが、一定数のロクスを効率よく使いまわす方法である。たとえば一週間、毎日信者たちを前に説教をしなくてはならない説教師は、大都市の七つの大修道院・教会をロクスに設定するとよい。たとえばフィレンツェを例にとるなら、日曜日の説教にはサンタ・マリーア・ノヴェッラ教会の建物内部をロクスとして用いる。以下同様に、月曜日はサン・マルコ修道院、火曜日はサンタ・クローチェ教会、水曜日はサント・スピリト教会、木曜日は（サンタ・マリーア・デル・）カルミネ教会、金曜日はサンタ・トリニタ教会、土曜日はサンティッシマ・アンヌンツィアータ教会（図5-9）を利用するのだ（f. 12）。いずれもフィレンツェを代表する教会・修道院であり、ルネサンス美術の宝庫としても知られているから、脳内にロクスを構築するのも容易だろう。もちろん教会にこだわる必要はなく、町の七大広場や、七大街路などを選んでもよいという。このように七つのロクスをローテーショ

5-9　サンティッシマ・アンヌンツィアータ教会（フィレンツェ）内部（著者撮影）

ンしてゆけば、一週間もすると最初に配置したイメージも自然と薄れているだろうから、手軽に再利用できるだろう。

そして、ロクスの条件の最後（七つ目）に挙げられているのが、一つ前の規則とは対照的に、イメージを消去することなく常に保持するためのロクスを持つべし、という規定である。要するに、用件が済めば忘却してしまってかまわない一時的な情報にはリサイクル可能なロクスを利用し、逆に永久に記憶にとどめたい知識には専用の器を用意してしっかり保管する、ということだ。後者の用途を満たすには、覚えたい情報群の数だけロクスが必要になる。器の数は、多ければ多いほどよい。デル・リッチョはここで再びパニガローラの事例を引き、彼が訪れる先々の町の教会を片っ端からロクスとして脳内に取り込んでいった様子を活写している（f. 13）。読者もこれを見習うとよいという。[3]

記憶の宮殿

いささか単調な部分もあったが、以上がロクスに関する規定である。いずれの条件も伝統的な記憶術の教えに忠実なものだが、一部にはデル・リッチョの独創性が光る記述も見られる。それが、再び王の比喩を用いて展開される以下の省察だ。

さて、もし本書の読者たる貴君が万能普遍な人間でありたかったら、ロクスをたくさん準備することだ。そして、君が有しているもの、すなわち説教や様々な演説などをひとたびそこに配置したら、それらを決してロクスから消去せずに、しばしば復唱しよう。その際、絶対的な権力をもつ裕福な王が広大な宮殿に多くの部屋を有しているのと同じようにするとよい。王宮の中には骨董品が置かれる部屋もあれば、綴れ織りの生地がしまわれる部屋もあり、また別の部屋には王家の銀器類、さらに別の部屋には宝石類が貯蔵されているだろう。また、攻撃と防御の双方の武具を保管した部屋もあれば、軍隊を養うための兵糧を蓄えた倉庫もある。と、こんな具合に、もし万能普遍な人間になりたければ、君も同じようにするとよい。すなわち、多くの部屋を用意して、その中に説教や演説、概念、意見、歴史あるいは君が専門とする知識を配置するのだ。(f. 13v.)

第一章では人工記憶の技術そのものが、強大な権力を有する王に擬されていたのに対して、ここではその王の力と富の象徴たる壮麗な宮殿が、記憶のロクスと重ねあわされている。記憶術を体現する「王」の絶大な権力を支える、豊富な財力と軍事力。その、まるで「豊穣の角(コルヌコピア)」をぶちまけたかのような絢爛と横溢の王宮イメージは、ともすると、初期近代にヨーロッパ規模で大流行を見た王侯貴紳の百科全書的蒐集室、いわゆる「ヴンダーカンマー(Wunderkammern)」を髣髴とさせる(図2-1)。けれども、「驚異の部屋」とも訳されるヴンダーカンマーが、多彩な珍品奇物、異国の民芸日用品、古今の芸術作品や古代遺物、稀少な博物標本、書籍などを立錐の余地なく高密度に詰め込むことで、物と情報の一種の祝祭的混沌を生み出し、その圧倒的な視覚効果によって見る者に驚異の感覚を掻きたてることを眼目としていたのに対して、デル・リッチョが記述する王宮は、当時増改築が進展中だったメディチ大公の居城ピッティ宮殿(図5-10)のよう

5-10　ピッティ宮殿（フィレンツェ）（著者撮影）

に、むしろ整然と区割りされた秩序の世界を描き出している。その記憶の宮殿では、決して宝石と武具が混じることもなければ、什器と綴れ織りが無造作に並べ置かれることもない。いつでも必要なデータを素早く検索できるように、王の財宝や資材は、項目ごとにきちんと分類され、目録によって管理されているのだ。

デル・リッチョは、第二章を結ぶにあたって、記憶術が市井の様々な人に役立つことを再度強調している。この術を用いれば、学生は授業の内容を一年分でも記憶できるし、語学を学ぶ際には、動詞の活用をやすやすと暗記できるだろう。説教師や聴罪司祭にとっての利便性は言うにおよばず、軍の指揮官なども、書物で読んだ軍略をすべて頭に叩き込み、実戦で活用できるだろう（ff. 14-14v.）。貴族も貧しい人も、老いも若きも、心の内に端麗豪奢な記憶の王宮を建立した者は、豊かな富と権能を得ることができるのだ。

第三章――「図像と第二顧問官」と名づけられた第三規則

第三章の扉絵は、豊かな髭を蓄えた人物がこちらを向き、開いた書物を左手に持ちながら、右手で足下に横たわる古代彫刻の断片を指し示す姿を描いている（図5-11）。また、画面の端には、胸像を載せた台座柱が立っている。この図版だけからは少々判断が難しいが、この章では記憶イメージ、すなわち記憶すべき内容の表象像が解説される。古代彫刻や芸術作品は、きっとそうしたイメージのサンプルを表しているのだろう。

デル・リッチョは、まずイメージを二種に分ける。一つは、ライオンやウシ、タカなどの実在する存在を象《かたど》ったもの。もう一つは、七つの首を持つヒュドラや三つ首のガチョウといった、詩人が得意とするファンタジーの産物である（f. 16）。けれども、心を動かす度合いという点からは、前者のほうを断然お勧めする、としている。デル・リッチョにとっては、なにも頭の中で突飛な空想などにふけらずとも、生滅変易を繰り返すこの天地造化の実在世界、この丸い地球の上に溢れる天地・人倫から草木虫魚にいたる万象のほうこそが、よほど刺激に満ちたイメージ源だったのだ。そのことは、本章に付されたあきれるほど長大な事物のアルファベット・リストが雄弁に物語っている。

5-11　『記憶術』第３章「図像と第二顧問官」扉絵

> それゆえに、様々な事物のアルファベット・リストを作成してみた。諸君がそれを読み込んで、実践に用いることができるように、との配慮からだ。（f. 16）

このような宣言につづけて提示されるのは、実に二六頁に

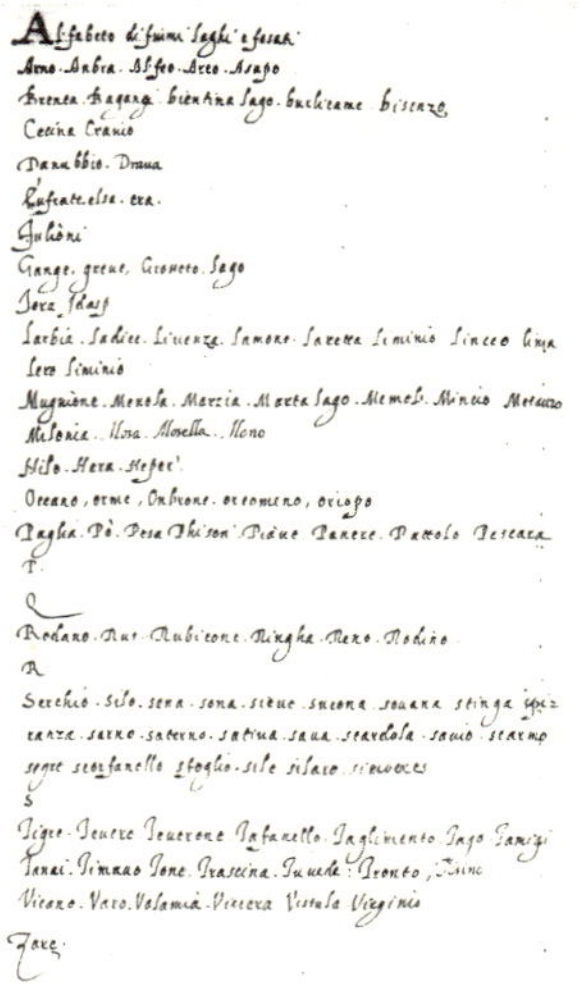

5-12 『記憶術』の「河川、湖、水路に関するアルファベット」冒頭部分

もおよぶカテゴリー別の名詞の羅列だ。いずれもABC順にならんでいる。たとえば筆頭に来るのが「河川、湖、水路に関するアルファベット」（f. 17）のリストで、フィレンツェを流れるアルノ（Arno）河を皮切りに、アンブラ、アルフェーオ、アルコ、アサポ、ブレンタ（Brenta）、バガンジ、ビエンティーナ湖、ブルリカーメ、ビセンツィオ……と、総計一一〇の河川湖水系の固有名詞がZの項目まで整然と列挙されている（図5-12）。

以下、具体的にどんなカテゴリーの名詞が並んでいるのかを、そこに挙げられた名詞の数とともに示すと、大小の魚類（一八三）、貴石・宝石類（六七）、小・中型の植物（一〇七）、花卉類（一一〇）、大小の四足獣（五四）、野生もしくは園芸用の大型樹木（六〇）、男性の名前（一四二）、女性の名前（七二）、様々な王国の都市名（三九九）、手仕事・自由学芸・生計もしくは気晴らしのために行う様々な技芸や労働（三八五）、女性の聖人や福者（七五）、男性の聖人や福者（一七九）、フィレンツェの家名（三五二）。一見すると無味乾燥な文字の羅列に思われるが、実はこの種の名詞リストにはいろいろな利便性があり、実際、初期近代の記憶術教本の多くが同様のボキャブラリー集を収録している。

前章で見たロッセッリの著作にも、これと似たリストがあったことを思い出そう。

ここで、もう一度記憶イメージの作成法をおさらいすると、覚えたい内容（文字情報）を効果的に圧縮表象する図像を、術者は自分で工夫して作り上げなくてはならなかった。その際には、様々な音の類似に基づく地口や、観念連想を自在に操った言葉遊びや連想の妙技を駆使する必要がある。そのとき、様々な概念を代替表現可能な観念・事物がカテゴリー別に整理された、ある種の出来合いのヴィジュアル辞書のようなものが手元にあれば、イメージの作成がずっと容易になるはずだ。たとえば「ハリネズミ（riccio）」という概念を覚えたいときには、そのまま当該動物を図像化したのでは芸がないし、刺激にも欠けるので、たとえば「フィレンツェの家名」リストのなかから、それと似た苗字である「リッチ家（Ricci）」を見つけ出し、その家に属する知り合いの姿を想像するのはどうだろう。もちろん、その逆も可能で、リッチ家をあらわすのにハリネズミを思い浮かべてもよい。また、「アルノ（Arno）」という河の名称のつづりを正確に覚えたければ、たとえば「大小の魚類」リストから「ウナギ（**A**nguilla）」、「ヒラメ（**R**ombo）」、「オウムガイ（**N**autilo）」、「牡蠣（**O**strica）」をピックアップしてイメージ化し、その順番のまま串刺しにでもしておけばよいだろう。

百科全書的記憶

通常こうしたリストは、イメージの経済性の観点からも、なるべく数を絞り込んだ、使用頻度の高い項目・概念を精選したものが多い。そうして厳選した名詞リストを、あらかじめ頭の中でイメージ化して常時ストックしておき、とっさに記憶イメージを作成する必要が生じた際に活用するのだ。ところが、本書が提示する怒濤の文字列ときたらどうだろう。イメージの経済性などそっちのけで、とにかく手当たり次第に、人間界と動植鉱物界のあらゆる事象を網羅せんとする強烈な百科全書的な衝動とでもいうべきものが、写本の頁に躍如としている。まさに饒舌の人デル・リッチョ節炸裂といったところだ。これでは便利を通り越して、正直、使用に耐えない。いったい誰が一八三種もの魚類を正確に視覚化することができるだろうか。聞いたこともなく見たこともないような河や動物の呼称、どの国にあるのかさえ分からないエキゾチックな都市の名前、異境に繁茂する珍花奇葉、果たして実在するのかすら怪しい煌《きら》びやかな宝石の名称……。この病的なまでの細部拘泥と、列挙にかける度し難い情熱は、なんと形容したらよいものやら。ＡＢＣ順という秩序化の力に抗して、リストから溢れんばかりのその多彩多様な名詞と観念の横溢は、フランソワ・ラブレー（一四九四頃―一五五三年頃）の精神に通じるものさえあると言ったら、少々大げさだろうか。ともあれ、見知らぬ概念が隣り合い、ひたすらに衝突を繰り返すそのマニエリスティックな行文は、デル・リッチョ記憶術の白眉といってよいだろう。本書のこうした側面を「時代遅れの遺物」などといってまともに評価しないのは、あまりにもったいないとはいえまいか。

ここでリストのすべてを丁寧に読み解いてゆくだけの余裕はないが、興味深い点をいくつか指摘しておこう。たとえば総計一八三種の名称が挙がっている「魚類」のリストだが、そこに綴られているのは当然トスカーナ方言による呼称である。そのため、現代の学術名称でどの品種に対応するのかが分からない魚もたくさんあるが、逆にいえば、当時のトスカーナ地方で用いられていた俗語の魚類名称を網羅した貴重な風俗・言語史料とみなすこともできる。また、「貴石・宝石類」や「小・中型の植物」、「花卉類」、「野生もしくは園芸用の大型樹木」のリストは、石類や園芸・農学を扱ったデル・

リッチョの他の著作群、すなわち『石類誌』、『経験農業論』、『理論農業論』、『花の書』といった専門書なども当然通底しており、各書に共通した名称が多数登場する点はなかなか興味深い。これらの著作が記憶術を駆使して執筆された痕跡ともいえるからだ（Heikamp 1981, in part. p. 61; Brunon 2002）。

リストの具体的な中味について、もう少し詳しく見てみよう。我々の注意を引くのは、動植物の名称のなかに、当時ヨーロッパに輸入されて間もない異国産種が数多く混じっていることだ。たとえば、植物ではチューリップ（f. 18v.）、インド産月桂樹（f. 19）、ヨウラクユリ（皇帝の冠）（同）、アダムのリンゴ（同）、インド産スミレ（f. 19v）など。ちなみに「アダムのリンゴ（Pomi d'Adamo）」（図5-13）というのは、リンゴとは名ばかりの、でこぼこした表皮をもつ新大陸産の柑橘類のことで、民間伝承では、かつてアダムが楽園で口にした禁断の果実の末裔だと信じられていた品種である（Mattioli 1557, p. 146）。また、動物や鳥のリストを注意深く読むと、ラクダ、キリン、ライオン、ヒョウ、トラ、オウム、ダチョウなど、必ずしも当時珍しくはなかったかもしれないが、ヨーロッパ原産ではない品種がいくつも挙げられている。かと思えば、「不死鳥（Fenice）」などとい

5-13　「アダムのリンゴ」（出典：Mattioli 1565. Cit. in Lazzaro 1990, p. 11）

う空想上の生き物がさりげなく挿入されていたりもする。珍奇さへの志向を、少なくとも読み取ることができるだろう。

一方で、都市名のリストには、イタリア国内ばかりでなくヨーロッパ各地の街（リスボン、ベオグラード、ジュネーヴ、リヨン、ロンドン、セビリア、ウィーンなど）あるいは中近東・アフリカの都市（ゴモラ、イェルサレム、ダマスカス、トリポリ、コンスタンティノープル、カルタゴなど）や、新大陸の都邑（リマ、メキシコ）まである。こうした世界地誌・風俗への関心がとりわけ強く感じられるのが、職業名のリストだ。ここで思い出されるのは、当時の大ベストセラーとなったトマーゾ・ガルツォーニ（一五四九—八九年）による職業百科全書『普遍的広場（*Piazza Universale*）』（ヴェネツィア、一五八五年）という著作である。イタリア語で綴られた同書は、世界中のあらゆる職業について簡便な解説を加えたもので、収録された職種は実に五〇〇種にもおよぶ（Garzoni 1996）。デル・リッチョは『石類誌』の中で、この職業百科全書を参照した旨を述べているから（Del Riccio 1996, c. 50v.）、『記憶術』の執筆に際してもこのレファレンスを利用しつつ、自身の知見を付け加えたのだろう。

ドミニコ僧が挙げる職種は実に多彩で、建築家、弁護士、医師、公証人、鍛冶屋といったごく標準的なものから、占星術師、手相師、錬金術師、カバラ学者、ヒエログリフ学者、降霊術師といった怪しげなものまで網羅している。あるいは短編作家、煙突掃除人、鷹匠、祈禱師、軟膏作りなどといった非常にマニアックなものがあるかと思えば、果ては異端、魔女、政治亡命者、殺人者、暴君、盗賊、スパイ、決闘家、偽善者、喧嘩屋、誹謗家、皮肉屋、不平屋、怠け者、散策人、食客、迷信深い人、酔っ払いなど、果たして職業として成り立つのかどうかさえ怪しい名称がずらりと並んでいる。

そして、リストの最後を締めくくるフィレンツェの家名シリーズは、当時の花の都を代表する「名士録」的なものと考えてよいだろう。郷土愛の強いデル・リッチョらしいリストだといえる。おそらくは、ここに挙げられた名家の子弟たちが読者（「人文学を学ぶフィレンツェの若者たち」）として想定されていたのだろう。

第四章——「直線と第一の主格」と名づけられた第四規則

以下は、ロクスとイメージを組み合わせて実際に記憶術を運用する仕方が、三章にわたって説明されている。章タイトルについては少々説明が必要だろう。デル・リッチョは文法用語である「主格（nominativo）」という語をここで用いているが、それは、この章で紹介される事例はあくまでモデル・ケースであり、読者はそれを金科玉条のように墨守するのではなく、文脈に応じて変化させる必要がある、ということだ。それはあたかも語学において名詞の主格形（＝辞書に掲載されている標準語形）から、文脈に応じて属格、与格、対格、奪格、呼格といった各種のヴァリエーションを引き出して活用してゆくのと同工である。つまり、読者は、第四章から第六章にかけて紹介される三パターンの「主格」、すなわち記憶術の運用モデルを、適宜応用させてゆかなくてはならない。また、デル・リッチョは本文中で、この章のタイトルを「第一将軍（capitano primo）」（f. 31）とも呼んでいるが、これは冒頭で見た、国王とその家臣団というメタファーを繰り返したものだろう。

さて、この章で紹介される「直線」という方法は、いかなるものだろうか。本文で挙げられている具体例を見ると、拍子抜けするほど簡単である。すなわち、一直線にロクスを並べ、そこにイメージ

5-14 『記憶術』第４章「直線と第一の主格」扉絵

を置いてゆく——たったそれだけである。ただし、ここでロクスとして想定されているのは建築空間ではなく、人間の身体である、という点が注意を引く。そのため、本章の扉絵にも、直立不動の男性像が描かれている（図5-14）。実際に事例を一つ紹介してみよう。

まず「大きな羽根飾りのついた兜《かぶと》をかぶった一人の将軍」(f. 31) の姿を想像する。その羽根の先端に美しいダイヤモンドを一つくくりつけ、「［私は］「ダイヤモンド」と言う」（同）。続く二番目のロクスでは、「［私は］「羽根飾り」と言う」（同）。続く第三のロクスでは「兜」、それに続く第四のロクスでは「金色の髪の毛」と言う。五番目のロクスとしては、その男の額に白い百合を思い描いて、「百合」と言う。眉毛に相当する六番目のロクスでは「二つの黒い帽子」、その下の両目の部分（第七ロクス）には「二つの真珠」……と、こんな具合にデル・リッチョの記述は淡々と、二七番目のロクスに相当するつま先まで続いてゆく。独特の論述に少々面食らったかもしれないが、要するに一人の男性の姿をまず思い浮かべ、続いてその身体部位を頭の先からつま先まで総計二七の小ロクスに分割しながら、各ロクスに記憶イメージを並べて置いているのである。せっかくなので、やや単調ではあるが第八ロクス以降の記述を、身体部位（ロクス）：オブジェ（記憶イメージ）の組み合わせで記載しておこう。

（8）鼻：眼鏡、（9）鼻の先端：蚊、（10）鼻の穴：トルコ石、（11）上唇：黄色、（12）上あごの歯：白、（13）舌：毒、（14）下あごの歯：象牙、（15）下唇：赤、（16）顎：髭、（17）喉：真珠の首飾り、（18）乳房：胸を咬むヘビ、（19）へそ：カニ、（20＆21）両脇腹：剣と短剣、（22）ズボンのポケット：スクード金貨、（23）膝：赤いガーター、（24）脚：二つの鈴、（25）足首：二つの緑の靴紐、（26）足：白いビロード製の靴、（27）足の裏：大地

5-15　ジュゼッペ・アルチンボルド《春》（1573年）（ルーヴル美術館、パリ）

なにやらアルチンボルドの合成人面画（図5-15）を髣髴とさせるこの奇妙なオブジェのリストによって、いったいデル・リッチョが全体として何を記憶したかったのか、いまいち理解に苦しむものの、そこに一定の法則性は見出せる。すなわち、歯なら白、唇なら赤といった具合に、身体部位の特徴をそのまま記憶イメージ化したり、あるいは喉と首飾り、足と靴など、その身体部位に装着する装身具をイメージとして用いたりしているのだ。特に「舌：毒」という組み合わせなどは、な

かなか皮肉が効いているし、乳房とヘビの組み合わせはクレオパトラの自死の場面への暗示だろうか。これはあくまで一般例であり、大事なのは、身体を頭からつま先まで一定の間隔で分割しながら直線状に降下しつつ、記憶イメージを一つずつ配置してゆく、という原則を読み取ることだ。あとは読者が自由に、「主格」としてのこの事例を活用させてゆけばよい。

本章では、このあと、同様の身体分割を施しながら、接木のテクニック名称（一一種類）および獣帯星座（一二個）を配置する方法が似たような口調で淡々と語られる。確かに、イエイツが指摘するように、これらの事例の記述はどちらかといえば単調で、面白みのないものかもしれないが、そこに挙げられるイメージの例の中に、デル・リッチョの自然世界に対する興味がにじみ出ているのは確かだ。世に記憶術マニュアル数多しといえど、接木のテクニックなどというマニアックな事例を用いて説明しているのは本書だけだろう。

第五章――「円と第二の主格」と名づけられた第五規則

続く章でも、同じく身体をロクスとした事例が解説されている。ただし、今回は一直線に分割するのではなく、両手両足を広げた人物を想像したうえで、頭部を起点に右回りまたは左回りに体の輪郭を分節してゆき、一周してもとの地点に戻るようにする。扉絵に描かれたイメージは、レオナルド・ダ・ヴィンチの画で有名な、いわゆる「ウィトルーウィウス的身体」を髣髴とさせる（図5-16）。

最初に挙げられる例は、四大元素（土・水・空気・火）および一一天球（月から天国まで）を配置する方法である。他には、様々な装身具を置く例や、花卉・宝石類を設定する方法が紹介されている。

前章の「直線」的分割に比べれば、こちらのほうが体表面積を広く活用するぶん、より多くのロクスを得られるので、覚えたい内容の多寡によって使い分けるとよいだろう。けれども、デル・リッチョがもっとも重視するのは、次に紹介する三番目の方法である。

第六章――「横断線と第三の主格」と名づけられた第六規則

「この規則は最良のものであり、もっとも頻繁に使用される」（f. 39）という賞賛とともに紹介されるのが、「横断線」あるいは「第三の主格」にして「第三将軍」と名づけられた、三つ目のモデルである（図5-17）。前二例とは異なり、ここではいよいよ建築ロクスが使用される。すなわち、建物や広場や街路など任意の建築空間をロクスとして選び、それらの空間を端から端まで「横断」しながら分節して、イメージを配置してゆくのだ。いわば、もっとも標準的な建築的記憶術の運用モデルだといえる。

本章ではいくつかの具体例が提示されているが、たとえば都市史的な文脈で興味深い事例を提供してくれるのが、フィレンツェに実在するスカーラ通り（Via della Scala）（図5-18）をロクス分割するケース（ff. 40v.-41v.）だ。この通りはデ

5-16　『記憶術』第５章「円と第二の主格」扉絵

ル・リッチョが活動拠点としたサンタ・マリーア・ノヴェッラ教会修道院の敷地の西をほぼ南北に走る街路で、おそらくはドミニコ僧も日々の暮らしのなかで、菜園で取れた野菜を腕いっぱいに抱えながら何度も行き来したのだろう。最初のロクスは、「通りの端にある壁龕祭壇を選び、その脇に十字架を抱いた修道士を添えて、〔私は〕「十字架」と言う」（f. 40v.）。例によって呪文のような独特の言い回しだが、つまるところ、最初のロクスは壁龕で、イメージは十字架ということだ。以下、同じ要領で記述が進んでゆく。ロクスとしては、カーサヴェッキ家の邸宅、ヤコポ・ダル・ボルゴ卿の家の

5-17　『記憶術』第6章「横断線と第三の主格」扉絵

5-18　スカーラ通り（著者撮影）

扉、アッチャイウォーリ家の邸宅、リポリ女子修道院教会の扉、バルトリーニ家の庭園の入り口などなど、当時のスカーラ通りに並んでいたであろう実在の建物や施設、工房・店舗が選ばれてゆく。いまではなくなってしまったものが大半なので、一六世紀末のフィレンツェの町並みを復元する上で貴重な資料といえるだろう。そこに置かれるイメージとしては、黄金の太陽、壺、扉、山を象った紋章、時計、眼鏡、コンパス、鞭、鋏、塔、ハンマー、旗、本、未亡人、聖パウロなど、シュールというべきか、取りとめもないというべきか、とにかく多彩な図像が選ばれている。本章の扉絵に細かく描かれているオブジェ群は、まさにこれらに対応したイメージだったことが分かる。

同様に都市史的観点から興味深いのが、続いて紹介される、フィレンツェの中心広場であるシニョリーア広場をロクスに設定する事例だ。ここでもやはり、広場を囲んで立つ宮殿や店舗、教会、ロッジャ、彫刻、噴水などがロクスに選ばれている。特に彫像については記述が具体的で、ジャンボローニャ作《サビニ女の略奪》（図2-9）、チェッリーニ作《ペルセウス》（図5-19）、バンディネッリ作《ヘラクレス》、ミケランジェロ作《ダヴィデ》、ドナテッロ作《ライオン像（マルゾッコ）》、アンマンナーティ作《ネプチ

5-19　チェッリーニ《ペルセウス》（1554年）（ロッジャ・デイ・ランツィ、フィレンツェ）

ユーン像》など、現在も同広場を飾っているルネサンスからマニエリスムにかけての傑作の数々が、イメージの受け皿としてピックアップされている。配置されるイメージ群は、様々な種類の果物や樹木類だ。

以上の三例（章）に見たロクスとイメージの結び付きはもちろん脳内での出来事ではあるが、デル・リッチョは普段から、知り合いと会話をかわすたびに、あるいは街中を散歩するたびに、人や建築の上に、キャベツやレタスや真珠の姿を無意識の内に重ねてしまっていたのではないかと、ちょっと心配になる。花の都フィレンツェは、ドミニコ僧の頭の中で華麗な（？）博物学都市に変容を遂げていたのである。

第七章――「食事と召使い」と名づけられた第七規則

デル・リッチョは、本書の締めくくりとして、個性的な規則を提示する。彼によると、本書で解説された記憶術のシステムを効果的に運用するには、欲張って一度に大量のデータを詰め込もうとしないことが肝要だという。そこで持ち出されるのが食事の比喩、あるいは軍隊や宮廷に食料を提供する「召使い」のメタファーである（図5-20）。いわく、我々が通常、一日のうち何回かにわけて食料や水を摂取するように、記憶術においてもまた、一度に覚えるデータを制限し、複数回に分けて実践するとよい（f. 45）。もともと古代以来の修辞学・文学の伝統において、読書を食事にたとえる比喩があったことは確かである。内容の深い理解をともなわない多読・速読を「消化の悪い大食い・早食い」に喩えて戒《いまし》め、むしろ一言一句、心の血となり肉となるようにかみ締めて内容を「消化」すべきだとする考え方だ（カラザース　一九九七、二六四―二七一頁）。デル・リッチョは具体的に以下のような指示を出している。

もし君が二〇〇の概念なり事項なりを記憶したいと望むなら、まず小冊子（libretto）にすべて書き出し、一から二〇〇まで順番に番号を振ってゆく。(ff. 46r.-46v.)

5-20　『記憶術』第7章「食事と召使い」扉絵

そうしておいて、朝起きてから寝るまでの一日の生活を一定の間隔で細かく区分し、そのつどリストから一〇ずつの概念を選んで、記憶術を用いて記憶してゆくのだ。なるほど、合理的なアドヴァイスである。おそらくはデル・リッチョが実践経験のなかで培《つちか》った、初心者向けの有効な提言なのだろう。

以上に見てきたように、六名の有能な家臣を引き連れた強大な王＝記憶術によって、人は普遍的な知識を手に入れ、いかなる事柄についても即興的に論じることができるようになる（f. 46v.）。たとえば、ディオスコリデスの『薬物誌（マテリア・メディカ）』に記載されているすべての植物種（約六〇〇種）を、たったの一時間で暗記することが可能だという。一度に詰め込みすぎるのはよくない、という本章の規則に真っ向から対峙するような主張ではあるが、ともあれ記憶術の有効性が強調されている。

また、本章の末尾では、母都市の青年たちへの呼びかけがなされる。若者よ、この教則をマスターして、フィレンツェがどれほど宗教心に富み、高貴で、美しい都市であるかを賞賛したまえ。この術を用いれば、市内の教会や修道院や施療院の膨大な名前を覚えられるし、この街出身の教皇や枢機卿、総大司教らの名称をすらすらと暗唱できるようになるだろう(f. 48)。

なるほど、デル・リッチョが開陳する記憶術の教則は、いずれも古典的なものであり、術を根本から変えてしまうような革新もなければ、形而上学的な考察や、ヘルメス主義的なドライヴもかかっていない。同時代に無数に出版された類書と同じく、あくまで故郷の志ある青年たちの立身出世に役立つことを願って書かれた、実践的で世俗的なマニュアルだ。とはいえ、デル・リッチョならではの博物学的な知識が随所に盛り込まれ、その章句の端々からは、一六世紀末の知識人たちに特有の「百科全書的な知のカタログ化衝動」とでもいうべきものが、まるで透かし模様のようにうっすらと浮かび上がってくる。その意味では、オカルト的なアプローチで叡智に至る「普遍の鍵」を記憶術に読み込もうとする一部の流れとは別の仕方で、デル・リッチョもまた——彼なりの地に足が着いた方途で——万有万象の知を掌握する鍵を、この術に求めていたのではないだろうか。

本書『記憶術』が紹介しているのは、あくまで術の基本教則にすぎない。いわば知を獲得し、整序し、保持する方法の根本原理(=「主格」)だ。この知的方法を応用して、どのような新たな知を生み出すかは、読者一人一人の創意と努力にかかっている。実際、デル・リッチョが晩年に怒濤の勢いで執筆した博学な専門著作群は、記憶術を活用した知の創造的結合術のデモンストレーションとも見なすことができる。彼が我々に残してくれたそれらの貴重な知的遺産については、のちの章で再び取り上げることにしよう。

第6章

テクストの中の宇宙

チトリーニ『ティポコスミア』が描き出す建築的情報フレーム

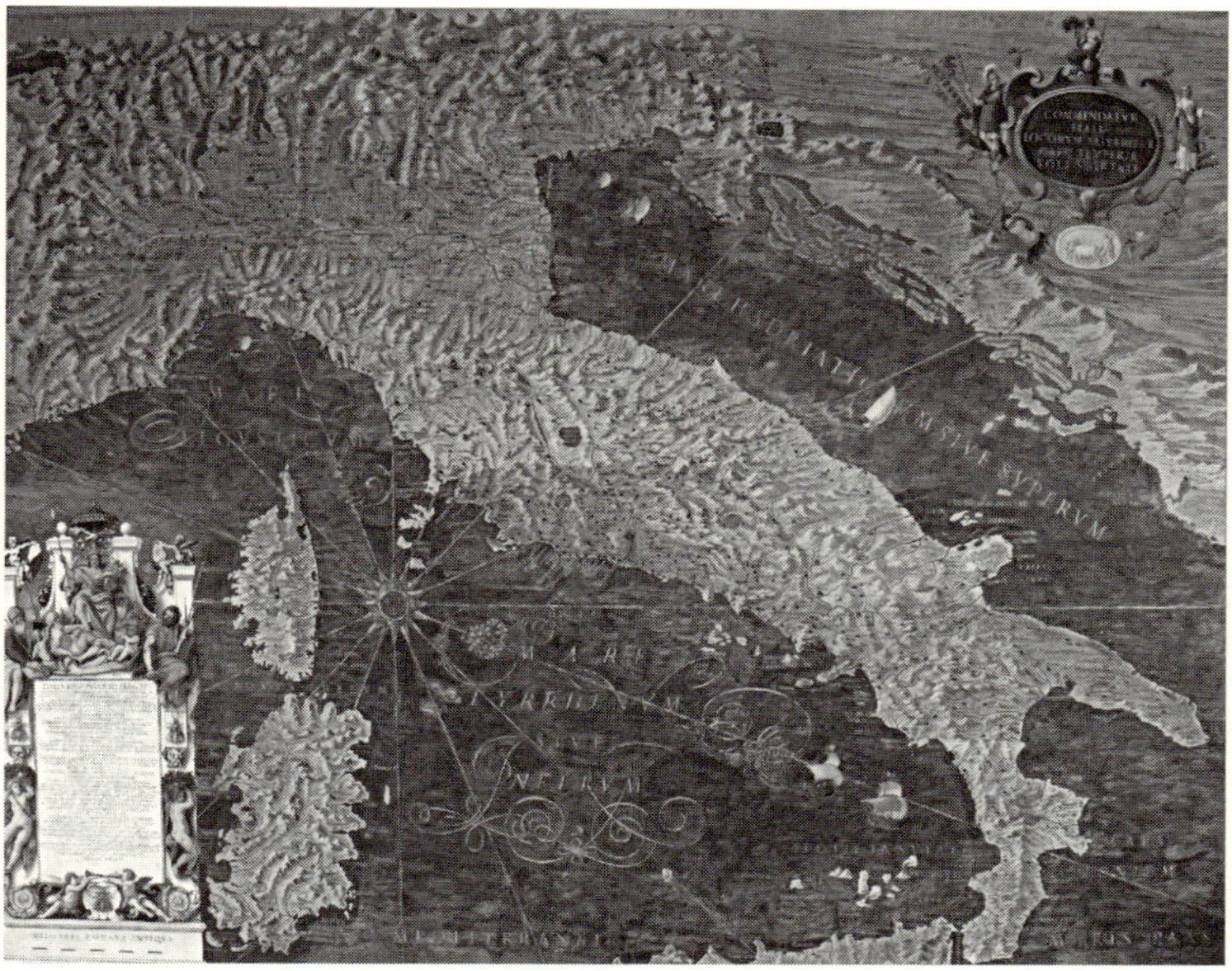

ヴァティカン美術館「地図の間」より、イタリアの地図

＊チトリーニは世界を言葉によって記述（創造）した。

日々膨大な情報の奔流にさらされている我々現代人にとって、データを精選吟味し、必要な時にいつでも再活用できるかたちで分類・保管する技術は、生産的な知的生活を送る上でもはや必須のスキルになりつつある。情報を統御するためのこうした一審級上位の知的フレーム、いわゆる「知のための知」は、メディアの発展史と密接に結び付きながら、東西の文化史を華麗に彩ってきた。そして、初期近代という、西欧世界が未曽有の情報爆発と世界観の転倒を体験した時代に、修辞の深き森に咲いた叡智の花こそ、記憶術という古さと新しさを併せ持つデータベース構築技巧だった。本書の狙いは、その一見偏奇な知的方法論が決してあだ花には終わらなかったこと、いや、時代の知的沃土から存分に養分を摂取して目もあやな大輪奇花を咲かせ、近代の知の遺産となったことを示すことにある。

前章までに、我々は記憶術の原義とシステムを整理し、初期近代におけるその発展と変容のプロセスを詳しく見てきた。性格を異にする記憶教本を二冊読みぬくことで、当時の知識人や市井の人々がこの術にどのようなかたちで接していたのかが確認できたはずだ。そこで、本章と次章では、この術が記憶増進法という狭い領域を抜け出して、様々な知的分野に応用されていった側面に光を当ててみることにしよう。イメージと場所に基づく一見シンプルなこのデータ整理法は、ルネサンスの暮れ方に、いったいどんな幻妖な知の熟果をみのらせたのだろうか。

多様性礼賛

西欧文化の情報の歴史をざっと通覧してみると、ギリシア・ローマの往昔より、常に二つの相反するベクトルがせめぎあってきたという印象を持つ。一つは、知識とデータの豊穣さそれ自体を言祝《ことほ》ぎ、その多様性が生み出す認識的な価値を積極的に評価してゆこうとする立場。もう一つは、逆に、多彩きわまる無量無辺の知識の大海を、有限個の基礎単位（分類概念）に還元・収束させることで、知の奔流に対処しようとする態度だ。当然のことながら、文明の進展とともに扱うべきデータが増大してゆくのにともなって、前者から後者へと次第に比重が移ってゆく。その決定的な転換がなされたのが初期近代であり、そこに大きく関与していたのが記憶術ではなかったか――ひとまず、そんな仮説を立ててみたい。

今ざっと描いて見た流れを、もう少し詳しく追いかけてみよう。美術や美学、あるいは哲学や文学などの歴史をひもとくと、「多様性」をめぐる豊かな思想にめぐりあう。たとえば、イタリア初期ルネサンスの万能の天才レオン・バッティスタ・アルベルティ（一四〇四―七二年）（図6-1）は、その多彩な著作のいたるところで多様性を礼賛している。もちろん、単にいろいろな事物が雑多に溢れていればよいというものではない。そうではなく、お互いに異なる様々な部分が、相互に排斥しあうことなく、また何一つ無駄になることなく、一審級上のレベルで統制のとれた静謐の美を醸成する。多種多様な要素が、相手にないものを補いつつ、全体として妙なる調和を生み出すような、そんな絶妙な美の様相を指して、アルベルティは「コンキンニタース（concinnitas）」と呼んだのである（アルベルティの調和の美学

6-1　アルベルティ

については、Di Stefano 2000)。そこから何かを差し引いたり、あるいは何かを加えたりすると、たちまち均衡が崩れ去ってしまうような、そんな繊細玄妙な美の状態でありながら、それを実現するには多彩な観念の横溢を必要とする。逆に、単一の要素だけで構成されていたのなら、そもそもそこに美の観念は成立しえないだろうし、妙味も機微もあったものではない。少なくともアルベルティはそう考えた。

本書の第3章でも触れたように、ルネサンスの時代には、諸学を連係し、円環の調和をかたちづくる百科全書の思想が強固に生きていた。アルベルティのような人物がその才能を多面的に発揮できたのも、学知と学知、ジャンルとジャンルを隔てる壁にこだわらず、むしろそれらの多様な領野を結び付ける「知の靱帯」とでもいうべきものを、とことん追求したからに他ならない(初期近代の百科全書主義については、桑木野 二〇一三b)。

情報の奔流に抗して

けれども、繰り返し述べてきたように、一六世紀に入ると、状況はにわかに剣呑なものとなってくる。初期ルネサンスの多様性をめぐる議論がある意味で情報の「質」をめぐる思弁だったとすれば、人々はここに来てはじめて、情報の「量」の問題、すなわち膨大なデータの横溢・氾濫にも対処する必要性に本格的に直面したのである。ルネサンスが暮れ行き、やがて近代に突入してゆくこの時代にも、万能の天才と呼ばれ、なおも八宗兼学の知性を誇った人物はもちろんいた。ただ、そうしたバロック的「普遍人」の一人であるアタナシウス・キルヒャー(一六〇二—八〇年)(図6-2)が、「すべてを

6-2　キルヒャー

知っていた最後の人」と呼ばれたことからも分かるように（Findlen (ed.) 2004）、もはや一人の人間がすべての学知・文芸の全域を掌握することは、幻想になりつつあった。日々増大し続けるデータの奔流を正しく統御し、分類・保管することに失敗すれば、たちまち忘却と無知に直結する——そんな実に危険な状況が出来したのだ。

こうした喫緊の事態を打開すべく、当時の知識人たちは、情報の混乱と横溢をコントロールするための知的方法論や分類フレームを様々に考案しようと刻苦した。その際に、記憶術が大きな役割を果たしたであろうことは想像に難くない。この観点から注目してみたい、とびきり興味深い人物がいる。イタリア出身の文筆家アレッサンドロ・チトリーニ（一五〇〇頃—八二年頃）だ。彼もまた、一六世紀の中葉という時代にあって、知の多様性の快に酔いしれる一方で、情報の無秩序な増大が生む悲惨な境遇を回避しようと生涯をかけて煩悶した、独創的な記憶術師の一人だった。チトリーニは、一五六一年に出版した浩瀚な百科全書的著作『ティポコスミア（*Tipocosmia*）』の冒頭に、こんな印象的なフレーズを挿入している。

> 私の目の前には数があった。多量さがあった。多様性や多彩さ、結合や対立があった。事物は混乱して見え、〔…〕いつ果てることなく続くものだった〔…〕。（Citolini 1561, p. 14）

そこで著者は、この事物の混沌を統御するための構築物（fabbrica）の必要性を痛感する。そうして彼が提示するのは、世界（Mondo）そのものの構成をすっかり写し取った、壮大な知の建築（architettura）である。といっても、現実の建物の設計図を提案したのではない。天地・人倫から草木虫魚にいたる事物のすべて、およそ万有万象の全知識を叙述するための言葉（parole）をひたすら集め、それらの無数の語句をもっとも適切な場所に分類・配置するための知的フレームを組み上げて、一冊の書物にまとめてみせたのだ。しかも、図版の力をいっさい借りず、テクストのみの力によって。それはまさに、言葉によって世界を創造した神の営為にも類比しうる企図だったといえる。そして、その試みが可能になったのは、のちに詳しく見るように、記憶術のシステムを巧みに応用したからこそだった。

この一見無謀な宏図《こうと》にチトリーニを駆り立てたのは、情報の無制御の横溢が行き着く末の忘却の悲劇、そしてその結果として出来するであろう無知の世界の悲惨さだった。本章では、この『ティポコスミア』が描き出す知の仮想建築を取り上げ、初期近代における記憶術の創造的応用の一側面を切り取ってみたい。

アレッサンドロ・チトリーニの生涯

まずは本章の主人公の生立ちを簡単に振り返っておこう（チトリーニの『ティポコスミア』についての代表的な先行研究は、Antonini 1997）。

アレッサンドロ・チトリーニは、一五〇〇年頃、イタリア北部のセッラヴァッレの地に生を享けた（チトリーニの伝記情報は、Firpo 1982 に依拠する）。裕福な家庭で不自由なく育った彼は、一五三〇年頃に、生涯の師となるジューリオ・カミッロと出会っている。本書の第2章で触れた記憶劇場の構想者として有名な、あの偉大な記憶術師カミッロだ。チトリーニは、放浪の知識人だった師に従って各地を転々とし、やがて著述業にも手を染めて、徐々に文筆家としての頭角をあらわしていった。当時、文芸界を賑わせていた羅語／俗語優劣論争、すなわち古典雅語とイタリア語（俗語）ではどちらが思考の表現媒体として優れているのか、という大論争にも健筆をふるい、ラテン語を益体もない死語と切って捨てる一方で、イタリア俗語の柔軟性を称揚している。彼の主著がいずれも俗語で書かれているのはそうした言語観の表れだろうし、俗語の優位性を証明するための実践でもあったのだろう。

順風満帆な文壇デビューを果たしたかに見えたチトリーニだったが、その後半生は苦難の連続だった。時代は宗教改革の闘争のまっただなかである。チトリーニは福音主義系の異端思想を抱いたかどでカトリックのイタリアから追放され、紆余曲折の放浪生活の末、最後はエリザベス朝のロンドンに亡命した。女王の庇護を期待しながら語学教師で糊口をしのぐ窮乏生活を送った末、一五八二年頃、同地で没したという。

『ティポコスミア』の概要

一五六一年にヴェネツィアで出版された『ティポコスミア』は、チトリーニの円熟期の思想が凝縮された大部の著作である。タイトルの“Tipocosmia”とは、ギリシア語の“typos”(型押し、母型)と“cosmos”(世界、宇宙)(“cosmia”はラテン語形)からなる造語で、さしずめ「宇宙範型論/世界原型論」とでも訳されるべき語だ。内容の詳しい分析に入る前に、まずはこの作品の全体構成を概観し、当時の知的コンテクストに位置付けてみよう。

『ティポコスミア』は、世界を構成する様々な事象・事柄をあらわす言葉(単語、語句)の悉皆をあますず蒐集し、独自の分類フレームのもとに配置した著作である。図版やダイアグラムの類は掲載されていない。字書・類聚に類別しうる作品であることは確かだが、語の定義はいっさいなく、概念ごとにまとめられた関連用語がひたすら羅列されているだけであるため、厳密には辞書とは言い難い。索引や目次もないので、我々現代の読者にはそもそも字引として手軽に活用することも難しい。

本書は八折り判で、簡素なタイトル頁(図6-3)のあとに序文が七頁、各章の要約が四頁続き、次いで五五二頁におよぶ浩瀚な本文が綴られる。本文は七章に分かれているが、各章は「第〇日」と呼ばれている。それは「六日間でその御世をお造りになった永遠なる主を模倣すべく、私はこの自作を分割した」からだという(Citolini 1561, *A lo illustrissimo Signor Carlo Perinotti...*)。つまり、旧約聖書『創世記』の世界分節ストラクチャーがモデルになっているのだ。[1] そして、休息日にあたる第七日(章)は、全体のまとめに充てられている。

執筆動機については、序文および第一章の冒頭で語られる。そこで吐露されるのは、無知に対する著者の激しい怒りと、知の喪失がもたらす悲惨さへの警鐘である。チトリーニが生きた一六世紀中葉の欧州は、一方では華麗なルネサンス文化の残照を浴びつつ、他方ではフランスと神聖ローマ帝国という両大国の覇権闘争と、宗教改革の動乱が生みだす血みどろの戦火に苦しむ日々でもあった。人倫が乱れ、文化が荒廃し、芸術が破壊されてゆくさまを、当時の知識人たちは断腸の思いで眺めていたに違いない。著者は言う――無知とはすべての過ちの根源であり、やがて国をも滅ぼすが、逆に知があれば国家の益となる（Ibid., pp. 4, 6）。身体美や強さの中に幸福を見るのは愚の骨頂であり、知を欠いた富や権力は無意味だ（Ibid., p. 7）。他方で魂を知で飾れば、人は死してのちも生きることができる（Ibid., p. 8）。けれども、せっかく獲得した膨大な知識や情報も、たちまち忘れてしまうのが人の常だ。獲得した知見を忘却せずに保ってこそ真の知恵となりうるが、それは容易なことではない。そのジレンマを解決する特効薬こそ、チトリーニが開発した「世界（Mondo）」と呼ばれる知識分類のシステムなのだという（Ibid., *A lo illustrissimo Signor Carlo Perinotti...*）。それは、平和の世における知識の増進と人々の幸福の実現を生涯希求した、放浪の知識人の夢の結晶ともいえる。こうした本書の基本コンセプトの背景に、忘却に対抗する術としての記憶術の方法論が確かにあったであろうことは、想像に難くない。何しろ、あのカミッロの弟子なのだから。

さて、本書をさらに特異なものにしているのが、対話形式の採用だ。驚くべきことに、この辞書とも百科全書ともつかない作品は、ヴェネツィアの貴紳たちの架空の対話によって綴られているのである。ただし、一〇名以上の登場人物のなかで、話の主導権をにぎって情報をなかば一方的

6-3　『ティポコスミア』表紙

に語ってゆくのは、コッラルティーノ伯（Conte Collaltino）なる人物ただ一人である。他の人々は、要所要所で質問をしたり、合いの手を入れたりしながら、議論の筋道を整えてゆく役割に徹している。

清談がかわされる場もまた凝っている。ヴェネツィア近郊の閑雅な別荘が舞台に設定され、付属の美しい庭園に貴顕や名門の子弟たちが集い、花壇や噴水を愛でながら清涼なロッジャに座して談論風発、多彩なトピックにわたって、いつ尽きるともなく会話が続く、という体裁だ。その話の内容をあまさず収録したのが『ティポコスミア』という書物に他ならない。各章の冒頭では、きまって、舞台となる美苑に毎朝集う人々の様子が短く描写されたのち、コッラルティーノ伯の独演がはじまる。その途中、別荘の主人によって果物やワインがふるまわれることもあり（Ibid., pp. 117-118）、そんな微笑ましい情景を読み進める読者の精神もまた、安息の一時を共有することができる。そして、日が暮れて歓談がお開きになると、一同は小船にのって運河を帰路につく。このように運河によってヴェネツィアと連結された別荘という設定は、同時代にヴェネツィアで活躍した建築家アンドレア・パッラーディオ（一五〇八―八〇年）の別荘建築を髣髴とさせる（図6-4）。そして、一日の初めと終わりにこうした情景描写を差し挟み、その際に前日までのトピックのおさらいや、その日に扱うべき題材の輪郭、あるいはその日の内容の総まとめを人々の口から語らせることで、議論の筋道を明確に読者に示す効果がある。

では、このように知を創発するポテンシャルを秘めた特設の舞台において、チトリーニはいったいどのような仕方で、情報を華麗に演舞させてゆくのだろうか。いよいよ、『ティポコスミア』が提示する壮大な叡智の建築を観覧することにしよう。

世界という名の建築

　第一章の冒頭では主人公コッラルティーノ伯の口をかりて、著者チトリーニ自身が経験した、知の方法論をめぐる葛藤が語られる。いわく、無知をもたらす忘却を克服するために、かつて記憶の強化を意図してＡＢＣ順の情報整理を試みたという。つまり、手元に集まった膨大なデータをアルファベット順に並べて管理しようとしたのだ。けれども、すぐさまその不備に気が付いた。この方法だと、情報相互の連結が断ち切られてしまうのだ。そこで、古代賢者の典籍をよくよく吟味した結果、プラトン、アリストテレス、キケロといった古《いにしえ》の賢哲たちはみな、「すべての事象に対して、ふさわしい場所（luogo）、ふさわしい在所（albergo）を与える」べきだという意見で一致していたことを発見したという。[2] すなわち、これがチトリーニがいうところの知の「建築／構築物（architettura / fabbrica）」の創案のきっかけである。

6-4　ヴィッラ・フォスカリ（パッラーディオ設計、1558-60年建設）

　ここで言及される「場所（luogo）」という語は、情報を配置するための仮想の器、つまり記憶術でいうところの記憶ロクスとほぼ同義で用いられていると見てよいだろう。あるいは第4章で触れた「トポス」の概念と重ねれば、情報をしまうための概念分類の最小単位といったほどの意味ととらえられるだろう。万有万象を叙述する無数の言葉がまずある。そして、それらの膨大な章句を分類して受け入れる個々の「場」があり、それらが互いに適切な位置を占めながら組み上がってゆくことで、全体として「世界」という大結構＝建築が出来上がるのだ。構想は気宇壮大だが、アイデア自体は実に単純明快といえる。膨大な言葉を、意味のまとまりというブロックにまとめあげ、それを丹念に土台から積み上げて建築し、宇宙そのものを組み上げようというわけだ。

知性的世界から感覚的世界へ

やや図式的になるが、以下にチトリーニが五〇〇頁以上にもわたって本文で描き出す世界の分類フレームの骨格をざっとたどってみよう。彼の記述の特徴は、概念をつぎつぎと分割してゆく点にある。まず世界という一番大きな概念があって、次いでそれを大雑把に区分けし、さらにそれらを再分割し、なおも個々の事項を再々分割し……といった具合に、大概念から小概念へ、抽象普遍から具体個別へと、本書の記述は階層的に綴られてゆく。図版やダイアグラムの類はいっさいないので、読者は鉛筆を手にしながら、概念分割のダイアグラムを描きつつ読み進めてゆく必要がある。

チトリーニによれば、我々が暮らすこの世界は大きく二つに分割される。すなわち、知性によってのみ理解可能な部分（＝知性的世界）と、目で見て手で触れることのできる部分（＝感覚的世界）だ（Citolini 1561, p. 21）。前者には「第一原理（神性）」、「天使的本質」、「至福の人々の魂」の三つが含まれており、それらのカテゴリーに属する多数の言葉が、頁上に羅列されている。一方で、後者には「天界」と「元素世界」が属している。「天界」には、諸惑星の天球や恒星天、さらには昼夜の時間推移や季節変化などに関する、あらゆる天文気象語句が集められている。他方で「元素世界」は、「四元素界」と「諸元素の混成された世界」に、大きく枝分かれしている。前者では、その名のとおり土・水・空気・火の元素がそれぞれ単体で扱われ、関連する性質や特性、付属する事象などが細かく綴られてゆく。特に「土」と「水」に関しては、各大陸の国家や地域（＝土元素）、海や川、湖（＝水元素）についてのあきれるほど膨大な量の名詞が、最新の地理情報を駆使して網羅的に列挙されている。[3]こころみに、本書の典型的な頁を掲載しておこう（図6-5）。これは第四日で同じく地理情報を扱う際の、スペインの地名・都市を列挙した部分であるが、ひたすら名詞だけが並んでいるのがわかる。水元素のところでは、これと同じ形式で無数の河川や湖沼の名称が延々と連なる。本書は、万事がこの調子である。個々の単語の説明や定義がないのだ。

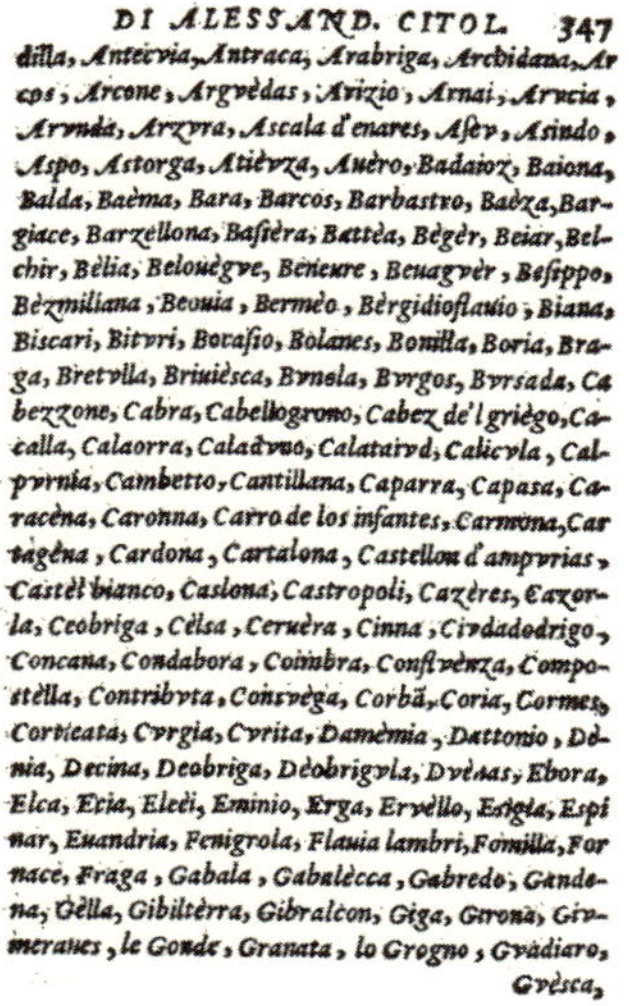
DI ALESSAND. CITOL. 347
dilla, Anteivia, Antraca, Arabriga, Archidana, Ar
cos, Arcone, Argvèdas, Arizio, Arnai, Arvcia,
Arvnda, Arzvra, Ascala d'enares, Asèv, Asindo,
Aspo, Astorga, Atièvza, Auèro, Badaioz, Baiona,
Balda, Baèma, Bara, Barcos, Barbastro, Baèza, Bar-
giace, Barzellona, Basièra, Battèa, Bègèr, Beiar, Bel-
chir, Bèlia, Belouègve, Beneure, Beuagvèr, Besippo,
Bèzmiliana, Beouia, Bermèo, Bèrgidioflauio, Biana,
Biscari, Bitvri, Bovasio, Bolanes, Bonilla, Boria, Bra-
ga, Bretvlla, Briuièsca, Bvnola, Bvrgos, Bvrsada, Ca
bezzone, Cabra, Cabellogromo, Cabez de'l griègo, Ca-
calla, Calaorra, Caladvuo, Calataivd, Calicvla, Cal-
pvrnia, Cambetto, Cantillana, Caparra, Capasa, Ca-
racèna, Caronna, Carro de los infantes, Carmona, Car
tagèna, Cardona, Cartalona, Castellon d'ampvrias,
Castèl bianco, Caslona, Castropoli, Cazères, Cazor-
la, Ceobriga, Cèlsa, Ceruèra, Cinna, Civdadodrigo,
Concana, Condabora, Coimbra, Conflvènza, Compo-
stèlla, Contribvta, Convvèga, Corbã, Coria, Cormes,
Corvicata, Cvrgia, Cvrita, Damèmia, Dattonio, Dò-
nia, Decina, Deobriga, Dèobrigvla, Dvèaas, Ebora,
Elca, Ecia, Eleèi, Eminio, Erga, Ervèllo, Esigia, Espi
nar, Euandria, Fenigrola, Flauia lambri, Fomilla, For
nace, Fraga, Gabala, Gabalècca, Gabredo, Gande-
na, Gèlla, Gibiltèrra, Gibralcon, Giga, Girona, Giv-
meranes, le Gonde, Granata, lo Grogno, Gvadiaro,
Gvèsca,

6-5　スペインの地名列挙（出典：Citolini 1561, p. 347）

　チトリーニが「すべての事象に対してふさわしい場所を与える」というときの「場所」とは、すなわちいま挙げたような「知性的世界」や「感覚的世界」、あるいはさらに細かく分岐・定義された「土元素」や

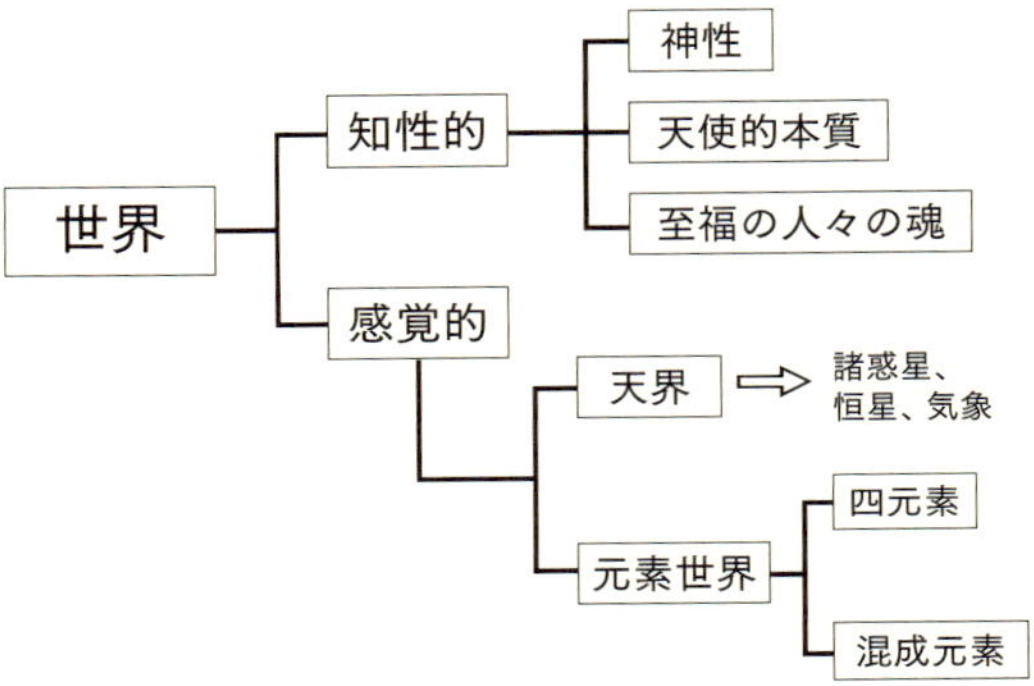

6-6　第２日までの概念分岐

「空気元素」などをさす。こうした世界を分類してゆく各項目（カテゴリー）――すなわち「場所」――にもっとも適切な言葉、語句、表現を網羅的に割り当ててゆくことが、著者にとっては神の創世をなぞる営為になっているのだ。ちなみに、ここまでで、すでに二章分（＝創世の二日分）を費やしている。第一日が「知性的世界」と、「感覚的世界」の前半まで（第一章は、ibid., pp. 1-58）。第二日が、感覚的世界に属する「四元素界」に充てられている（第二章は、ibid., pp. 58-172）。少々込み入ってきたので、ここまでの概念分岐をチャート化しておこう（図6-6）。

続く第三章（＝第三日）では、「諸元素の混成された世界」が扱われる（第三章は、ibid., pp. 172-292）。当時の世界観によれば、この世のあらゆる可感的な事物は、いずれも四元素が一定の割合で混合して生まれたものである。したがって、このカテゴリーでは、そうした混成物の代表格たる「石／鉱物」、「植物」、「動物」の三つが論じられることになる。それぞれの分類において、非常に細かな下位分類が導入され（つまり「場所」が与えられ）、概念がどこまでも細かく限定・定義されてゆく。たとえば「石／鉱物」の世界なら、まず「石」、「半鉱物」、「鉱物」の三つの区分が導入され、それぞれはさらに「一般」と「個別」の二つに分かれる。「一般」には、大小・硬軟の質・形状などといった一般的な特性を叙述する言葉が集められる一方、「個別」のカテゴリーはさらに「一般石」と「宝石」に大別され、前者はさらに「硬」と「軟」の二種に分かれる。そのうち「硬石」は「白」、「黒」、「多色」の三分類をほどこされ、各色ごとに、ようやく具体的な石の名前、たとえば白石なら雪花石膏（アラバスター）、白大理石……といった単語が膨大に列挙される。「軟石」についても同様の手続きをふむ。同じようにして、先ほど枝分かれした「宝石」についても、応分の分割がほどこされ、最終的には具体的な宝石名が、しかるべきカテゴリーのもとに大量に列挙される。眩暈《めまい》がしそうなほど冗長になるため、これ以上の具体例は挙げないが、植物についても、同様の手続きに基づいた記述がなされ、莫大な数の花卉・薬草・樹木類が、枝分かれした分類樹の末端部に提示される。

動物の世界

チトリーニによる世界分割は、下位のカテゴリーに進むほど細かくなり、そこに含まれる言葉の量も膨大になってゆく。第三章の後半からは、「諸元素の混成された世界」の残りの一つである「動物」の記述がはじまり、このカテゴリーの解説が延々と第六章、すなわち創世の最終段階まで続く。「動物」はまず「一般」と「個別」に分かれ、「一般」の分類では動物全般にあてはまる性質などが語られる。しかし、記述の重点がおかれるのは、「個別」のカテゴリーだ。ここはまず「野獣」と「理性的生物」に大別される。その「野獣」についても「一般」と「個別」の区分があり、「一般」のカテゴリーはさらに「全体」と「部分」に分かれ、そして「部分」はふたたび「一般」と「個別」に分岐し、細分化がほどこされてゆく。それら各々の「場所（luogo）」には、動物の一般的特質を描写・分析する言葉が、しかるべき位置に列挙されている。

一方で、「野獣」の最初の分割である「一般」／「個別」のうち「個別」のほうの分岐ラインをみてゆくと、まず「架空の生き物」／「実在する生き物」の区分がある。前者にはフェニックス、ハルピュイア、グリフォンといった神話伝説上の幻獣が含まれる一方、後者すなわち「実在」のほうはさらに「有血」と「無血」に分かれる。「有血動物」のほうは、「鳥類」、「魚類」、「地上生物」の三つに大別されたのち、各カテゴリーについて「一般」／「個別」、「全体」／「部分」といったおなじみの細分化がほどこされてゆく。このうち、最終的に具体的な動物種名にまでつながるのは、鳥類であれば、鳥類∨個別∨鉤状の爪を持つ∨個別のラインが、たとえばその一つである。最後の「個別」カテゴリーのところに、膨大な数の鳥の名称が羅列されるのだ。魚類や地上生物についても同様に、種を特定するための分類規準の適用によって、大きな概念が次々と個別・細分化され、意味する範囲をせばめてゆき、最終的には具体的な品種名にまでたどりつく仕組みになっている。「無血動物」についても同様だ。こちらには昆虫や軟体動物、爬虫類などが、ことこまかに分類列挙されている。このあたりの記述には、同時代の最新の博物分類学の知見が援用されていることは間違いないだろう。[4]

人間の世界

概念分割の精度がさらに上昇するのが、「野獣」と対をなす、動物カテゴリーのもう一方の区分たる「理性的生物」の項目である。ここでは、この地上で唯一理性をそなえた存在、すなわち「人間」

が扱われる。野獣の時と同じく「架空」と「実在」に分かれ、「架空」のほうには古代ギリシア・ローマ世界の神々が挙げられる。その「神々」もまた、天空に在住するものや、四大元素、動植物、諸学芸などと結び付くものなど、細かく分類されている。『ティポコスミア』とほぼ同時期に出版された、ヴィンチェンツォ・カルターリ『古代人たちの神々の図像』（一五五六年）（図6-7）の流行にも見られるように、古代異教神が華々しく復活したルネサンス文化の残照が、一六世紀の半ばにまで揺曳していたことがよくわかる（カルターリ 二〇一二、セズネック 一九七七）。

　とはいえ、チトリーニの記述がもっとも多く割かれるのは「実在」する理性的動物の系列、すなわち我々人間の世界である。「人間存在」は、まず大きく「本性（Natura）」と「学芸・技術知（Scienza）」に分かれる。第三章の残りは、この「本性」の解説に費やされている。「本性」は例によって「一般」／「個別」に分かれ、そのうち「個別」の系列が、さらに詳細に枝分かれしてゆく。「個別」はまず「身体（Corpo）」と「魂（Anima）」に区分されるが、これまで本書が取り上げてきた生物のなかで、魂にまで立ち入った分類が施されるのは、唯一人間のみである。

　「身体」のほうから見てゆくと、まず「全体」と「部分」に分かれる。「全体」のカテ

6-7　『古代人たちの神々の図像』のイラスト（出典：カルターリ 2012、296頁）

ゴリーには「運動」、「時」、「量」、「質」の四つの下位区分が設けられ、それぞれ、人の動作・活動を描写する語句（＝運動）、年齢区分の用語（＝時）、身体の大きさに関する言葉（＝量）、性格・容姿・慣習・能力についての各種言語表現（＝質）が、およそ思いつく限り並んでいる。つづいて身体の「部分」のほうは、「一般」／「個別」の分割を受け、「個別」がさらに「体表に現れる部位」と「皮膚下の部位」に区分される。どちらのカテゴリーでも、解剖学的な分析記述が非常に緻密になされてゆく。たとえば前者、すなわち外観に現れている身体パーツについては、「頭」と「胴体」に大別されたのち、「頭」については「全体」／「部分」の区分があり、その「部分」はさらに、こめかみ、額、まぶた、目、頬、鼻、口ひげ、唇、顎、口、歯、舌と細分化される。それぞれに関連する名詞ばかりではなく、各部位に固有の動作も列挙され、たとえば「口」に関しては、キスする、食べる、話す、といった動詞が挙げられる。そのうえ「話す」という動作に関連してもさらなる下位区分が導入され、「実体」、「所有」、「時間」、「動き」、「場所」、「量」、「質」の七つのカテゴリーが導入される。一つだけ例を見ておくと、「話す」の「実体」の項目のもとには「声、言葉、発音、論題、知らせ、名声、歴史、寓意、〔…〕発話、告白、叙述、他者の代弁、質問、呼び寄せ、返答、暗黙の質問への応答、応答しない」といった、話すという行為の「実体」にまつわる（と著者が判断した）名詞／動詞が事細かに列挙されている（Citolini 1561, p. 262）。こういった調子で、すべての項目について、分析的かつ網羅的な記述がなされてゆく。「皮膚下の部位」（＝内臓器官）についても同様だ。このあたりの緻密な記述は、医学解剖学の専門著作も顔負けの細かさだといえる。

身体の記述に続いては、「魂」の描写がくる。ここでは、プラトン、アリストテレス、ガレノス、聖アウグスティヌスといった古代権威を参照しつつも、細部においてはチトリーニ独自の解析がなされている（Ibid., p. 283）。すなわち、魂はまず「植物的」、「感覚的」、「理性的」の三つの様態に分割される。詳しい紹介は省くが、たとえばこのうち「感覚的魂」のカテゴリーでは夢、睡眠、想像力などが扱われ、「理性的魂」では知性と意志に関連するボキャブラリーが集められている。

学芸・技術知の世界

第四日からは、「人間」を最初に「本性」と「学芸・技術知」に分けたうちの後者、すなわち学問や技芸、諸技術に関連する知識が扱われる（第四章は、Citolini 1561, pp. 293-381）。ここで興味深いのは、これらの学芸・技術知の分類が、前日までに論じてきた「世界」の分類構造をそっくりなぞった構成になっている点だ。すなわち、人間の学問・技術もまた、「知性的世界」に関わるものと「感覚的世界」に関するものにまず大別され、各項目についてさらなる下位区分が入念に施されてゆく。その概念区分の仕方が、これまで綴られてきた世界の腑分けの方法を踏襲したものになっているのだ。以下、駆け足でその概要を見てゆくが、ともあれこのようにマクロコスモスとしての世界が、ミクロコスモスたる人間の学問世界のうちに反映し、全体として見事な入れ子状の構造を形作っている点はおさえておこう。目次も索引もない『ティポコスミア』という浩瀚な著作を使いこなす鍵は、こうした基本構造の把握にあるといっても過言ではない。

さて、世界の分割区分の筆頭に位置する「知性的世界」に関わる学知とは何か。チトリーニによれば、それは「宗教」と「神学」である。「宗教」については、律法の前後、あるいはその圏外という区分によって四つの時代区分が施され、それぞれ聖書の記述に基づく詳細な語句の列挙が展開される一方、「神学」については宗教に次ぐもの、という大雑把な記述がなされているのみである。このあたりは、異端の嫌疑をかけられることを嫌って、あえて簡素に綴った可能性もあるだろう。

続いて「感覚的世界」を構成する多彩な学問・技術についてみてみよう。チトリーニの関心がこちらの領域におかれていることは、割かれた膨大な紙幅からもはっきりと分かる。感覚的世界を扱う学問は、まず「一般」と「個別」に分かれる。「一般」のほうは、さらに「思弁的」と「実践的」の区分をうけ、哲学、数学、物理学、形而上学、コスモグラフィー（宇宙誌）、確率論が扱われる。一方で「個別」のほうは、先ほど「世界」を分割したのと同じ順番で、「天界」、「四元素界」／「諸元素の混成された世界」の各項について、それぞれ該当する学問や技術が列挙される。そして、上述した学野の各々について、関連する人物、職業、道具、研究素材、分析対象、成果物、応用分野などが事細かに列挙されてゆく。上記のうち、第四日の記述は「四元素界」に関わる知識を論じ尽くして終わり、第五日は「諸元素の混成された世界」を扱う学問・技術に充てられている。すなわち、「石／鉱物」、「植物」、「動物」に関するあらゆる技芸学問が記述されてゆく。詳細は省くが、たとえば「鉱物」に関連する知識としては、採鉱、冶金術、配管術、金細工、貨幣鋳造術、鍛冶があり、それぞれについて「人」、「場所」、「道具」、「動作」という四つのカテゴリーが当てはめられ、そこから導き出される関連語句・表現が網羅的に集められてゆく。すでに述べたように『ティポコスミア』は辞書ではなく、したがってこれらの各単語の定義はなされていない。けれども、このように関連する語句が一つにグルーピングされることで、たとえば鍛冶なり冶金術なり金細工技巧なりの世界が、それなりの具体性と包括性をもって立体的に理解できるという利点がある。

さて、世界の分類のときと同じく、ここでも最も分割精度が高いのは、「人間」に関連する諸学問・技術の記述である。ここでもう一度全体の流れをおさらいするなら、世界のなかの、感覚的事物の中に、諸元素というグループに属する動物というカテゴリーがあって、そのうちの理性をもった動物、すなわち人間という項目の中の、さらに学問・技術という下位トピックの中で、人間に関連する事柄を扱うサイエンスが、ここで論じられている、ということだ。第五日と第六日が、その記述に充てられている（第五章は、ibid., pp. 381-485. 第六章は、ibid., pp. 486-546）。この両日に扱われている代表的な学問知識をいくつか挙げておくと、倫理哲学、経済学、政治学、商業、遊戯、音楽、演劇、素描術、染色術、香水術、農業、言語学、弁論術、論理学、記憶術、占い、解剖学、葬式などだ。それぞれについて、さらに細かい下位区分のもとに膨大な知識が収録されていることは言うまでもない。ともあれ、人間世界に見出しうるすべての技芸・学問・職業・技術に関連する言葉が、わずか数百頁のスペースのなかに凝縮網羅されているさまは、圧巻としかいいようがない。

以上を語り終えたのち、第六日の最後でコッラルティーノ伯（＝チトリーニの代弁者）は、最後の審判について言及する。時の終わりにキリストが天使とともにあらわれ、死者がよみがえり、審判が行われる。その時、星は崩れ、元素は崩壊し、世界の終焉が到来するのだという（Ibid., p. 546）。六日間にわたる壮大かつ濃密な議論を聞き終え、庭園に佇《たたず》んだまま、なかば陶然とする一同――そんな彼らを、コッラルティーノ伯は翌日の正餐昼食会に招待し、その席で、これまで話してきた内容がすべて描かれているさまをご自身の目で確かめていただくことになるだろう（Ibid.）、と謎めかした約束をして第六日が終わる。

著作『場所』と樹形ダイアグラム

本書には図版がいっさい掲載されていないため、その膨大な文字情報の海に飲み込まれてしまいそうな錯覚に時としておそわれる。しかしながら、我々の遠大な読書航路を導いてくれる海図ともいえる著作が、実は存在する。それが、チトリーニが一五四一年（つまり『ティポコスミア』刊行の二〇年前）に出版した『場所（*Luoghi*）』という小品だ（本書では、第二版（Citolini 1551）を参照する）。タイトルに謳《うた》われる「場所」とは、『ティポコスミア』で提示されるものと同じく、世界の分類フレームを構成するカテゴリー、ないしはトピック項目といったほどの意味であり、実は『場所』という著作は、『ティポコスミア』の世界モデルの骨格部分だけを、わずか一四頁にまとめた梗概的な仕様になっているのだ。したがって、ここには我々の暮らすこの宇宙・世界を分類するための知のフレームの描写があるのみで、そこに盛り付ける具体的な知識・情報については記述が省かれている。

著作『場所』には、ありがたいことに、本文の内容を図解した樹形状のダイアグラムが二点収録されている。一つは「世界（Mondo）」の全体構成の骨組みを描いたもので（図6-8）、まず「知性的世界（M. INTELLIGIBILE）」と「感覚的世界（M. MATERIALE）」に分かれ、ついで後者がさらに「天界（M. CELESTE）」と「元素界（M. ELEMENTATO）」に区分され、元素の世界はさらに「四元素界（ELEMENTI）」と「諸元素の混成された世界（MISTI）」に枝分かれするという、おなじみの構成だ。もう一枚は人間の学問知識の分類をあらわしたもので（図6-9）、先ほどのダイアグラムを骨格に、関

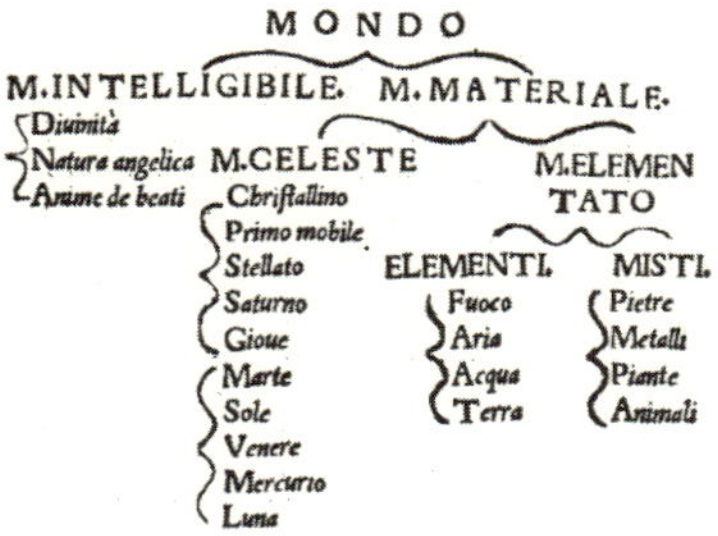

6-8 『場所』のダイアグラム①（出典：Citolini 1551, sig. Biir.）

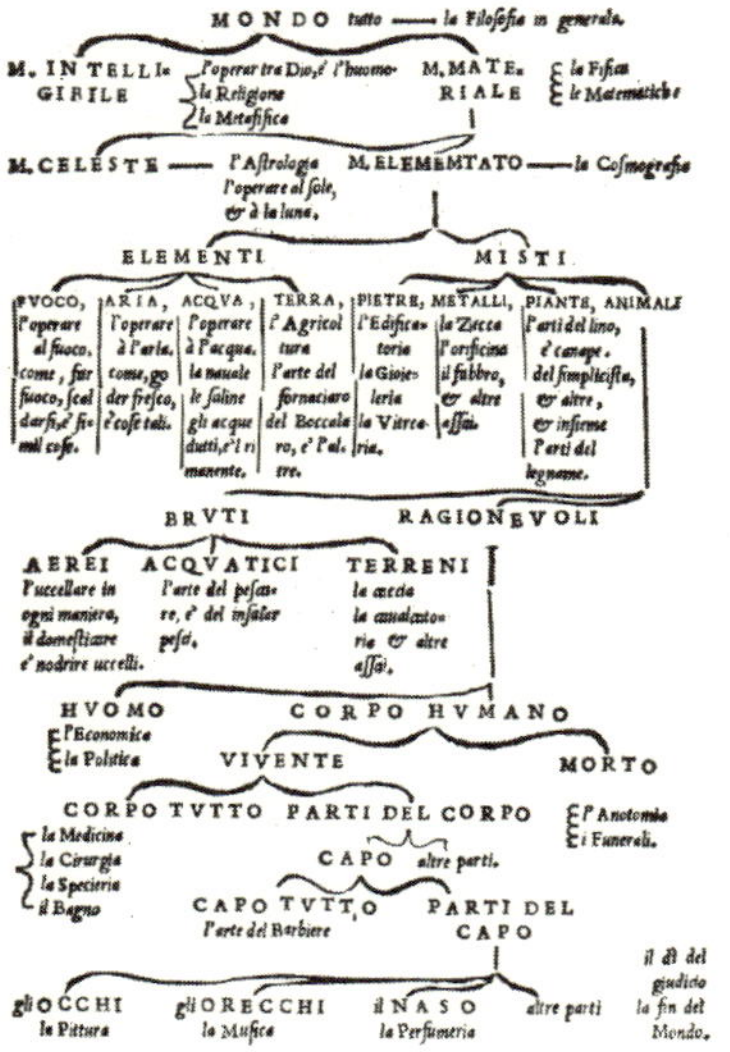

6-9 『場所』のダイアグラム②（出典：Citolini 1551, sig. Biiiir.）

連する技芸や学術分野が記載されている。つまり、人間の学問知識の分類は世界の分類構成をそっくりなぞっている、ということだ。いずれも『ティポコスミア』での分類に一致する内容である。

これらのダイアグラムは、まるで巨大な一本の樹木のように、「世界」という幹から次々と枝分かれし、分岐したその先端に無数の情報の葉叢《はむら》や花房をつけて、知恵の樹果をみのらせている。ここにライムンドゥス・ルルス（一二三二—一三一六年）以来の知恵の樹のダイアグラム（図6-10）の伝統の反映を見て取ることは、さほど難しくないだろう。興味深いことに、後年の『ティポコスミア』において、まさにこの樹木のメタファーが著者チトリーニ自身の口から語られる箇所がある。

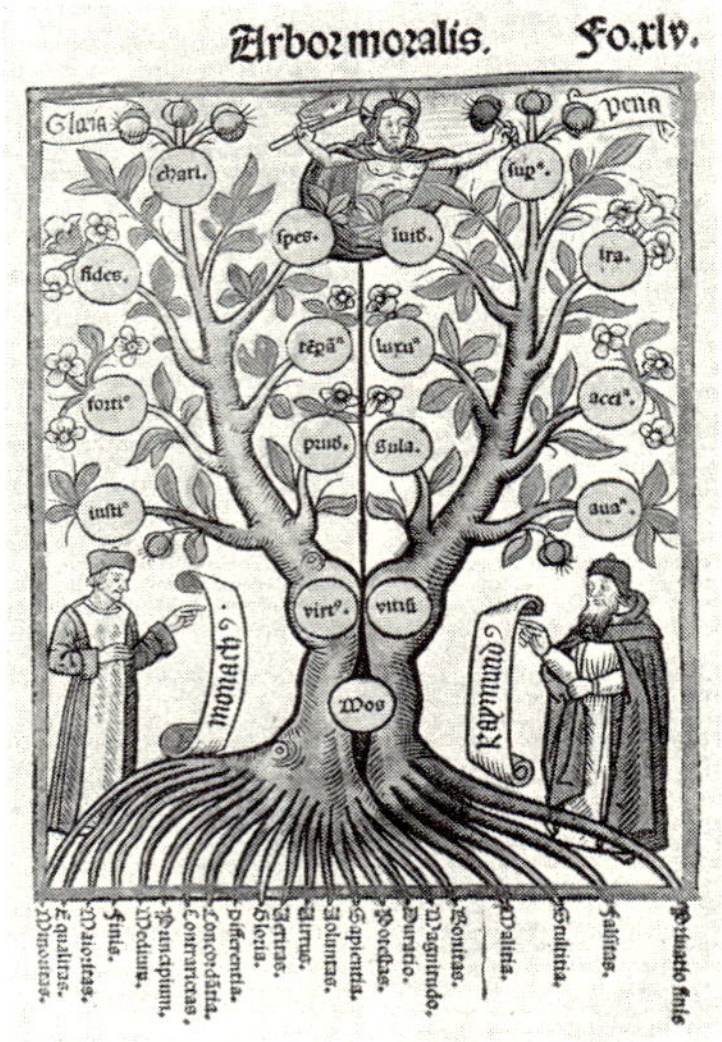

6-10 *Arbor scientie venerabilis et celitus illuminati patris Raymundi Lulii Maioricensis,* Lyon, 1515.

> 樹木の根元に立てば、そこから確実にすべての枝、葉、花、果実へと辿ってゆける。〔…〕それと同じように、この巨大な見出しから他のすべての項目が派生してゆくのだ。（Citolini 1561, p. 20）

したがって、『ティポコスミア』には図版こそ掲載されていないが、やはり『場所』と同様の樹形ダイアグラムが構成の骨格として想定されていたことが分かる。その骨組みの上に具体的な内容を肉付けし、さらに創世の七日間のスキームを重ね合わせて出来上がったのが、『ティポコスミア』という大著なのである。[6]

記憶と仮想建築

その一方で、「場所」の複合的構成を建築のメタファーで語る箇所も、両著作には多数見られる。その際、記憶の問題が大きくクローズアップされている点は注目すべきだろう。たとえば、チトリーニは『場所』の冒頭部で、本書の企画を着想するにいたった経緯を、次のように説明している。いわく、忘却とは知の喪失に他ならず、それを避けるには生得の記憶能力を人工的に強化しなければならない。そこで考案されたのが、知識を完璧に保持し、かつ、いつでも必要なときに取り出せる知的フレームの総体、すなわち情報の器としての「場所」の複合建築だという（Citolini 1551, sig. Aii.r.）。著者は、ここでキケロ『弁論家について』三・二四を引き、真の弁論家にとって必要なのは「選び抜かれ、あらゆる分野から集められ、借りきたられ、援用されて準備された、言葉と思想の装備」であるとする（キケロー 二〇〇五、㊦一六七頁）。それと同様に、チトリーニの提案もまた、のちの活用を念頭においた、入念な情報・素材の蒐集、精錬、準備をほどこしたものであるという。情報の蒐集・分類・活用を可能にする思考フレームが、弁論術との類比で語られている点が大変興味深い。

弁論術との関連で注目したいのは、「我々の記憶の原野のただなかに（nel mezzo de le campagne de la nostra memoria）」、「適切かつ整然と配列された我々の場所（i nostri propri, e ben disposti luoghi）」をしつらえるべきだ、というチトリーニの発言である（Citolini 1551, sig. Aiii.r.）。これは明らかに、もはや我々にはすっかりお馴染みの古典的記憶術への示唆と見てよいだろう。なぜなら、彼は記憶を広大な空間（＝草原）とのアナロジーで捉えており、その空間のなかに、整然と配列された「場所」を設置するというのだから。これは、すなわち記憶術におけるロクスの構築そのものであることがわかる。実際、彼は『ティポコスミア』の第六章で様々な学問を取り上げるなかで、「弁論術」の下位区分として「記憶」の学を位置づけ、そこに含まれる「記憶術（memoria artificiale）」を、こう評している。

この記憶術に、私の設定したこれらの秩序の有効性がいったいどれほど負っているのか、みなさんにはお分かりのことでしょう。(Citolini 1561, p. 532)

つまり、『ティポコスミア』で採用されたトピック構成が、記憶術の規則にのっとっているというのである。ここで思い出したいのが、チトリーニと師カミッロの関係だ。この師弟の間にいったいどれほど緊密な思想の交流があったのか、残念ながら詳しくは分からない。しかしながら、カミッロの死後、ある奇妙な噂がまことしやかにささやかれるようになったのは事実である。いわく、カミッロが長年あたためていた記憶劇場のアイデアを書き記した原稿の束が、彼の死後にチトリーニの手に渡った。そして、チトリーニはそれらの遺稿のアイデアをそっくりいただくか、あるいは換骨奪胎して自分のものにするかしたうえで、大部の著『ティポコスミア』一冊にまとめたのだという。[8] 今となってはその真偽は確かめようもないが、宇宙を象《かたど》った壮大な分類フレームの中に、天地万象のことごとく、宇宙の天理乾坤を統《す》べる観念の悉皆を写し取ろうとした、その気宇壮大なコンセプトは、確かに両者相通じあうものがある。けれども、二人の間には一つ決定的な違いがある。惑星のシンボリズムやヘルメス主義の教義など、難解な象徴や寓意を縦横に駆使したカミッロの劇場は秘教的意味合いが強く、一部の知的エリートのみを対象としていたのに対して、チトリーニの明快な樹形図的分類構成は、むしろ知を万人に開放し、忘却の生み出す悲惨な境遇から文明を救済せんとする意志に貫かれているのだ。いたずらに韜晦《とうかい》趣味に走るのではなく、むしろ知識の開示をはばむ無用な障壁を取り除いて、明快な情報フレームを提示する――そこには、忘却が生み出す悲劇に生涯翻弄され続けた、放浪の知識人が抱いた和平への希求が幾重にも畳み込まれているのである。

建築としての世界

チトリーニは『ティポコスミア』の各所で、彼が提示する世界を「建築」になぞらえ、その構成部分を「部屋」にたとえている。たとえば、第一日の冒頭部、先ほど引用した樹木のメタファーのすぐあとで、「皆さんにまず、この建造物（fabbrica）の総体を、その主たる大きな部屋べや（stanze）とともにお見せしましょう」といっている（Citolini 1561, p. 21）。また、第二日の序では、前日は「感覚的世界」を「全体」と「部分」の巨大な二つの部屋（due grandissime stanze）に分割したうちの前者について見たので、本日は「部分」のほうに入ろう（entraremo）といった具合に、本書を読み進めることがそのまま建物の中を移動してゆくことになぞらえられている（Ibid., p. 59）。

これと似たような記述は他にも多数あるが[9]、著者の建築／空間観を知る上でとりわけ興味深いのは、第三日の末尾で語られる挿話である。そこでは宝石を購入したある男の話が引かれるのだが、著者はこのエピソードを通じて、世界を細かく分割すればするほど概念の検索が容易になる、という主張を読者に伝えようとしている（Ibid., p. 291）。いわく、貴重品を自邸に持ち帰ったその男は、どこにしまうべきかをあれこれ思案する。いつでも必要なときに取り出せる点を考慮して、中庭でも大広間でも居間でもなく、家の奥まったところにある書斎に持ってゆくのだが、それでも満足せずに、最後は部屋に備え付けの金庫を開け、その中の宝石棚の、さらに細かく分割された仕切りの一画に宝石を置いて、ようやく安堵のため息をつく。つまり、漠然と家の中にしまうのではなく、領域や部屋を限定し、さらに収蔵区画をこまかく分割・制限してゆくことによって、結果として情報の検索が容易になる、というチトリーニの主張である。これと同じ考えは、著者が本書の各所で「普遍から個別への流れ」を常に尊重して概念を分割すべきだ、と繰り返し述べている点からも看取できる。[10] 大雑把な事物や観念は、それを詳細に分割・整理してゆくことで、情報としての価値を帯びるのだ。

ただし、その分割の仕方が独りよがりの恣意的なものだったなら、汎用性が低く、かえって混乱の度合いは増すばかりだろう。そこで著者が強調するのが、モデルとしての自然である。たとえば第四日の冒頭では、本書で扱う「すべてのものが、まさしく自然の事物の秩序に沿って、整序されているのだ」と言われる（Ibid., p. 294）。また、「人間」の分類項目を全体構成の最後に持ってきた理由を説明する箇所では、次のように言う。

> この〔世界という〕建造物に、その建築性が要求するあの均整を与えるために、そして神が創世の際にまさしく遵守した、あの秩序を保つために、私は人間を、すべての動物の最後に置くのだ。（Ibid., pp. 213-214）

ここでいう自然の秩序に沿った分割とは、神の創世の七日間の手順を遵行するということであり、キリスト教的世界観に浸って暮らす人々にとっては、つまるところそれがもっとも自然な事物の配列だったということだ。「神＝〔世界の〕建築家」とみなす伝統も古来存在したから、神が設計した世界が巨大な建造物（fabbrica）に類比されるのは、ごく自然な発想だったのだろう（図6-11）。その点を念頭に置けば、なぜ『ティポコスミア』でＡＢＣ順の言葉の配列が却下されたのかも、得心がゆく。同じ「植物」というカテゴリーを構成するはずの「樹木（Arbori）」と「薬草（Herbe）」を、それぞれ「Ａ」と「Ｈ」というかけ離れた項目に切り分けてしまうアルファベット配列では、事物どうしを結んでいる自然なつながりが分断され、各語が帯びる豊穣な意味連関のつながりが絶縁されてしまうからだ。

ＡＢＣ順の拒絶は、先述したように、すでに『ティポコスミア』第一日の冒頭ではっきりと表明されていたが、第四日でも興味深い議論が展開される。「土元素」と関連の深い学問として「地理学」を取り上げ、その内容を詳述する際、話者のコッラルティーノ伯はスペインとフランスの地名を、何を思ったか、この箇所だけはＡＢＣ順で、数百という単位で滔々と並べ立ててゆく（図6-5）。そのあきれるほどの言葉の怒濤の奔流に驚嘆した聞き手の一人が、思わず伯の独演をさえぎって、「このアルファベット順というのは、この企画には不適切で、不便であります」と抗議する（Ibid., p. 350)。その代わりに、実際の土地の位置関係に沿った順番でお話しいただきたい、

6-11　「コンパスを持つ創造主」、『ビーブル・モラリゼ』（1220年代、パリで制作）（オーストリア国立図書館、Cod. 2554, fol. 1v.）

と懇願するのだ。これを受けて、コッラルティーノ伯は、次のイタリアからは、地図を念頭におきつつ地域のまとまりごとに隣接する地名を列挙してゆく。各地域の起点となる地名を中心に展開・派生してゆくその記述(Aという地名のそばにはBという土地があって、その南にはC地方があり……)をたどってゆけば、イタリアの大まかな地理・地誌情報が自然と脳内に描かれる、そんな描写の仕方だ。言葉の配置によって具体的な視覚イメージを脳裏に喚起するこうした技巧は、本書の第1章で触れたエクフラシスに連なる修辞技法に『ティポコスミア』というテクストが棹差していることを示唆しているといえるだろう。この点を念頭におきつつ、この百科全書的著作の紙上で展開されるテクストとイメージと空間の独創的な融合について、さらに深く掘り下げてみよう。

テクストの建築家

西欧では、古代ギリシアの往昔より、言葉を物質との類比によってとらえ、単語ひとつひとつをあたかも石のブロックのように積み上げて文章を構成してゆく、きわめて建築的なテクスト観が発達してきたことが知られている(西欧の文芸におけるテクストと建築の関係をさぐった主な研究としては、Fowler 1970; Eriksen 2001)。たとえば古代ローマの重要な文芸理論書の一つである、デメトリオスの『文体論』(前一世紀後半以前)をひもといてみると、こんな記述が冒頭に出てくる。「[…]総合文の節は、丸天井をしっかりと支えて結合している石に似ているが、散漫な文体の節は、組み立てられず辺りに放置された石に似ている[…]」(ディオニュシオス/デメトリオス 二〇〇四、四一一頁)。意味のある語句のまとまりが、相互に論理的に結合し、全体として(意味の)堅牢なヴォールト天井のドームを形成する。このような発想や類比が生まれてくるのも、西欧文明が石造の建築文化を有していたからだともいえるだろう。

一口にテクストと建築の通底／アナロジーといっても、その関係の取り結び方には複数のレベルがある。もっとも直截的なのが、それこそ単語の組み合わせ方や文章の視覚的形状をあたかも一枚の絵画のように構成する、いわゆる「ワード・ピクチャー」的な手法だ。これを得意としたのが古代ローマの詩人オウィディウスで、たとえば『変身物語』中の白眉ともいえるティスベとピュラモスの悲恋物語（図6-12）を語る詩行では、怯《おび》えた足取りのティスベが薄暗い洞窟に逃げ込む場面を、語順が自由なラテン詩の特性を駆使して次のように綴っている。

6-12　ティスベとピュラモス

> [...] obscurum timido pede fugit in antrum
> 〔…〕薄暗い　震える足で　逃げ込んだ　洞窟の中へ（波線は引用者）

まさに文字通り、最初と最後の単語が行中に形成する「薄暗い洞窟」空間の中に、怯えながら逃避した哀れなティスベの姿が鮮やかに浮かび上がるような、極めて絵画的かつ構築的な単語の組み上げ方をしているのだ（Wheelock 2001, pp. 197-198）。

建築とテクストの関係をさらに抽象的にとらえると、先ほどのデメトリオスの引用に示されていたように、文章構成の手法、すなわち文を作成する行為そのものを物理空間の構築とのアナロジーで捉える見方になる。この関係をさらに抽象化すれば、ホラティウスが『頌歌』三・三〇・一で歌い上げたように、詩作品を青銅より固く、ピラミッドより高い記念碑とみなす境位にいたるだろう（柳沼編二〇〇三、一二四頁）。テクストの存在のあり方そのものが、建築という物理構造体の存在様態とのアナロジーで語られているのだ。まさしく「詩ハ建築ノゴトクニ（Ut architectura poesis）」の圏域である。

建築とテクストの密接な関係は、中世から初期近代にかけて、さらに複雑なものになり、そのスケールも一段と大きくなる。たとえば全一〇〇歌、一万四二三三行からなるダンテの畢生の大作『神曲』は、厳格な計算に基づく韻律構成や単語の組み合わせによって、多彩な意味を無数に紡ぎだすべく設計・構築された、極上の建築的テクストといえる作品である（藤谷二〇一六）。もはやオウィディウスの言葉遊びとは桁違いのスケールだ。一方で、初期近代になると、近代的な意味での「建築家」、すなわち手仕事から分離し、知性を駆使して空間設計を行うアーキテクトという職能の概念が一般化してきたのにともなって、空間造形の知的営みを詩人の詩作行為との類比でとらえるようになってくる（テクストと建築の密接な関係の伝統をチャート化した研究として、Bolzoni 1995, pp. 198-202）。たとえば、ヴェネツィアの人文主義者にして建築ディレッタントでもあったダニエーレ・バルバロ（一五一三―七〇年）（図6-13）は、ウィトルーウィウス建築論への注解書（一五五六年）のなかで、韻律を巧みに使いこなす詩人のことを「建築家」と呼んでいる（Vitruvius Pollio 1556, p. 66）。

以上の流れを念頭に置けば、壮大な世界建築を文章で綴った、いや、「構築した」チトリーニもまた、「テクストの建築家」の蒼古たる系譜に連なっていることが分かるだろう。語の配列を工夫することによって地理情報や身体構成を巧みに紙面に写し取るばかりでなく、さらに大きなスケールで、古来建築と類比されてきた世界の構造をあますことなく叙述した『ティポコスミア』という一冊の書物それ自体が、壮大かつ精巧なテクスト建築作品だったのだ。

視覚的百科全書としての室内装飾

6-13　パオロ・ヴェロネーゼ《ダニエーレ・バルバロの肖像》(1560年頃)(アムステルダム国立美術館)

すでに述べたように、修辞技巧の一つであるエクフラシスとは、「主題を眼前に生き生きと描き出す言論」のことだった。文章で綴られた内容が、あたかも目の前にあるかのように錯覚され、動悸や発汗、身震いや落涙といった生理現象をも惹起させるほどの迫真性を生み出す効果をめざす、いわば修辞の粋を凝らしたテクストこそがエクフラシスの名にふさわしい。当然、視覚的表象物としての「建築」を描写した文章にも、こうした技巧を適用することは可能である。

では、我々が「建築的テクスト」と定義した『ティポコスミア』には、果たしてエクフラシス的な空間描写があるだろうか。もしあるとすれば、その鮮烈なテクスト記述は、脳内における情報の統御や記憶術の問題とどう関連しているのだろうか。ここで思い出してほしいのが、チトリーニの思弁がひときわ冴えわたるのは、あくまで観念建築の骨格——記憶術でいえばロクス（場所）——の設計（記述）の場面であって、そこに実際に配置する事物の具体的なイメージについては、まるで無頓着だったという点だ。彼が器に盛る情報といえば、膨大な名詞や動詞のリストでしかない。ひとつひとつの言葉の定義はなく、あくまで容器のなかにつめこまれた情報ビットの集合でしかないのだ。果たしてチトリーニは、いわゆるエクフラシス的描写と切り離せないメンタル・イメージの描出には無関心な、テクスト至上主義者だったのだろうか。つまり、心に情景を思い浮かべることなどせず、単に字面を追って意味が取れればそれでよい、と考えていたのだろうか。

この問題を考える上で非常に示唆的なのが、『ティポコスミア』の第七日、すなわち創世の六日間を終えたあとにおとずれる安息日の内容である（Citolini 1561, pp. 547-552）。前章の最後でコッラルティーノ伯から正餐の昼食会に招待された一同は、翌日、伯の邸宅に参集する。主人に導かれ、敷地内の涼やかで心地よい場所に座した人々は、伯が前日に約束したもの、すなわち世界について語られた内容を視覚化した装置を早く見せてくれるようにと、主人にせがむ。そこで、コッラルティーノ伯はまず、一同を邸内の広間に連れてゆき、そこに設置された「巨大な一つの球体（una grandissima palla）」を見せる。それは中に人が入ることができるほど巨大なものであり、実際その内側には、周囲一面に天空が見え、中ほどには大地があり、そこでは知性の目よりはむしろ身体の目にとって非常に心地よいような、そんな仕方で諸事物が描き分けられていた。(Ibid., p. 549)

天地造化を織り成す万有万象の事物がことごとく、見目麗しい秩序で描きこまれていた、というその描写から、精巧かつ大規模な一種のプラネタリウムないしはジオラマのような装置だったと想像される。百科全書的な知性を涵養したルネサンス期には、この種の視覚装置が様々に企図されたことが知られている。たとえば、一五世紀のネオ・プラトニズムの思想家マルシリオ・フィチーノ（一四三三—九九年）は、住居の最も奥まった寝室のヴォールト天井に宇宙図を描くことを勧めているし[11] (Ficino 1576, vol. I, p. 589)、その実現例としては、フィレンツェのパラッツォ・ヴェッキオやヴァティカン美術館の「地図の間」（図6-14）などがその代表例だろう（「地図の間」については、Fiorani 2005; Cecchi e Pacetti (eds.) 2008)。視覚を通じたこの種の知の要覧はまた、有効な教育の具としても機能したはずだ。

けれども、この手の込んだ視覚装置を見せられた一同は、しばらく鳩首凝議《きゅうしゅぎょうぎ》したのち、意外なことに、この種の仕掛

6-14　パラッツォ・ヴェッキオ内の「地図の間」（著者撮影）

けは知の探究者のためというより、むしろ子供向けの代物だ、という結論に至る（Citolini 1561, p. 549）。要するに、こんな小手先の装置では満足できない、というわけだ。すると、コッラルティーノ伯は、そんな彼らの反応を予想していたかのように、人々を書斎に連れていく。そこには巨大な本が開いて置いてあり、主人はその頁を手繰りながら、彼がつくりあげた「この新しい、人工的な世界（questo suo nuovo, ed artificioso Mondo）」を一同に提示するのだ。そこにはいったい何が書き込まれていたのだろうか。

「世界書物」と精神的イメージの描画

以下、二頁半ほどにわたって概要が示されるその巨大な本は、まさしく我々が今読み進めている『ティポコスミア』を髣髴とさせる内容になっている（Citolini 1561, pp. 549-551）。つまり、読者はここで、入れ子構造の中に迷い込んだような不思議な読書体験をすることになるのだ。以下、作中の人々の目になって、我々もこの不思議な「本中本」を読んでゆこう。

その巨大な書籍の開巻劈頭、人間には「理解不可能な（incompressibile）」存在である「神」が扱われるのを、人々は「見た（videro）」という。次いで、彼らは知性的な「イデア」を「見て（videro）」、そこに天使の九つの位階や、九つの天球の範型を「見出した（videro）」。すなわち、これはキリスト教神学における天使の位階秩序やプトレマイオス的宇宙観における惑星の諸天球のことを指しているのだろう。いずれもチトリーニが『ティポコスミア』の前半部分で詳細に綴っていた内容だ。以下、同書の世界分類をなぞるように徐々に物質界へと降りくだり、四元素界を経て、諸元素の混成によって生成される事物の領域に進んでゆく。

「こうした事柄が、このような方法で提示されうるなどとは考えたこともなかった」と驚いた一同は(Ibid., pp. 549-550)、「空気」の中には様々な気象を目撃し、「水」の領域では世界中の海や河や湖沼の姿を目にする。「見た(videro)」という動詞が畳みかけるように繰り返される。「土」においては、地表だけでなく大地の奥底にも潜入し、地下深くに埋まっている多様な金石珠玉を目にする。また、地上にはあらゆる種類の植物が植えられているため、これまで見た中で「最も完成された庭園の中に(ne' l più compiuto giardino)」入り込んだと錯覚を覚えるほどだという。もちろん、植物だけでなく、すべての動物に関する知見、そして人間にまつわるあらゆる学問・技術が、この本の中には収録されていた。そして、これらの事象を視認するなかで、人々は事物の「裸の名称だけでなく、真の本質と姿」を理解するに至ったのだという(Ibid., p. 551)。こうして一同は、先ほどの子供だましのプラネタリウム装置よりもはるかに、こちらの書物に満足したという。

　ここで先ほどの問いに戻ってみよう。チトリーニはやはり、イメージよりもテクストのほうに信頼を置いているのだろうか。重要な鍵を提供してくれるのが、第七日の最後に提示される世界書物の読まれ方だ。「見た」という動詞が繰り返されているが、もしこの本が『ティポコスミア』を念頭においたものなら、そこに図版があるのはおかしい。それに、冒頭部分で、我々人間の知性をもってしては「理解不可能な神」やイデアの世界を「見た」とされているのも、奇妙な表現だ。なぜなら、それらは物理的なイメージに表すことができない対象だからだ。おそらく、チトリーニはここで、テクストが精神内面に描き出す、いわゆる「メンタル・イメージ」を念頭においているのではないだろう

6-15　ミケランジェロ《天地創造》（部分）

か。

七日目の最初に登場する球形のプラネタリウム／ジオラマは、我々人間の視覚にフィジカルに訴えかけ、肉眼を心地よく楽しませてくれる装置である。けれども、これでは知性的な世界やイデアの圏域は表現不可能である。たとえ神のごときミケランジェロの腕前をもってしても、神の姿や行為の一面的かつ表層的な描出（図6-15）が精一杯であり、事象の「真の本質と姿」まで表象するというのはできない相談だ。だからこそ、六日間にわたるコッラルティーノ伯の演説を聴き終え、いまや世界の布置結構をその根本原理から個々の具体事象にいたるまで感得した人々は、肉眼を一瞬愉しませるだけの物理的なイメージの享受だけでは満足できなかったのだ。

これに対して伯が最後に披露する世界書物は、文字の力を借りて、事物の本質・真実在をイメージとして描き出す。ただし、それは物理的な紙面の上にではなく、読者の精神内面のキャンバスに、だったはずだ。ここで「見る」という動詞が繰り返されているのは、すなわち、心に鮮やかに描画されてゆくイメージを精神の目で見ていったことに他ならない。それはまた、伝統的な記憶術における想起のプロセス、すなわち精神内面のロクスにおかれた画像をたどってゆく過程でもあった。逆にいえば、『ティポコスミア』という書物の読者たる我々もまた、チトリーニの言葉を追いながら、精神の内側に世界建築のフレームたる「場所」を精緻に組み上げていき、そこに膨大な情報を盛り付け、それを心の筆で描いて、心の目で見てゆかなくてはならないのだろう。そうやって記憶に固着させてこそ、情報は忘却を逃れて、真の知恵となりうるのだ。

著者は、確かに物理的な絵画イメージに信を置いてはいなかったかもしれない。しかし、テクスト描写によって内面に描かれるイメージ、すなわちエクフラシス的記述が生み出すメンタル・イメージの認識効果については、これを高く評価し、知の蒐集・分類・保管に必須のツールとして活用していたのだと考えられる。

『ティポコスミア』に一番近い構成の書物を現代に探すなら、おそらく『ロジェの宝典』でおなじみのシソーラスになるだろう。いわゆる類義語辞典と呼ばれるものだ。だが、タイトルに「宇宙範型論」を堂々と謳《うた》う『ティポコスミア』には、世界の構造を一冊の書物にあまさず写し取ったという、著者の並々ならぬ自負がうかがえる。

第七日に出てくる世界書物を読み進める中で、人々が神に感謝する場面がある。この世のあらゆる植物種が遺漏なく記載された紙葉を、最も完璧な庭にたとえるシーンだ。当然、ここでは、失寵以前のエデン神苑、すなわちすべての動植物が調和のもとに共生し、人間が天使的な知性を備えていた原初の楽園の回復が示唆されているのだろう。人々が神を称えたのは、この庭＝書物の実現によって、これまで人類が過去の世代からいやおうなく引き継いできた知識の喪失過程がついに止み、今後は永遠に知恵が失われることがないからだ（Ibid., p. 550）。無知蒙昧が世の中に生み出す戦争や破壊、悲惨な境遇から、人類を救済することを生涯夢想した放浪の知識人チトリーニの悲願は、ついにここに達成されたのである。

情報は、ただそれを乱雑に積み上げただけでは有効に活用できない。それは死蔵されているにすぎないのだ。情報を創造的に利用するには、データを分類整理する容器と、それらをパフォーマンスさせる舞台設定が必要になってくる。それは『ティポコスミア』においては、創世の七日間のスキームと、樹形図状に構築された世界建築の骨格だった。そして、本書に盛られたデータをクリエイティヴに運用する鍵こそが、記憶術の基本教則の応用だった可能性を我々は確認した。

そうした構造を知悉した読者が、ある概念についてこの本を参照すれば、その概念にまつわるあらゆる人間文化と自然の関連項目が頁上に躍如とし、その情報が世界という大建築のなかでどの位置を占め、どのような意義を帯びているのかを、たちどころに心に描いてみせることができるだろう。データの量のみをいたずらに誇り、結果として知を死蔵させてしまうような雑嚢ではなく、情報を真の知恵へと変換できる創造的データベースこそ、チトリーニが『ティポコスミア』一巻をもって描いた真のテクスト建築だったに違いない。

第7章

混沌の森から叡智の苑へ

デル・リッチョの記憶術的理想庭園

ジュスト・ウテンス《ヴィッラ・カステッロ》
（1599-1602年頃）（ヴィッラ・ペトライア蔵）

＊デル・リッチョの理想庭園のモデルの一つ。

人類最初の庭

「光あれ」の言葉とともに、闇と混沌のなかに光明をもたらした神は、つづけて大空を造り、大地を整え、海を満たしたのち、無数の植物と動物を生み出した。そして、創造の御業の欠くべからざる点睛として、六日目についに人間を創生すると、東方のエデンにもうけた苑に住まわせて、生き物すべてを支配させた——旧約聖書『創世記』に語られる有名な世界創造神話である。

中でも我々の想像力をかきたててやまないのが、エデン神苑、すなわち豊穣肥沃な自然の恵みのもと、人と動物が相調和して暮らし、永遠の安楽のなかですべてが自己完結した至福の理想郷だ。けれども、その楽園で人類が過ごすことができたのは、ごくわずかな時間でしかなかった。ヘビの誘惑による禁断の果実の摘み取り、そして神の大喝と苑からの永久追放——そのたたみかけるような展開の末に、気が付けば、人類は呪われた大地を汗水流して耕さねば生きてゆかれず、老病死苦にも襲われるようになってしまった。現世の暮らしが艱難辛苦に満ちたものであればあるほど、失われた原初の安逸への憧憬は高まる。永遠に禁じられてしまったからこそ、再びそこに還らんとする渇仰の念は、人類史の、少なくともユダヤ＝キリスト教的伝統の奥底に力強く流れる通奏低音となった。そんなエデン憧憬がひときわリアルな欲求となって高まった時期が歴史上何度かあった。その一つが、いま我々がおいかけている初期近代の西欧だ。そのあたりの事情をもう少し詳しく見てみよう。

近代の曙光をみたこの時代、自然の三界を総合的に研究する博物学（Natural History）が急速に発展し、やがてそこから近代的な動・植・鉱物学や気象・地理学が枝分かれしてゆく（Findlen 1994; Ogilvie 2006）。きっかけは、新大陸やアジアからの未知の動植物標本の大量流入だった。それまでの自然研究といえば、もっぱら文献学的なアプローチが中心で、古代の権威たち（アリストテレス、テオプラストス、ディオスコリデス、ガレノス、プリニウス……）が動植物や鉱物について記した内容を相互比較し、校訂をほどこしたうえで注釈を加えるのが常道だった。自然研究とは、あくまで文献学者たちによる書斎の学問だったのだ。けれども、新大陸からやってきたトマトやジャガイモ、タバコやヒマワリといった未知の植物、あるいは熱帯のオウムやゴクラクチョウやアルマジロやカメレオンといった奇鳥や珍獣たちについては、古代ギリシアやローマの著作のどこをさがしても記述が見当たらない。そうした古典古代の文献に記載のない標本を前にして、学者たちは実地観察に基づく知見を集積してゆき、それらのデータを比較検討してゆくより、ほかに方法がなかったのである（図7-1）。こうして比較解剖学的な研究手法が、一六世紀の初頭以降、徐々に確立してゆく。

7-1　実物観察に基づく16世紀の図譜（ピエトロ・アンドレア・マッティオーリ『ディオスコリデス注解』（1554年）（個人蔵）より）

実は、こうした自然知識の増大は、エデン神苑の物理的な再創造という、中世のころには夢物語でしかなかった壮大な企図に、にわかに現実味をもたらすことになった。人々は考えた——この世界のあらゆる動植物、それもありふれた品種ばかりでなく、天地自然の珍品・奇物万般、珍獣奇鳥、珍花奇葉のことごとくを一箇所にすべてあつめたなら、失寵を回復し、再びエデンの苑に憩うことがかなうのではないか。こうして、同時代の百科全書的蒐集趣味と呼応するかたちで、最新の博物学的知識を導入した広大な奇苑名園が一六世紀のヨーロッパを飾ることになる。前章で見た『ティポコスミア』の最終部で、あらゆる植物種をとりそろえた理想庭園にエデンの姿が重ねられていたのも、こうした文脈から理解できる。

植物学と記憶

けれども、少し考えればわかることだが、たとえば植物一つをとってみても、知りうる限りの品種をすべて集めようとすると、気の遠くなるような労力と資金が必要になる。しかも、新大陸の発見や新航路の開拓以降、ヨーロッパには日々、見たこともないような僻遠末聞《へきえんみもん》の奇花や異国情緒あふれる果樹が陸続ともたらされてくる。また、比較分類の精度が上がってくると、それまで気づかなかった微細な種差が、旧大陸の土着の植物のあいだにも認められるようになった。要するに、植物品種のインフレーションが起こったのだ。同じことは動物学の分野でも生じた。

当時どれほどの新種がヨーロッパに流入したのかを知る目安として、植物学の分野をのぞいてみよう。ある計算によれば、一六世紀初頭の時点では六〇〇種あまりの植物がヨーロッパ世界で知られていたという。つまり、固有の名称を持ち、その特性がきちんと把握されていた植物の数は、その程度だったのだ。それが世紀中葉の段階で一五〇〇を超える種の同定が可能になり、一七世紀初頭に出版されたギャスパール・ボアン『植物の劇場総覧』（バーゼル、一六二三年）では、なんと六〇〇〇種が収録されるにいたった。わずか一世紀のあいだに、植物学という狭い分野だけに限っても、単純計算で情報が一〇倍に増えたわけである（Atran 1990, p. 167; Ogilvie 2003）。当然、こうした膨大な量のデータを扱うには、記憶が重要になってくる。たとえば、イタリアのメッシーナ植物園の園長だったピエトロ・カステッリ（一五七〇頃―一六六一年）は、まさに標本の量が膨大であるがゆえに、植物学の研究には「多大な記憶を要する」のだと言明している（Castelli 1640, p. 48）。そう、植物学の世界では記憶が重要なウエイトを占めていたのだ。

その植物学も含めた、いわゆる博物学と、記憶と、そしてエデン憧憬としての造園術。これらの要素のあいだには、どうやら密接な関連があったことが以上から推測される。では、記憶術はそこに、どのような関わり方をしていたのだろうか。初期近代における庭園と知と記憶の問題をより深く考察するには、少々時間をさかのぼり、今一度、中世の暮れ方のあの冥《くら》き森に戻ってみる必要がある。『神曲』「地獄篇」の冒頭で、放浪の人ダンテのおぼつかない歩みをすっぽり飲み込んでしまった、あの蔭濃き叢林に……。

再びダンテ

「正しい道を離れた」詩人は、気がつけば、自分でもどうしてか分からぬまま、その陰鬱な森に迷い込み、行く手もさだかならず、えもいわれぬ不安に慄《おのの》いていた（ダンテ 二〇一四、「地獄篇」第一歌）。それは、見方を変えるなら、政争に敗れて祖国フィレンツェを追われた壮年の男が、人生の半ばにして生きる目的を失い、日々集積されてゆく互いに脈絡のない情報の渦に圧倒された姿とも読める[1]。もはや何を体験し、読み、聞いても、政治の場での自己実現に結びつけることができない有漏《うろ》の身の儚さ。

物語のなかのダンテは、やがてどうにかして草木の途切れた丘のふもとにたどりついたものの、眺望を得ようと——つまりは知の見取り図を得ようと——登攀をはじめたとたん、恐ろしい形相をした三匹の魁偉な獣（豹、獅子、狼）が行く手をふさぎ、詩人を再び鬱然たる枝葉の中に押し戻してしまう。たちまち希望を失って落胆する主人公のもとに現れたのが、古代ローマの詩聖ウェルギリウスの霊だった。彼は「理性」の象徴とされる。地獄に仏といわんばかりに思わずすがりつくダンテを叱責しつつも、詩聖は「私が導く者となろう」と宣言するや、蒙昧たる混沌の闇を切り裂き、獣を避けて、森にも戻ることのない別の径路を確かな足取りで先導してゆく。すなわち、冥府下りだ。地獄を巡り、煉獄での浄罪を経て、やがて天国に至る長大な旅路が、ここにはじまる。

その先にどんなに恐ろしい阿鼻叫喚の地獄絵図が待ち受けていようとも、たどるべき道筋は一本。もはや迷いはなかった。それまでダンテを取り巻いていた一見混沌たる情報の海が、天国の庭（薔薇状の至高天《エンピレオ》）における「見神（*visio beatifica*）」という究極の目標（＝「天国篇」最終部）のためにすべて意味づけられ、一挙に整序化されたのだ。実際、このあとダンテは時に逡巡し、恐怖で後ずさりし、あるいは聖なる情景を前に恍惚忘我の状態に陥ったりすることはあるものの、詩聖ウェルギリウスや聖女ベアトリーチェの手助けのもと、決して道に迷うことなく、目標の庭にむかって一直線に進んでゆく。混沌の暗き叢林は、明晰な知の直線路に変容したのだ。

森と幾何学庭園のメタファー

西欧の文学・思想史の伝統においては、まさしくこうした「森」と「庭」の対比が、知のあり方をめぐる議論の文脈で好んで用いられてきた。すなわち、見通しのきかない鬱然たる叢林の混沌と、幾何学庭園の透徹明瞭なる秩序構成とが鋭く比較され、前者が錯綜し矛盾をはらんだ雑然たる情報の堆積に、後者が完全に分類整理されていつでもとりだせる状態にある知に、それぞれなぞらえられてきたのだ（この対比については、Ong 1958, pp. 118-119; Vasoli 1974, p. 619; Vasoli 2002a in part. pp. 23-24）。ダンテが示唆していたように、互いに関連性をもたない情報の無秩序な集積は、認識的な危機をもたらし、場合によっては死の危険さえ惹起しかねない。その一方で、きちんと分類がほどこされた知識のまとまりは、精神的活動に大いに益するところがある。たとえば、本書第5章で触れた説教師パニガローラは、まだ推敲が終わっていない原稿の束を森林にたとえ、それらの雑多なトピック群から必要な素材を集めて完成稿をつくるよう読者にすすめたうえで、そのようにして出来上がった完璧な説教を、幾何学花壇によって厳格に構成された整形庭園に類比している（Bolzoni 1995, pp. 76-77）。

この観点から興味深いのが、我々が注目している初期近代という時代における庭園のイメージである。未曽有の情報爆発という背景を如実に反映して、同時代の庭園像も大きな変化をこうむることになった。まずもって、いわゆるルネサンス・マニエリスム期の物理的な庭そのものが、百科全書的なコレクションの場（器）として機能した、という事実がある。たとえば、イッポーリト・デステ枢機卿（一五〇九―七二年）が名門エステ家の威信にかけてティヴォリの地に建造したヴィッラ・デステ（図7-2）や、トスカーナ大公フランチェスコ一世・デ・メディチが造営したプラトリーノ荘に代表さ

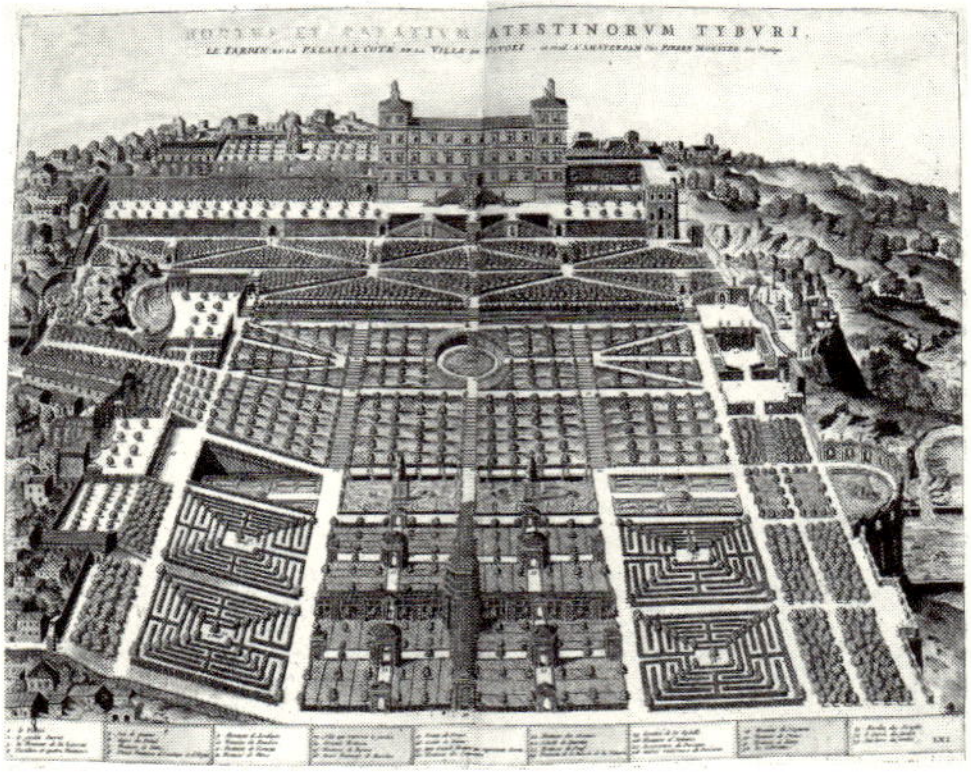

7-2　ヴィッラ・デステ（出典：Dupérac 1573）

れる一六世紀後半のイタリアの大庭園では、新大陸を含む異国の珍花奇葉、僻遠の異境・異国から取り寄せた奇獣珍鳥の数々が、幾何学花壇や鳥禽舎などで飼育栽培され、それらの多彩な個物が生み出す知の饗宴を、丘の頂上に聳立するヴィッラ建築から一望のもとに俯察することができるようになっていた（プラトリーノ荘の庭園については、Zangheri 1987. ティヴォリのヴィッラ・デステについては、Coffin 1960; Dernie 1996; Occhipinti 2009）。

一方で、テクストの世界をのぞいてみれば、エラスムスが対話篇『敬虔な饗宴』（一五二二年）の理想の舞台として選んだ空間が、散策者を驚嘆させる奇菓異草や奇鳥珍禽に満ちた精妙な庭園だったことが思い出される（Erasmus 2002, pp. 230-309）。また、ヴェネツィアの出版業者フランチェスコ・マルコリーニ（一五〇〇頃—一五五九年）は、彼の編集になる占い術についての人気著作を『思索の庭』と題し、あたかも整形幾何学花壇のように文字と図像を頁上に配列した[2]（図7-3）。また、テクストと庭という視点から最も魅惑的な事例としては、マルタン・ムーリッセ（一五八四—一六四四年）の一枚刷りシート『論理学総体についての巧妙な描述』（一六一四年）の美麗な図版（図7-4）に止めを刺すだろう（Meurisse 1614. この作品については、Berger 2013）。複雑で難解な哲学

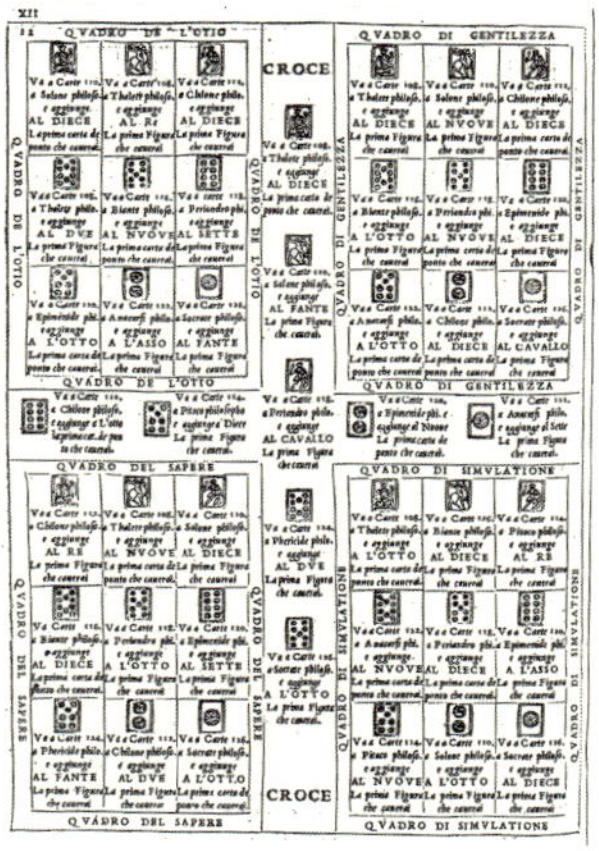

7-3 『思索の庭』のページフェイス（出典：*Le sorti di Francesco Marcolino da Forli intitolate Giardino di pensieri allo illustrissimo signore hercole Estense duca di Ferrara*, Venezia: Francesco Marcolini, 1540, p. XII）

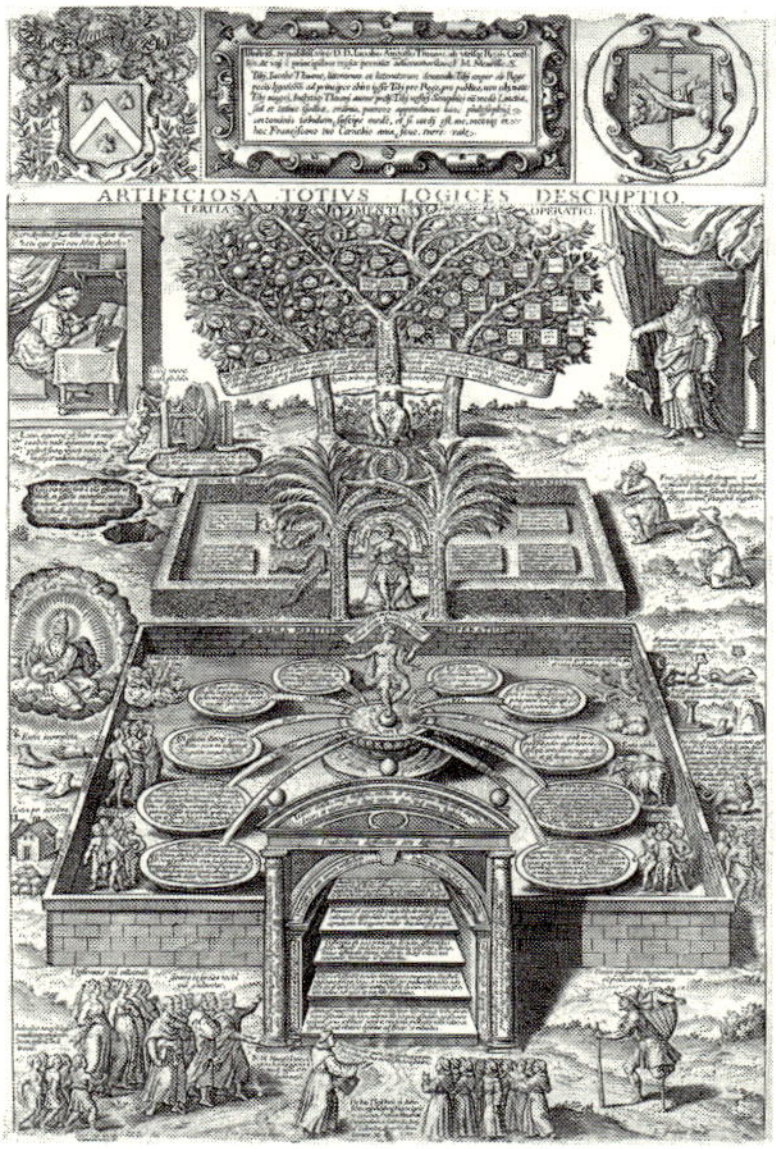

7-4 『論理学総体についての巧妙な描述』の図版

的知識を、幾何学庭園の整序空間を巧みに利用して明瞭に切り分け、非常にわかりやすく、かつ記憶しやすいかたちで分類整理している。

デル・リッチョの理想庭園

初期近代、とりわけ一六世紀後半から一七世紀初頭にかけての庭園が、右に見たように天地万象の百科全書的知識を分類管理するのに最適な器になった背景には、その空間特性が大きく与《あずか》って力があった。一般に庭と聞いて我々が思い浮かべる穏やかな有機曲線に満たされた自然のイメージが広まったのは、英国発の「風景式庭園」が流行する一八世紀以降のこと。それ以前は、庭園といえば幾何学——単純な矩形から雪の結晶のような複雑形まで——をまとった整形のスペースの謂だった（図7-5）（ストロング 二〇〇三）。あのエデンの園でさえ、幾何学庭園の姿をまとって図像に表現されることが多かったのである（川崎 一九八四）。

さて、整序空間に多量の情報を分類配置する、ということになれば、当然そこに場とイメージからなる記憶術との接点が予想される。この観点から初期近代の庭園を見てみると、多様性と秩序を同時に満たし、かつ一定の恒常性や適度の明るさを備えて、審美性にも富んだ庭という空間こそ、記憶のロクスとしての適性をそなえた場所だったと判断できる。

そんな庭の「記憶術的空間特性」を最大限に活かし、花壇や人工林の厳格な幾何学構成が生み出す結晶の整調美を、天地万物に関する知識の悉皆をあまさず糾合するための理想の器（ロクス）としてしまった人物がいた。その強烈に面白い「叡智の造園家」こそ、本書の第5章において、その独創的な記憶術論で我々を愉しませてくれた一六世紀フィレンツェの修道士アゴスティーノ・デル・リッチョである。

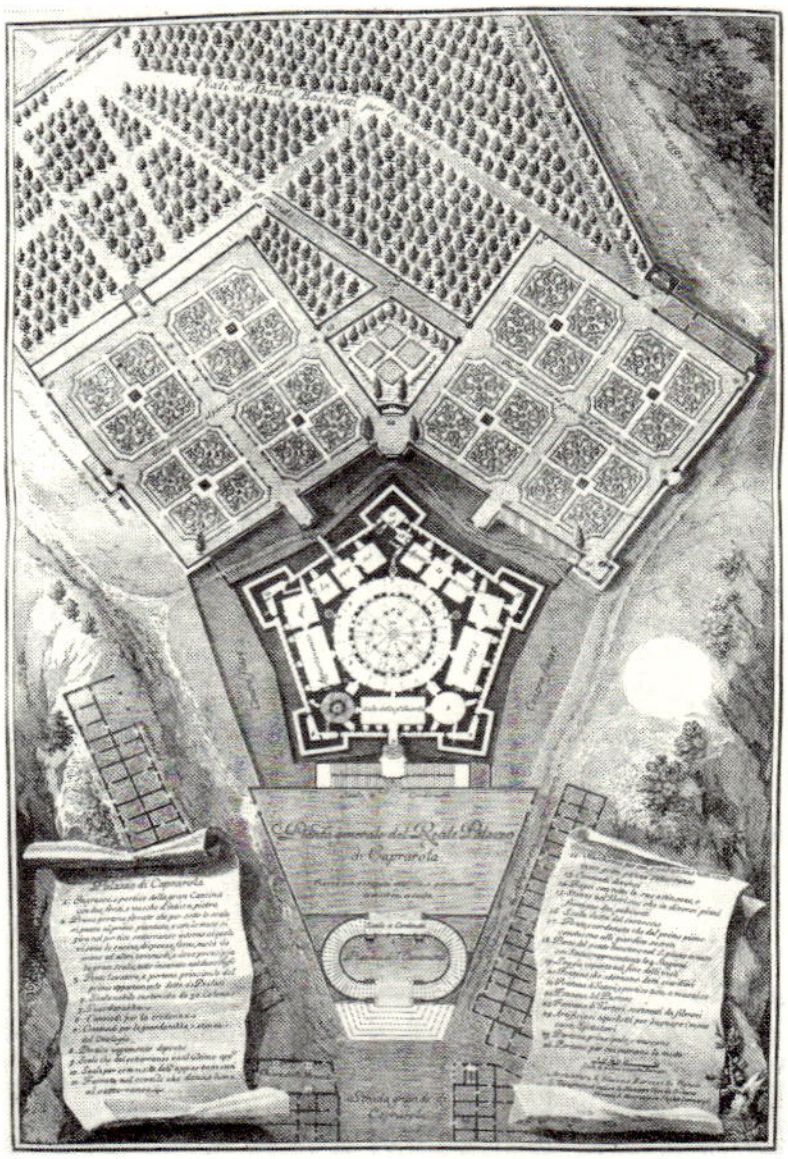

7-5　カプラローラのパラッツォ・ファルネーゼと庭園（出典：Coffin 1979, p. 290）

以下で中心的に取り上げるのは、第5章でも触れたデル・リッチョの主著『経験農業論』である。これは、所属するフィレンツェのサンタ・マリーア・ノヴェッラ教会修道院の菜園管理長の役職にあった彼が、実に四〇年あまりにわたる農業・園芸の実践活動から得た知見をまとめた百科全書的な著作で、農事・林業・花卉栽培・作庭にまつわる多様なトピックが網羅的に扱われている（同書の詳細な分析は、桑木野 二〇一三b）。初学者にも興味をもってもらえるようにとの配慮から、著者はことあるごとに脱線して、耕作や園芸作業に役立つ諺や格言をちりばめ、読者の興味を引く小話や挿話などを文中にふんだんに織り交ぜてゆく。その冗長かつうねるような文体そのものが、マニエリスム文学の極北といっても過言ではない。

『経験農業論』はトピックの見出しをアルファベット順に並べた構成になっており、たとえば最初の章は「モミ（abeti）の木について」である。残念ながら著者の死によって、「G」の項目までしか執筆されなかった。その最後の章こそ、「王の庭（giardino）について」と題されたチャプターである。けれども、デル・リッチョが死の直前に綴ったと思《おぼ》しい、その最後の数十枚の紙葉には、後世へのとびきり豊穣な知的遺産が含まれているのである。

これが絶筆になるということを、デル・リッチョ本人が予感していたのかどうかは分からないが、「王の庭について」は、それまでの各章で扱われてきた様々な園芸テクニックや農業の実践知識を有機的に結びつけ、集大成する意図で書かれている。すなわち、多彩な種類の珍花奇葉を栽培する幾何学花壇をそなえ、壮麗な噴水や仕掛三昧のグロッタ（人工洞窟）で飾られ、緑に輝く樹檣や有蓋歩廊を整然と走らせた、王侯貴紳のための理想的な大庭園のプロジェクトが、エクフラシス的な文体を駆使して委細にわたって綴られているのだ。その際に言及される各種植物の具体的な栽培法や、敷地の地均し、雑草除去の方法、灌漑設備や蔓棚の作り方などは、いずれも前章までに詳述されているから、予算さえ度外視するなら、この庭を実際に造ることも不可能ではなかったはずだ（実際、「王の庭について」の章は、ルネサンス・マニエリスム期の貴重な庭園史資料として注目を集めている）。

以下に詳しく見てゆくように、この庭の空間構成にみられる様々な特質は、初期近代の知の奔流に対処すべく記憶術を創造的に応用して生み出された結果とみなすことができる。そればかりか、この「王の庭について」という章を丁寧に読み込んでゆくなら、記憶術の達人でもあったデル・リッチョが、己の精神内に「場所」と「イメージ」の組み合わせで整然とストックされた膨大なデータ群を自在に参照し、適切なトピックを各所から集めて、ひとまとまりの文章として組み上げてゆく際のクリエイティヴな手続きを垣間見ることができるだろう。このとびきり知的刺激に満ちたテクストを、さっそく読解してみることにしよう。

「王の庭」とロクス・アモエヌス

デル・リッチョは「王の庭について」の章の冒頭で、この理想庭園をつくる目的を明確に綴っている。彼の言葉を拾いながら、そのヴィジョンをたどってみよう。

一国を統《す》べる王が日々の政務に倦《う》んだとき、あるいは格式ばった宮廷儀礼の束縛から逃れたいと思ったとき、ほんの束の間、心休まる静寂の空間で憩いたいと思うなら、「心地よい豪奢な庭園」を訪れたり、「美しい森」を散策したりするのがよいだろう。樹陰の安逸にひたり、新翠に輝く萌木や真紅の花を愛《め》で、百禽の甘い囀《さえず》りに耳を洗いつつ、「美しい詩句の読書に気ままにふける」のもよい。こうした佳趣に満ちた場を作るには、「清冽な遣水《やりみず》」が流れ、「繚乱たる百花を育《はぐく》む庭」や「心地よい林苑」をそなえた空間を造る必要がある。そこを訪れた王は、真夏の酷暑も忘れて、緑陰と泉水が生み出す涼にひたりながら、心ゆくまで休息することができるだろう（Del Riccio, *Agricoltura sperimentata*, III. c. 43r.）。

「心地よさ（ameno）」やそれに類する語を繰り返し強調するその筆致や、清らかな泉水や咲き笑う花々、樹陰や小鳥の囀りといった甘美な自然要素が倦まずに列挙されることから、この庭の記述が「ロクス・アモエヌス（locus amoenus＝心地よき場、悦楽境）」の文学トポスに完璧に合致していることがわかる。同トポスは、文学者エルンスト・ローベルト・クルツィウスが古代から中世の文学伝統の事例に即して分析したことで有名になった概念である（クルツィウス 一九七一、二六七―二九三頁）。クルツィウスの定義を簡単にまとめるなら、西欧の文学伝統においては、ホメロスの太古より、美しく心地よげな自然の一画を微に入り細を穿って描き出す、一種の文章構成の型のようなものがあり、それらの美麗な風景描写が作品の要所で効果的に用いられてきた。そうした場面を構成する典型的な要素としては、涼しい樹陰、多様な樹種からなる林苑、清冽な流水、柔らかい緑の草原、洞窟、小鳥の囀り、頬をなでる微風、繚乱と咲き誇る無数の花々、蒸れ匂う香草などがあり、それらが複合して生まれる庭園の描写も、このトポスの中に含まれる（図7-6）。とりわけ特徴的なのは、そうした要素を描写する際、小鳥や花卉類や樹木の具体品種の名称が、まるでカタログ記述のような正確さで詳細に羅列されることだという。いずれも、これからみてゆくデル・リッチョの「王の庭」の描

7-6　ギヨーム・ド・ロリス＋ジャン・ド・マン『薔薇物語』（大英図書館、ロンドン、Harley ms. 4425, folio 12, verso）（出典：Landsberg 2003, p. 6）

写に当てはまる傾向だ。

ロクス・アモエヌスのトポスと関連して、もう一点、どうしても指摘しておきたいのは、「心地よき場」と知的活動の密接な関連性である。このような心地よい自然の一画を訪れる者は、心の緊張が解きほぐされるばかりか、多彩な動植物が織り成す美麗な情景に快い知的刺激を受け、哲学的瞑想や詩作にふけったり、執筆活動に誘われたりすることが多々あるという。ここで思い出されるのが、プラトンの美しい対話篇『パイドロス』の冒頭部分である。そこでは、哲学的ダイアローグの舞台として、イリソス川の清流のかたわらに繁るプラタナスの心地よい樹陰が選びだされる様子が、丁寧に描写されている（同書、二二九A―二三〇C）。それがたんなる文学的想像力にとどまらないことは、古来、数々の哲学・文芸・自然科学アカデミーの活動拠点が美しい庭園や広大な緑地スペースをそなえていたことからも傍証されるだろう。

ため息が漏れるほど快美な庭園や麗《うるわ》しい山容水態は、そこを訪れた人の詩情をおのずと喚起し、天工自然の運行則の窮理へと思弁を駆り立てるキャパシティを有しているのだ。そうまでゆかずとも、蒸れ匂う満庭の若葉を愛でながら逍遥する道すがら、おいしい空気を肺いっぱいに吸い込み、自然情景の多彩な変化と調和の妙に触発されて、創造的なアイデアがむくむくと湧いてきたり、あるいは同伴者との知的対話が促進されたりするといった効果は、十分に期待できると考えてよいだろう。では、このうえなく「心地よく」、思わず「読書」に誘われるというデル・リッチョの理想庭園では、いったいどのような知的活動が想定されていたのだろうか。

花の庭園の構成

『経験農業論』には現在いくつかの手稿が伝存し、各テクスト間に微妙な異同が見受けられるが、本書ではもっとも内容が充実したフィレンツェ国立中央図書館所蔵版を用いることにしたい。同手稿の第三巻の巻末およそ一〇〇頁余り（Del Riccio, *Agricoltura sperimentata*, III. cc. 42v.-92v.）にわたって綴られる「王の庭」の構想は、大きく次の四つの要素から構成されている。①王の宮殿とその補助施設（cc. 43v.-47r.）、②花の庭園（cc. 47r.-51r.）、③小果樹の庭園（cc. 51r.-54r.）、④王の森（cc. 54r.-92v.）である。デル・リッチョは自身の理想庭園計画をあくまで一つのモデルとして提示しており、これら四つの要素間相互の位置関係についての厳格な規定はなく、またそれぞれのデザインや規模についても財力に応じて自由に改変してもよいとしている。ここで一つ注意しておかなくてはならないのが、『経験農業論』には図版のたぐいがいっさい挿入されていない、という点である。したがって、以下に見てゆく「王の庭」の構成は、すべて言葉によってのみ描写された、言ってみれば「テクストの中の庭」なのである。それは、デル・リッチョというイマジネーション豊かな思想家の精神内に存在していたメンタル・イメージとしての庭を、言葉によって写し取った作品ともいえる。この点は常に念頭においておくべきだろう。

さて、右に挙げた四つの要素のうち、記憶術的観点から圧倒的に興味深いのは「花の庭園」と「王の森」である。まずは前者から見てゆこう。「花の庭園」はその名のとおり、様々な美麗園芸品種や珍しい花卉類など、とにかく花をつける植物を蒐集栽培することに特化した区画である。形状は一辺二〇〇ブラッチョ（約一一七メートル）の正方形で、その内部は、中央で交差する園路によって八つの区画に等分割されている。敷地中心には八角形の池を設け、その中に同形状の島を浮かべて橋を架ける。

デル・リッチョは「花の庭園」の内部分割に関して、興味深いシステムを導入している。すなわち、八つの区画それぞれにAからHまでのアルファベットを一つずつ割り振ったうえで、それらの内部をさらに、楕円形、星形、六角形、ハート形、アーモンド形などの多彩なかたちをまとった細かな分類花壇に再分割するのだという。また、各小花壇の脇には大理石ブロックを添え置き、そこに番号を一から三〇〇まで刻んでゆく。つまり、各アルファベット区画には三〇〇の小花壇が含まれ、その数は花の庭全体では合計二四〇〇にも達することになる。そして、ここからが面白いのだが、今度は庭園とまったく同じアルファベットと数字によって頁分割された小冊子を用意し、各番号の隣には、対応する小花壇で実際に栽培されている品種名を書き込んでおく。こうすることで、冊子を検索すれば、庭園で見られる花々の種類をたちどころに調べることができるのだという（III. c. 49r.）。幾何学形状と数字とアルファベットを巧みに組み合わせた、大変合理的なシステムの提案だと評価できよう（図7-7）。

花の庭園と記憶術

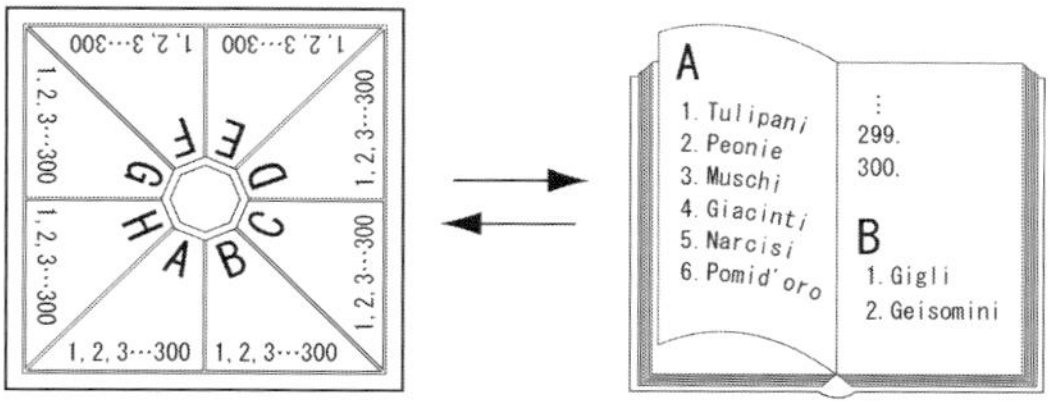

7-7　花の庭園と小冊子による検索システム（著者作成）

本書の読者なら、ここですぐ、この検索システムとデル・リッチョの記憶術との近親性に気がつくはずだ。思い出してほしいが、このドミニコ僧は手稿著作『記憶術』において、記憶術の効果的運用法を読者にアドヴァイスする際、同じように数字を振った「小冊子」――こちらの場合は一から二〇〇まで――を用意して、一日に記憶すべき事項を列挙することを読者に推奨していた。ここから敷衍すれば、「花の庭園」内部の細かく分割された幾何学区画の一つ一つが、多様性を備えつつ、同時に数字の秩序によって厳格に管理された記憶のロクスとしても機能していた可能性が推測できる。

では、この庭で記憶を刺激する賦活イメージ（imagines agentes）に相当するものは何だろうか。それは当然、無数のロクスの中で群がる星のように咲き乱れた珍《めずら》かで華美な花々だろう。デル・リッチョは、ここに集められるべき品種として、膨大な具体名称を羅列してゆく。それは、さながら記憶術著作の事項アルファベット・リストを髣髴させるような

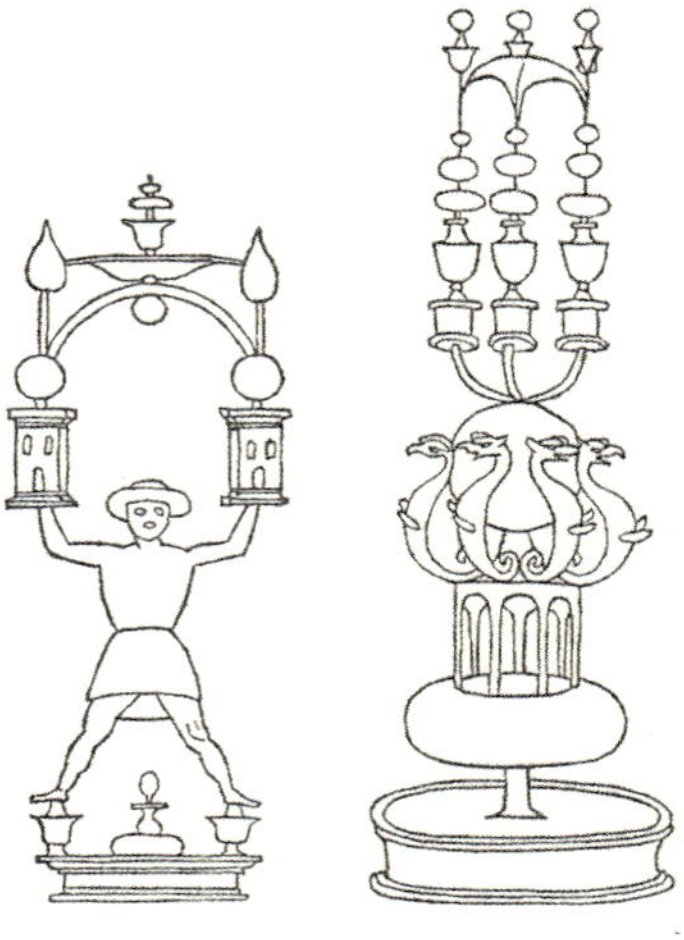

7-8　幻想的なトピアリー・アート（『ポリフィロの夢』（1499年）より）

緻密さと執拗さだ。そこに挙げられる花々の中には、明らかに外国種と分かる「インドの葦（canna d'India）」や「ギリシア苔（muschi greci）」などの品種、はたまた巷間で話題のエキゾチックな漿果「アダムのリンゴ（Pomi d'Adamo）」（図5-13）や、中近東からヨーロッパにもたらされたばかりのチューリップ（tulipani）をはじめとする球根植物など、珍果異草の名に恥じない異域の稀少品種が盛り込まれているのである（Ill. cc. 49v.-50v.）。

珍しいのは栽培品種ばかりではない。デル・リッチョは、いわゆるトピアリー（幾何学的剪定術）（図7-8）を施すことが可能な品種に関しては、ピラミッドや地球儀、ドラゴン、星、壺といった奇抜な形状に植物を刈り込むよう指示を出している（トピアリーについては、Azzi Visentini (ed.) 2004）。こうして「花の庭園」で栽培される花々は、花弁の美しさや馥郁たる芳香はもちろんのこと、品種としての稀少性や突飛な枝葉の形状などもあいまって、まさしく見る者の心を強く打つ「賦活イメージ」としての特性を十分に備えていたものと推測できる。

植物園

実は、この「花の庭園」の構想にはモデルが存在する。それはドミニコ僧が間近に見ることのできたフィレンツェ植物園である。というのも、『経験農業論』の別の章で、同園の一六世紀末の状況が詳しく描写されているからだ。

デル・リッチョが報告するところによれば、大規模な再整備事業が行われたばかりの当時のフィレンツェ植物園は、ややいびつな正方形の敷地を八分割し、中央には八角形の池と島をそなえていた。八つの区画にはそれぞれAからHまでの文字が一つずつ振られ、その内部はさらに細かな分類花壇に区分されて、数字が添えられていた。こうしておいて、庭園と同じくアルファベットと数字で構成された小冊子を用意し、栽培植物の管理を行っていたという（I. c. 75v.; III. cc. 13v.-14v.）。デル・リッチョがこのシステムを参考にした、いや、そっくり引き写したことは間違いないだろう。

そもそも植物園とは、自然科学の研究に特化した学術庭園のことである。薬草や食用植物の蒐集栽培のための菜園のたぐいは古代や中世にも存在したが、植物学の研究と教育を主目的とし、高い公共性をそなえた学術庭園ということになると、その登場は初期近代まで待たなくてはならない。最初期の事例は一五四四年ころに成立したとされるピサ植物園、一五四五年にはパドヴァ植物園が続く[3]。同年の暮れにはフィレンツェ植物園も開設され、以降ローマ（一五六三年）、ボローニャ（一五六八年）、マントヴァ（一六〇三年）（図7-9）などのイタリア各都市や、ライプツィヒ（一五八〇年）、ライデン（一五九〇年）、ハイデルベルク（一五九三年）、モンペリエ（一五九六年）、オクスフォード（一六二一年）、パリ（一六二六年）など、アルプス以北の諸都市にも急速に拡散していった。つまり、それだけ時代が求めていた庭園類型だったともいえる（初期近代イタリアの植物園史に関して日本語で読める研究

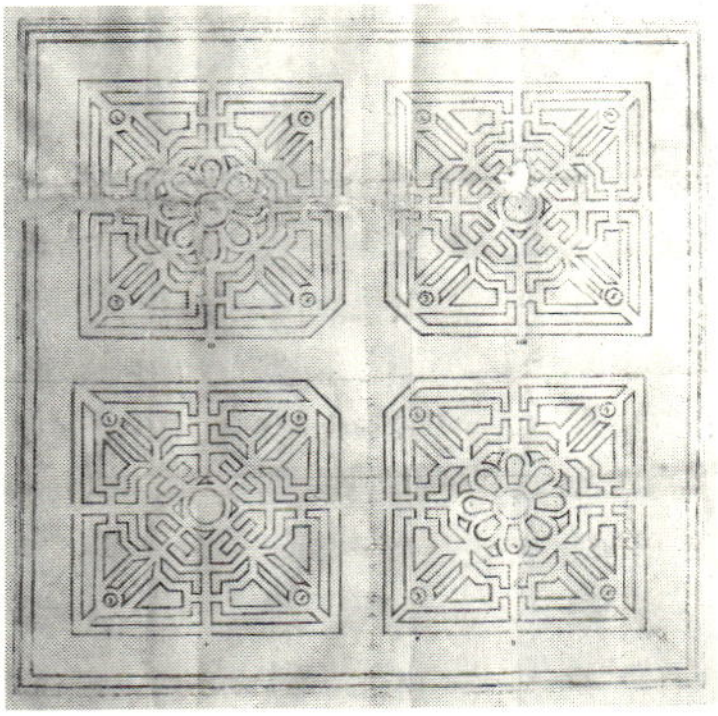

7-9　マントヴァ植物園（出典：Bocchi 1603）

としては、桑木野二〇一一）。

では、なぜ一六世紀の中葉という時期にこの新たなタイプの庭園が生まれたのかといえば、その背景には初期近代の植物学の急速な進展があった。本章の冒頭でも述べたように、それまで古典著作の文献学的な検証が主体だった植物の研究が、新大陸やアジア諸国から膨大に流入する珍花奇葉の衝撃のもと、実地観察に基づく近代的な植物学へと脱皮を遂げる。こうして、一六世紀の前半に、最新の研究成果を盛り込んだ革新的な植物学著作が立て続けに出版されてゆく（Reeds 1991）。こうした流れのなかで、世界中の植物種を一箇所に集め、栽培管理することのできる研究施設、すなわち植物園が世紀中葉に登場してくるのは、なかば必然の理でもあったのだ。

さて、再びデル・リッチョに戻るなら、その貪欲な好奇心で同時代の最先端の植物学知識を嬉々として吸収していたに違いない彼は、トスカーナ大公国の首府フィレンツェを飾る気鋭の学術研究庭園を参照できる立場にもあった。そこで行われている検索システムにまで精通していたほどだから、よほど精密な観察と研究を行ったのだろう。

現在も同じ敷地にあるフィレンツェ植物園を訪れてみると、単純な矩形の花壇が碁盤の目状に並ぶだけのシンプルな構成に、実は少々がっかりする。けれども、一六世紀末の状態を描いたと思われる

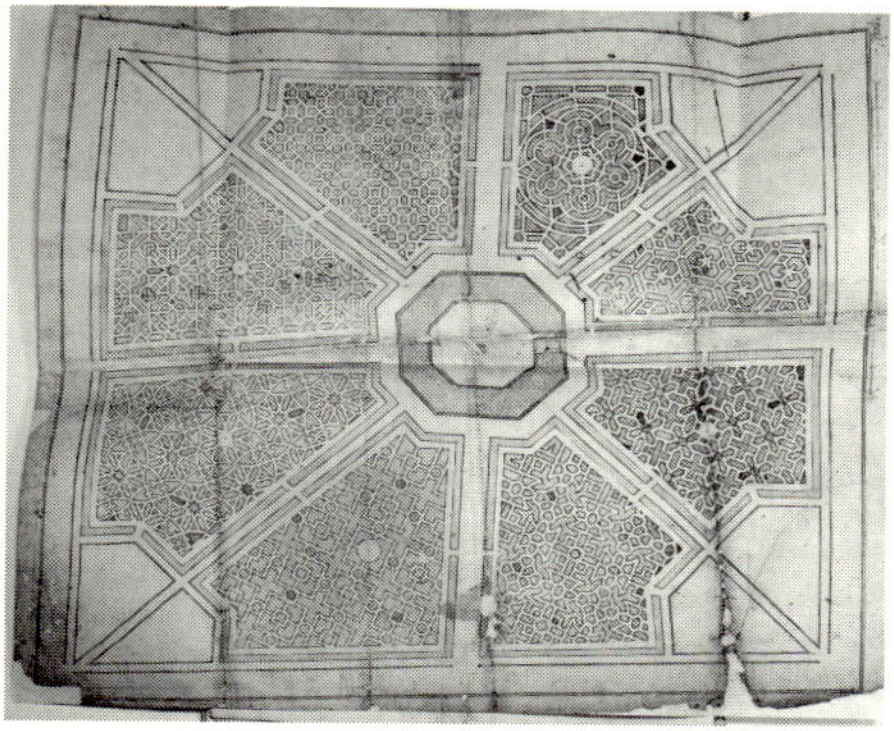

7-10　フィレンツェ植物園平面図（Biblioteca Universitaria, Pisa, ms. 464, c. 66）

平面図を見ると、八分割された敷地には、星、円形、楕円形など、デル・リッチョの「花の庭園」を髣髴とさせる分類花壇がびっしり並べられているのがわかる（図7-10）。実は、創設当初の植物園はどこもみな、このような雪の結晶にも類比可能な、実に精緻な放射幾何学状の分類花壇をそなえていたことが分かっている。時には栽培管理の利便性を犠牲にしてまでも、このような美麗なデザインをまとっていた理由としては、本書では深く立ち入らないが、当時の植物学と占星術的思想との密接なつながりがその背景にあったともいわれている（桑木野 二〇一三b、第四章）。

けれども、その一方で、記憶のロクスとしての多様性と審美性を追求した結果とも、それは取れるのではないだろうか。碁盤の目のような規則正しい花壇が単調につらなるよりは、各区画ごとに形状が多彩に変化し、時には噴水や彫刻といった要素でふんだんに装飾された空間のほうが、はるかに記憶の背景としてふさわしいはずだ。実際、ピサやパドヴァ（図7-11）やフィレンツェの植物園は、医神アスクレピオスの彫像や動物の大理石像で飾られ、噴水やグロッタ（人工洞窟）や迷宮が備え付けられていたという。また、フィレンツェ植物園に導入されていた文字と数字と幾何学による栽培品種のカタログ化と情報管理のシステムは、同時代の他の植物園でも広

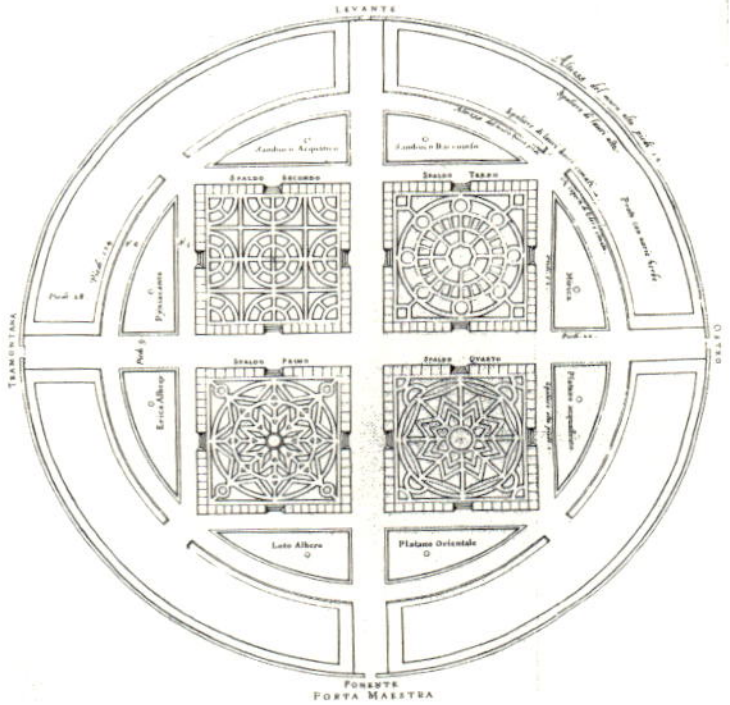

7-11　パドヴァ植物園平面図（出典：Porro 1591）

く実践され、そこには記憶術からの間接的影響があったことが指摘されている（Tomasi 1984）。

一六世紀という過渡期の時代にあっては、学術研究の場である植物園と、王侯貴紳の喜悦のための装飾庭園との境界は、我々が考える以上に曖昧だったようだ。だからこそ、デル・リッチョは同時代のフィレンツェ植物園のデザインと検索システムをそっくりそのまま、王のための理想庭園に移植することができたし、植物園が秘めていた記憶術的な空間構成のポテンシャルを十全に引き出して見せることができたのではないだろうか。

王の森の構成

つづいて「王の森」と名づけられた広大な森林区画に目を向けてみよう。その記述に「王の庭について」の章の実に五分の四あまりの紙幅が費やされていることからも、このエレメントの重要性がわかるだろう。とはいえ、イラストのたぐいはいっさい付されていないから、文章記述をもとに、広大な庭園の姿を脳裏に描いてゆく必要がある。

森の形状は一辺が一マイル（約一・六キロメートル）の広大な正方形で、周囲には高い壁がぐるりとめぐらされ、外界の喧騒から隔離されている。壁の内側の敷地は、中央で交差する十字路によって四分割され、各区画の内部は「互いに異なる巨大な樹林迷宮」で構成される。羊腸とうねるその園路の頭上には、常緑樹の枝葉を這わせた蔓棚が架かっていて、真夏の灼熱の日差しから散策者を守ってくれるのだという。

各樹林迷宮の内部には、二〇ブラッチョ（約一二メートル）の間隔を保って八つのグロッタが設置され、その数は森全体で三二となる（八×四）。ちなみに、グロッタ（英：グロット）というのは、ルネサンス～バロック期のイタリア庭園で流行した人工洞窟のことで、自然の洞穴や鍾乳洞の外観を模した屋根付きの小建築（園亭）を意味する（図7-12）。内部にはフレスコ画やモザイク画が描かれることが多く、噴水や彫刻、場合によっては自動機械人形などで飾られたりすることもあった（ルネサンス庭園のグロッタについては、Luchinat, Magnani e Pozzana (eds.) 1987; Morel 1998; Lapi Ballerini e Medri (eds.) 1999; Liserre 2008）。夏場に涼を得るための恰好の場として人気を博し、前述のティヴォリのヴィッラ・デステなどの大規模庭園では、往時には十数ものグロッタが園内にひしめいてい

7-12　カプラローラのパラッツォ・ファルネーゼ庭園のグロッタ（著者撮影）

たという。

さて、デル・リッチョの「王の森」であるが、各グロッタ間の位置関係についての規定はなく、ただ八番目のものが各迷宮区画の中央を占めるとされているだけである。そもそも樹林迷宮の径路デザインについても具体的な記載はなく、読者の想像にまかされている。実際、一平方マイルの広大な敷地内にたかだか一二メートル程度の間隔でグロッタが密集していたとすれば、森林の余白部分が広くなりすぎて、いかにもバランスが悪い。ここでは、あまり厳格な寸法計算をあてはめず、迷宮状空間という抽象的な概念のなかに、一定のインターヴァルでグロッタ群が立ち並ぶ姿をとりあえずは想定しておこう。そして、デル・リッチョがそのエクフラシス的な文辞の粋を尽くして縷々綴ってゆくのが、三二のグロッタの内部をどのような主題の壁画で飾り、どのようなデザインの彫刻や噴水や自動機械人形で装飾するか、という点だ。「王の森」の記述とは、すなわち人工洞窟の内装プログラムの計画に他ならない。

ここからの記述では、簡略化のため、各迷宮区画をL1～L4、グロッタをG1～G8と略記することにしよう（LとGは、それぞれイタリア語の"Labirinto"（ラビリント）と"Grotta"（グロッタ）の略）（図7-13）。たとえば、L2G5と表記したら、第二迷宮区画の五番目のグロッタの意味である。各洞窟には固有のテーマが割り当てられ、一つとして同じものはない。その内容を簡単にまとめたのが次のリストだ。

L1G1：羊飼い、L1G2：ナルキッソス、L1G3：フクロウと小鳥、L1G4：鉱物界、L1G5：四足獣、L1G6：ドラゴンと天使、L1G7：クピード神、L1G8：魚類

L2G1：ヘラクレス、L2G2：聖サムソン、L2G3：オルフェウスと動物、L2G4：ヒュメーン神、L2G5：鳥類、L2G6：オークの巨木、L2G7：騎士と兵隊、L2G8：パルナッソス山

L3G1：ライオン、L3G2：クマ、L3G3：ドラゴン、L3G4：シカ、L3G5：イノシシ、L3G6：バッコス神、L3G7：ウェスタ女神の巫女、L3G8：ウシ

L4G1：ニンフ、L4G2：女羊飼いと田園の娘、L4G3：ディアナ女神、L4G4：ティスベとピュラモスの悲劇、L4G5：クレオパトラ、L4G6：石類、L4G7：草原と噴水、L4G8：巨人像

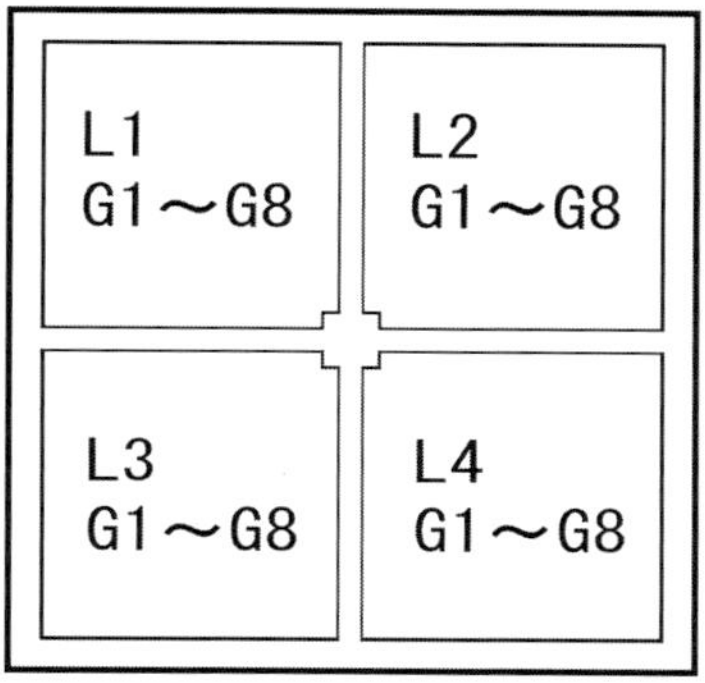

7-13 「王の森」の形状とグロッタの構成図（著者作成）

たとえば、L1G2では、ギリシア神話の美少年ナルキッソスをテーマとした壁画や彫刻をどのように制作し、どういった具合にグロッタ内に配置するのか、という点が事細かに説明されている。右のリストが雄弁に物語るように、デル・リッチョの知的好奇心を存分に反映するかたちで、鳥獣類の世界から人間界や神話にいたるまで、まさしく百科全書的な内容の膨大な情報が取り扱われて

いる。

「王の森」を読み進める我々の脳裏に浮かぶイメージといえば、蛇行する樹林迷宮の中にひしめく、薄暗い洞窟の群れだ。そして、それらの内部には、一見雑多な知識が無造作に散布されている。本章の冒頭で触れた知の混沌としての冥き森のイメージが、ここには見事に重なる。果たして散策者はこの森のなかで、圧倒的なデータの無秩序な堆積を前にして、途方にくれるしかないのだろうか。

百科全書的知識の表象と記憶術

「王の森」の特性を把握するために、三二のグロッタの装飾をもう少し具体的に見てみることにしよう。グロッタに割り当てられた各テーマは、それこそ博物学から神話学、歴史、文学、風俗誌など実に多彩なジャンルを扱っているが、それらの多くに共通する点が一つある。すなわち、データを扱う際の百科全書的な網羅性である。たとえば、L1G5では「地上を闊歩するあらゆる四足獣」の彫刻が置かれるとされ、ヒョウ、フタコブラクダ、ノロジカ、バーバリザルなど具体的な動物名が実に三七種も挙げられている（III. c. 57v.）。以下同様に、四足獣を壁画として描くL2G3の記述には四三種の動物名が列挙され、魚類を描くL1G8では一五九種、鳥類を扱うL2G5では一一四種もの品種名が細かく記載されている。つまり、それだけの種類の生物を識別できる知識と、それを写実的イメージとして表象する能力が求められているのだ。

これらの動物品種リストは、ゆるやかなアルファベット順で記載されている。デル・リッチョが著作『記憶術』において、記憶イメージ作成の補助ツールとして膨大な名詞リストをＡＢＣ順に列挙していたことを思い出すなら（本書第5章）、グロッタ装飾と記憶術のあいだに何らかの関連性を想定してみたくなる。少なくともドミニコ僧は「王の庭」を執筆する際、自身の頭の中にＡＢＣ順にストックされていた博物データを想起しながら筆をすすめた可能性があるのだ。

ここで注意しておきたいのが、グロッタ（洞窟）と人の心（記憶）の伝統的な結び付きである。古くはプラトンが『国家』において、洞窟の比喩を用いて真理の認識のあり方を説明したように（同書、第七巻、五一四Ａ―五一九Ｄ）、西欧では古来、人の心や記憶を洞窟や奥まった部屋にたとえる伝統があった。そうした空間内を物理的に移動することが、精神内で生起する認識のプロセスや、記憶データを検索する行為のメタファーとされてきたのである。なかでも最も著名かつ印象的な事例が、聖アウグスティヌス『告白』第一〇巻に綴られた考察である。その中で聖人は記憶の驚くべき力に感嘆しつつ、記憶の広がりを野原、広大な広間、宝庫、奥の間といったフィジカルな空間になぞらえ、そこに置かれた心象像を貴重な宝物にたとえている。心の中に仮想建築をたて、その中にメンタル・ピクチャーを配列してゆく古典的記憶術も、こうした伝統的な記憶の比喩の延長線上にあることは言うまでもない。

「王の森」は園路が迷宮状になってはいるものの、一定のインターヴァルで情報の貯蔵庫としてのグロッタが配列され、そこにイメージ（装飾）の形で膨大な情報が盛り付けられている。これは、まさしく記憶術的な空間構成といってよいだろう。けれども、特定の場所に百科全書的な図像が置かれている、と単に指摘しただけでは、記憶術と「王の森」の関連性を解き明かしたことにはならない。この点をより深く掘り下げるには、グロッタとそこに置かれたイメージ群がどのような特徴を持ち、またそれらの空間＝図像の複合体を訪問者たちがどのように受容したのか、といった点にまで目を向ける必要がある。

グロッタに置かれたイメージの特性

グロッタ内に設置された彫刻や壁画、自動機械人形を特徴付けているのは、徹底したリアリズムの追求である。たとえば先ほど取り上げた四足獣のグロッタ（L1G5）では、個々の動物彫刻の表現は可能な限り写実性を追求するように、との指示がある。使用する石材には動物の体色や毛皮の模様に近い石を選ぶのはもちろんのこと、「すべてが不動の姿勢をとっているわけではなく、横たわるものもあれば、足を折り曲げるものもあり、見てそれと分かる動物なら、半分だけしか姿を見せていないものや、場合によっては頭だけのぞかせておいてもよい」という（Ill. c. 57v.）。つまり、剝製標本のようなぎこちないポーズではなく、自然界に見られるままの姿を写し取るべし、との指示である。

デル・リッチョ自身が明言しているように、[4] 実はこのL1G5には明確な参照源がある。すなわち、トスカーナ大公メディチ家の所有になるフィレンツェ近郊のヴィッラ・カステッロだ。その付属庭園の中央に、通称「動物のグロッタ」とよばれる人工洞窟がある（図7-14）。鍾乳洞を模したグロッタ内の壁に巨大な水盤が設置され、その上部に様々な品種の動物彫刻がぎっしりと蝟集している。確かに、デル・リッチョが述べるように、いずれの動物も思い思いのポーズをとり、使用石材もライオンには黄大理石を、スイギュウには赤大理石を使うなど、凝りに凝っている。ゾウやシカには本物の象牙や角《つの》を使う念の入れようだ（カステッロ庭園とグロッタについては、Luchinat e Galletti 1992）。おそらくドミニコ僧はこの庭園に足しげく通い、自身の理想庭園構想の参考にしたのだろう。

一方で、壁画として動物を描くタイプのグロッタに関しても、デル・リッチョは写実性の追求を第一とし、実物を見て原寸大で描くように、との指示を繰り返し出している。前述のとおり一六世紀後半のイタリア庭園にはグロッタが多数設けられ、一部の作例には施主の趣味を反映して博物学的要素の濃い装飾が施されていた。たとえばフィレンツェにおけるメディチ家の居城ピッティ宮殿を飾るボーボリ庭園には、一六世紀後半に「グロッタ・グランデ」と呼ばれる大規模な人工洞窟が建設され、その天井部分には四足獣や鳥類の写実的なフレスコ画が描かれていた（図7-15）（グロッタ・グランデについては、Luchinat e Zorzi (eds.) 1991; Risaliti (ed.) 2012）。また、フェルディナンド一世・デ・メディチ（一五四九―一六〇九年）といえば、デル・リッチョが「王の庭について」の章を執筆していた当時のトスカーナ大公であるが、その彼が枢機卿時代にローマに構えた邸宅ヴィッラ・メディチには、天井一面に博物図譜とも見まごう迫真のタッチで無数の鳴禽・渉禽・水禽類が描かれた園亭があった（図7-16）（ヴィッ

7-14　「動物のグロッタ」内部（著者撮影）

ラ・メディチの庭園については、Chastel e Morel (eds.) 1991)。こうしたメディチ家ゆかりの庭園装飾を、ドミニコ僧が積極的に参照した可能性は大いにあるだろう。

　樹木や水や石といった素材から造られる庭園は、そもそも博物学、すなわち自然の三界（動植鉱物）を研究する学問との親和性が高い空間である。とりわけ初期近代イタリアの大規模な庭では、園内に多彩な種類の禽獣虫魚が放し飼いにされ、付属の鳥禽舎や厩舎では色鮮やかな異邦禽や、見る者

7-15　「グロッタ・グランデ」の天井フレスコ画（著者撮影）

7-16　ヴィッラ・メディチ庭園の園亭・天井画（著者撮影）

を瞠目せしめる怪禽妖獣が養われていた。花壇に目を向ければ色とりどりの珍花奇葉が咲き誇り、グロッタや噴水にはきらびやかな金石珠玉がちりばめられていた。時には、それらの動植物が壁画や彫刻に写し取られ、自然と人工の競演が見られることもあった（ルネサンス庭園における自然と人工の競合については、Lazzaro 1990, pp. 8-19）。

7-17　ジュスト・ウテンス《ヴィッラ・プラトリーノ》（1599年頃）（ヴィッラ・ラ・ペトライア）

こうした傾向がとりわけ強く見られた庭が、フィレンツェ近郊のメディチ家の所領ヴィッラ・プラトリーノ（図7-17）である（プラトリーノ庭園については、Zangheri 1987）。デル・リッチョが「王の庭」の参照源としてたびたび言及するこの庭園は、施主のフランチェスコ一世・デ・メディチの趣味を色濃く反映して、博物学の貴重なコレクションの場ともなっていた。「驚異の庭」として当時の欧州の王侯貴紳たちのあこがれの的だったこの庭を、ボローニャ大学の博物学者ウリッセ・アルドロヴァンディ（一五二二―一六〇五年）が一五七七年におとずれている。園内で展覧に供されていた珍しい草木金石虫魚鳥獣の数々に瞠目した学者は、嬉々としてそれらのラテン語名称をノートに綴り、この庭は植物園に匹敵する博物コレクションを有している、と賛嘆している。かと思えば、その同じアルドロヴァンディは、当時のメディチ宮廷

7-18　リゴッツィ《オウム》（Gabinetto dei Disegni e delle Stampe degli Uffizi、フィレンツェ、inv. 1997 O）（出典：De Luca e Faietti (eds.) 2014, p. 60）

最高の博物図譜画家ヤコポ・リゴッツィ（一五四七―一六二七年）の手になるグロッタの壁画を愛でつつ、そこに描き出された自然モチーフの情景の出来栄えに驚嘆してもいる（Ibid., p. 178）。リゴッツィといえば、科学的な精密さと芸術的な美しさの双方を備えた秀麗な博物図譜の作者として、当時この界隈でヨーロッパ随一の名声を誇った画家である（図7-18）（リゴッツィに関する最新の研究成果は、De Luca e Faietti (eds.) 2014; Cecchi, Conigliello e Faietti (eds.) 2014）。博物学者としての顔も持つデル・リッチョが自身の理想庭園として想定していたのも、この種の博物図譜的な写実精度とファイン・アートとしての美的品質を同時にそなえた壁画だったと考えられるだろう。

感情を帯びるイメージ

まるで呼吸をしているかのようなシカやウサギの姿、極彩色の羽で覆われたあまたの鳴禽、きらめく鱗をまとった無数の鹹水《かんすい》魚。薄暗いグロッタの壁面いっぱいに描かれた写実的な図像を前にした人々は、いかなる反応を示すだろうか。ある者は好奇にかられて細部に目を凝らし、ある者は画面全体を埋めつくすその圧倒的な画像の量と密度に気おされて、時を忘れて見入ることだろう。リアルで生気に満ちたイメージとはすなわち、力を持った画像でもあるのだ――記憶術で用いられる賦活イメージのように。

たとえば、オウィディウス『変身物語』中の白眉たる「ティスベとピュラモスの悲劇」をテーマとするL4G4では、不運な勘違いから絶命してしまう恋人たちの姿が、自動機械人形の精巧な動きによって上演される。剣で身体を貫かれる哀れな男女の「頭、腕、全身が、あたかも生きているかのように、そしてこの惨劇が目の前で実際に起こっているかのように動く」という（III. c. 86r.）。続くL4G5はクレオパトラを主題とし、亡国の女王の「生涯のあらゆる場面が壁画に描かれ」、グロッタ中央部では彼女の悲壮な自殺の場面が、自動機械人形の迫真の動きによって上演されるという（cc. 86r.-86v.）。ちなみに、一六世紀後半のイタリア庭園では、水力や空気圧を利用したこの種の自動機械装置（automata）が大流行し、建築家や職人が綺想の限りをつくした作品の出来栄えを競っていた（Schloss und Benrath (eds.) 2008）。なかでもメディチ家のプラトリーノ庭園は、その種の仕掛けの宝庫として知られる（図7-19）。ともあれ、人形が演じる悲劇的な場面を緻密に描写するデル・リッチョの筆致は、エクフラシス的な精彩と熱気を帯びてゆく。続くL4G6の記述は、一転して「上記の二つのもの悲しいグロッタを見てきた娘さんたちをこれ以上苦しめないように、陽気なものにしなくてはならない」という書き出しで始まる。つまり、年端もいかぬ少女がグロッタを訪れることが念頭に置かれ、かつ悲しみという強い感情を喚起する意図が装飾テーマに盛り込まれていたことがわかる。

右の二つは実はやや特殊な事例で、それ以外のグロッタでは、もっぱら愉悦（piacevole）や笑い

(ride)、驚嘆（meraviglia）、陽気（allegri）、満足感（contento）といったポジティヴな感情がたっぷりと強調されている（III, cc. 55r., 56v., 59v.）。具体的には、壁画に描かれた滑稽な場面や、息を呑む動物画のリアリズム、驚嘆すべき自動機械人形の動きや鉱物装飾の輝きといった要素が、この種の感情を呼び覚ますのだ。また、天使の人形が季節の果物を差し出したり（L3 G7）、天井から砂糖菓子が降ってきたり（L2 G4）といった、とびきり楽しい仕掛けのグロッタもある。

この観点から興味深いのが、グロッタの大半に設置されている遊戯噴水（giochi d'acqua）の仕掛けである。これは壁や床などに隠されたダクトから散策者めがけて水を吹きかける装置で、同時代の庭

IL PASTOREL'ASCISO APRESSO AL FONTE SONANDO INVITA LA SVA NINFA
AL ACQVA ESSA LIETA VI VA NE PRENDE E TORNA DILETTEVOLE VISTA
TAVOLA GIOCO D'ACQVE IN VARIO SCHERZO CON OTTO
LVOCHI PER LI CONVITATI OVE SEMPRE FRESCA CONCORE

7-19　プラトリーノ庭園の地下グロッタに設置された自動機械人形（ジョヴァンニ・グエッラ《サマリターナのグロッタ》（1598年））（出典：Zangheri 1987, fig. 65）

園で大流行していた（図7-20）。大公フランチェスコ一世・デ・メディチなどは、賓客を連れて自慢のプラトリーノ庭園をみずから案内し、自分以外の者を遊戯噴水のえじきにして悦に入っていたというから、たまったものではない。[5] 当時の貴紳たちは随分と心に余裕があったようで、こんないたずらを喰らっても笑ってすますのが慣例だったという。

7-20　遊戯噴水に逃げ惑う人々（ヴェンチュリーニ《ヴィッラ・デステの「フクロウの噴水」》）（出典：Coffin 1960, fig. 18）

イメージの受容

　先ほど少女の訪問を念頭においたとおぼしきグロッタを見たが、「王の森」の記述を丹念に読んでゆくと、他にも庭園を訪れる様々な人々への言及があることに気がつく。いずれも断片的な描写ではあるが、彼らの身振りや挙動とは、すなわち庭の設計者であるデル・リッチョにとっての理想の散策者の反応だったとみなすことができるだろう。

　デル・リッチョが強調するのはグロッタ内の装飾イメージに見とれる訪問者たちの姿で、その描写を数え上げてみると実に一一箇所もある。たいていは「壁画に見入っていると、あたりの壁から水が噴出して……」というパターンが多い。[6] 冷たい水の不意打ちをくらってどきりとさせられるわけだから、記憶と情動の関係を鑑みれば、直前に見ていた映像は克明に心に刻まれたに違いない。また、もしグロッタの装飾を記憶術でいうところの賦活イメージとの類比でとらえるなら、「王の森」に多数設置された自動機械装置は非常に示唆的である。賦活イメージ（imagines agentes）とは、直訳すれば「動くイメージ」のことだ。水や空気圧の力で文字通り「動く」自動機械装置は、静止画像とは比べ物にならないインパクトを観者の心に刻印したことだろう。

イメージの受容の観点からさらに興味深いのが、散策者どうしがグロッタの装飾をみて「議論を交わす（disputono）」という描写が三箇所あることだ。そのうちの二箇所（L3 G2、L3 G4）では、なんと親子の会話が想定されている。つまり、目の前に展開するイメージをただ受け身に消費するのではなく、そこから触発されて、記憶の中の関連トピックが活性化し、新たな思考が生み出される可能性があったということだ。まさに談論風発。グロッタにたっぷり盛られた百科全書的なイメージの洪水を前にして、教養のある大人たちは図像の解釈をめぐって同伴者と意見を戦わせ、子供たちは遊戯噴水の襲撃にべそをかきつつ両親に動物の名称や歴史物語の解説をせがんだことだろう。そこには高い教育効果も込められていたはずだ。

グロッタにおける知識の編集

こころみに、我々も「王の森」のグロッタの中に足を踏み入れてみよう。L3 G6、すなわちバッコス神にささげられた洞窟を覗いてみたい（Ill. cc. 76r.-78r.）。

正多角形平面をもつグロッタの中央には、薄明かりに照らされて白大理石で造られた彫像が立ち並んでいる。近寄ってみると、真ん中に大きなワインの樽が横たわり、そこに葡萄酒の神バッコスが玉座よろしく鎮座している。両手に大きな杯《さかずき》を掲げ、それを豪快に持ち上げて自らの口に注いでいるのだが、もちろん流れ出る液体は水だ。古代神の周囲には大勢の貴賤老少の姿が見え、彼らは玉座の樽から流れてくるワイン（水）をわれ先に掬《すく》って飲み干している。美酒が秘める魔力には、いかなる年齢や境遇や性別の者であっても抗えない、という教訓的なメッセージだろうか。一五六六年に出版されたヨハネス・サンブクスの『エンブレム集』には、これとそっくりの場面を活写した図像が収録されており（図7-21）、デル・リッチョの着想源を探る上で興味深い（Sambucus 1566, p. 204）。

7-21　『エンブレム集』の図像

さて、周囲の壁に目を向けると、鮮やかな色彩のフレスコ画が一面を覆っている。主題はすべてワインに関するもので、葡萄の収穫の場面があるかと思えば、ワインの製造工程の詳細を描いた教育的な図譜もある。別の壁ではバッコス神が宰領する贅美濃厚な饗宴の場面が展開し、出来上がったばかりの美酒を堪能しながら人々が料理に舌鼓をうっている。輝く紅の液体や湯気をたてる珍味佳肴のリアルな描写は、見ているだけでおもわず唾液が溢れそうになるほどだ。画面には赤子、女性、若者、老人、貧しい者や裕福な者など、社会のあらゆる身分や境遇の人々が、様々な仕草や衣装で描きこまれており、いつまでも見飽きることがない。饗宴の場面を覆う奢侈や懶惰、酔っ払いの痴態や、酒席におなじみの滑稽な遊戯などが事細かに描き尽くされていて、その祝祭的な活況に観者の心もほろ酔い気分、時を忘れて見入ってしまう。これらの壁画を見ることで、壮大なワインの文化誌とでもいったものが楽しく学べるしかけになっているのだ。……などと感心して油断をしていると、中央の酒樽から突然水が噴出して、たちまち水浸しにされてしまう。

実は、「王の森」の多くのグロッタが、これと同様の構成になっている。たとえば、愛の神クピードを主題とするL1G7でも、中央にクピード神を象《かたど》った自動機械人形が据えられる一方で、周囲の壁は愛にまつわる古今東西のあらゆる物語を描いた浮き彫りやフレスコ画で埋め尽くされている。動物をテーマとする第三迷宮区画のグロッタ群も同工で、ライオンやクマやウシといった動物の彫像または自動機械装置が中央に置かれ、周囲にはそれらの動物の生態や、関連する寓話や伝承、あるいはそれらの動物を狩る人々の姿が、関係の深い各種風俗のイメージとともに壁一面を覆っている。

これを思い切って単純化すれば、「王の森」のグロッタの大部分において、主題を表す彫像または自動機械装置が多角形平面の空間の中央に置かれ、周囲の壁面にはその主題に関連するサブ・トピックが網羅的に表象されている（図7-22）。中央の像は、いわばメイントピックの検索の際に便利なアイコン／インデックスの役割を果たしているといえる。そして、壁面の特定の場所を占めるサブトピック群は、メイントピックから派生しうるあらゆる議論をヴィジュアル化しているのだ。壁面の画題の詳細については「……に関するありとあらゆる物語／情景」（を描く）といった表現で簡略化されるケースが大半だが、限られた紙幅を考えれば、これはいたしかたない。ともあれ、多くのグロッタに共通して見られるこうしたメイン・サブトピックの組み合わせによる情報管理のシステムは、ドミニコ僧自身が普段から実践している知識の編集法を応用したものだったのではないだろうか。

トポスの物質化としてのグロッタ

膨大な情報をいかに混乱することなく、すぐに取り出せる状態で貯蔵するか。この点を考えたとき、右にみた「王の森」のグロッタにおける知識の管理法は実に秀抜なシステムだといえる。そこには記憶術はもちろん、修辞学や弁証術におけるトポスの議論の応用も考えられる。紙幅の都合で立ち入った分析はできないが、基本となる考え方は押さえておこう。

第４章で触れたように、トポスとはトピックの謂、すなわち特定の主題のもとにまとめられた情報の束を意味する。医学や建築などの専門分野ごとに「固有のトポス」といったものが当然考えられるし、それとは逆に複数の学野に共通して当てはまるトピックまたは議論の型を集めた、いわゆる「共通トポス」といった考え方もある。こうしたトポスを巧みに操ることで、日々の読書や経験からあつめた膨大な情報を効果的に分類整理し、新たな知識の創造に役立てようとする方法論が存在した。すなわち、それがトピカ（＝トポスの学）と呼ばれるディシプリンであり、古代より弁証術や修辞学の分野で洗練されてきた（秀抜な入門書と

7-22　グロッタの模式図（著者作成）

しては、浅野 二〇一八)。たとえば、そのものずばり『トピカ』という題名の著作があるアリストテレスは、議論の素材となる膨大なデータ群を効率よく想起する方途として、「関連」、「類似」、「反対」の三つの共通概念を活用するようにすすめている(Sorabji 1972)。

未曽有の情報爆発を体験した初期近代には、このトピカの方法論の応用に注目が集まる。その流れを牽引したのがエラスムスで、彼は「反対」と「類似」という、どんな分野の議論にも当てはめることのできる情報の見出し、すなわち「共通トポス」を応用して、膨大な古典文学の知識を見事に分類整理し、自身の著述活動に役立てた(Moss 1996, pp. 101-133)。その一方で、古典文献中にあらわれる様々なトピックをあらかじめ抜粋し、テーマごとに分類した「共通トポス集」(いわゆる「コモンプレイス・ブック」)のような出版物が大人気を博した(Ibid.)。つまり、本来なら各人が日々の古典読書を通じてノートに手書きで蒐集すべき定型フレーズを、出版元のほうで勝手に集めてくれたもので、今で言う引用句辞典のようなものだといえる。人文主義文化にどっぷり浸かっていた当時の知識人たちは、何かラテン語で執筆する際には、この種のレファレンス・ツールを活用して、文章を博識に飾り立てていったのである。このように、情報分類のツールとして様々に活用されていたトポスであるが、この概念が容易に「記憶ロクス」と結びつく性質を持っていたことは、すでにコスマ・ロッセッリの記憶術論にことよせて述べたとおりだ。

こうした流れを念頭におけば、「王の森」の三二のグロッタを異なる角度から眺められる。つまり、理想庭園の構想に重ねあわされた、百科全書的知識のトポス的な編集・布置として読解する試みだ。この場合には、従来頭の中や紙面の上にのみ存在した「トポス」という抽象的な概念が、グロッタという物理的な衣をまとって地上世界に物質化しているとは考えられないだろうか。つまり、三二のグロッタは三二のトポスの立体化なのだ。たとえば、バッコス神のグロッタ（L3G6）は「ワイン」というトポスの物質化であり、実際その内部にはワインの製造法から酒宴にいたるまで、この真紅の液体にまつわるあらゆる文化誌的情報がヴィジュアル化されて貯蔵されていた。それはまた、場所とイメージに基づく記憶術的な情報処理の空間でもあったに違いない。

個々のグロッタ単位ではなく、もう少し大きな視点から「王の森」を眺めてみよう。たとえば第二迷宮区画（L2）が分かりやすいが、聖サムソンやヘラクレスといった怪力自慢の英雄による「暴力」をテーマとするトポスのあとには、それとは反対の「平和的調和」をあらわすオルフェウスのグロッタが来る。その竪琴の妙《たえ》なる調べで猛獣をも手なずけたとされるギリシア神話の詩人だ。それに続くのは、平和と関連するトポス、すなわち「結婚による夫婦愛や絆」を司るヒュメーン神にささげられたグロッタだ。L2の最後の二つのグロッタもこれと同じパターンを踏み、騎士と兵隊による「戦争」のトポスの直後には、それとは反対の「学芸知識の繁栄」をテーマとするパルナッソス山のグロッタが来る。ここに「関連」、「類似」、「反対」に基づくトピカ的な情報編集の痕跡を読み取ることは、さほど困難ではないだろう。

さらに分かりやすいのが第三迷宮区画（L3）で、ここはひたすら動物カテゴリー内の類似のトポスの列挙だ。また、大きな視点で見ればL1とL3もおそらくは対になっていて、L1では自然界の動物の姿がそのままのかたちで描かれていたのに対して、L3で取り上げられる多くの動物が狩猟、すなわち人間文化のコンテクストの中で表象されている。以上をふまえて「王の森」全体を俯瞰するなら、L1と

L2では、未加工の自然の世界、自己愛や婚姻といった根源的愛情の力、あるいは暴力といった、どちらかといえば小脳的な世界、つまり原始的な好き嫌いの感覚や、刺激への単純な反応が扱われている。これらをまとめて「世界への信頼感を獲得するのに必要な愛の体験」と読み解いてみたい。それに対して、L3とL4はいわば大脳的世界で、文明の構築や、人と動物世界の関わり、未来予測（因果応報）、文明の諸相、歴史といったトポスが扱われている。[7] こうした知識のグラデーションは、この森を創造した人物が抱く世界観でもあったのだろう。

王のための理想庭園は、それが紙上のプロジェクトだったために、実現を意図した設計図とは別の審級において、作者であるデル・リッチョ自身の脳内の情報編集法をはからずも映し出してしまう側面があったのではなかろうか。

創造的思考を生み出す庭

中世記憶術研究の泰斗メアリー・カラザースが指摘したように、コンピューターがまだ存在せず、紙もそれなりに貴重だった時代、何かクリエイティヴな知的活動をしようとすれば、情報を集め、思考を組み上げてゆくための共通のベースのようなものを、精神のなかにしっかりと据える必要があった（Carruthers 1998, passim）。その種の仮想ベースを提供したのが記憶術で用いられるロクスであり、そのロクスはまたトポスとしても機能して、テーマごとに情報を蒐集・分類するツールにもなった。デル・リッチョが構想した壮大な「王の森」もまた、三二のロクス／トポスのもとに、自然と人間の関わりをめぐる膨大な知識が、場所とイメージの組み合わせで管理されていた。

ここで再度強調しておきたいのは、記憶と創造の密接な関係である。この庭を単なるデータ置き場ととらえるなら、必要なときに装飾イメージを思い出して情報を取り出せばそれですむ。しかしながら、「王の庭」の構成を規定する記憶術的原理が真の力を発揮するのは、既存の情報を拡幅し、データ間の新たな組み合わせを見つけ出す場面、いうなれば知識を創造する現場においてである。「反対」、「類似」、「関連」の概念でゆるやかに、かつテーマ的に連結されたグロッタ群では、そうした知的操作がしやすい環境が整えられていたはずだ。個々のグロッタの装飾がメイン・サブトピックの組み合わせで構成されていた点も、こうした側面にプラスに働いただろう。これらのグロッタを訪れる人々に会話をうながす力が、この庭には備わっていたのだ。いや、何かをしゃべりたい衝動を生み出す力、というべきだろうか。こうして知識が創発されてゆく。

迷宮状の園路が走る「王の森」は、一見するとダンテが恐れた混沌の冥き森ともみなしうる。しかしながら、記憶術の原理を知り、トポス的な情報整理の方法論を知悉した者にとっては、この森を恐れる理由は何もない。そう考えてみると、樹林迷宮の構成はデル・リッチョの脳みその皺《しわ》、あるいはシナプスの神経網のようにも思われてくる。残念ながら本章が絶筆となったため、デル・リッチョのその後の知的活動の展開と、この「王の森」の構成を比較検討することはできない。しかしながら、彼が残した膨大な著作、あるいは書名だけが伝わっている作品、そしてもし彼がもう少し長命だったらその流麗な筆から紡ぎだされたであろう数々の魅力的な本――それらすべての創造の母体として、この理想園プロジェクトをとらえてみたらどうだろうか。そのとき我々は、混沌の森が叡智の幾何学庭園へと蟬脱《せんだつ》する瞬間に、きっと立ち会うことができるだろう。

フィレンツェのボーボリ庭園や、同市郊外のヴィッラ・カステッロ、ヴィッラ・プラトリーノといった現代に伝わる一六世紀以来の珠玉の名園を散策していると、ふと、蔦《つた》を這わせた有蓋歩廊の蔭から、白と黒のドミニコ会の僧衣に身を包んだデル・リッチョがひょっこり姿をあらわすのではないか、とそんな感懐にとらわれることがある。きっと愛想のよい笑みを満面にうかべ、後ろ手に、絹のハンカチに包んだびっくりするほど巨大でグロテスクなヨウラクユリ(!)を隠し持った彼に。……残念ながら、我々には、このとびきりユニークな哲学者(=知を愛する者)と直接言葉を交わすことはかなわないが、「王の庭について」の章をひもときさえすれば、いつでもこの好奇心に満ちた人物の華麗な精神の中を覗き見ることができるのだ。

第**8**章

記憶術の黄昏

シェンケルの「方法的」記憶

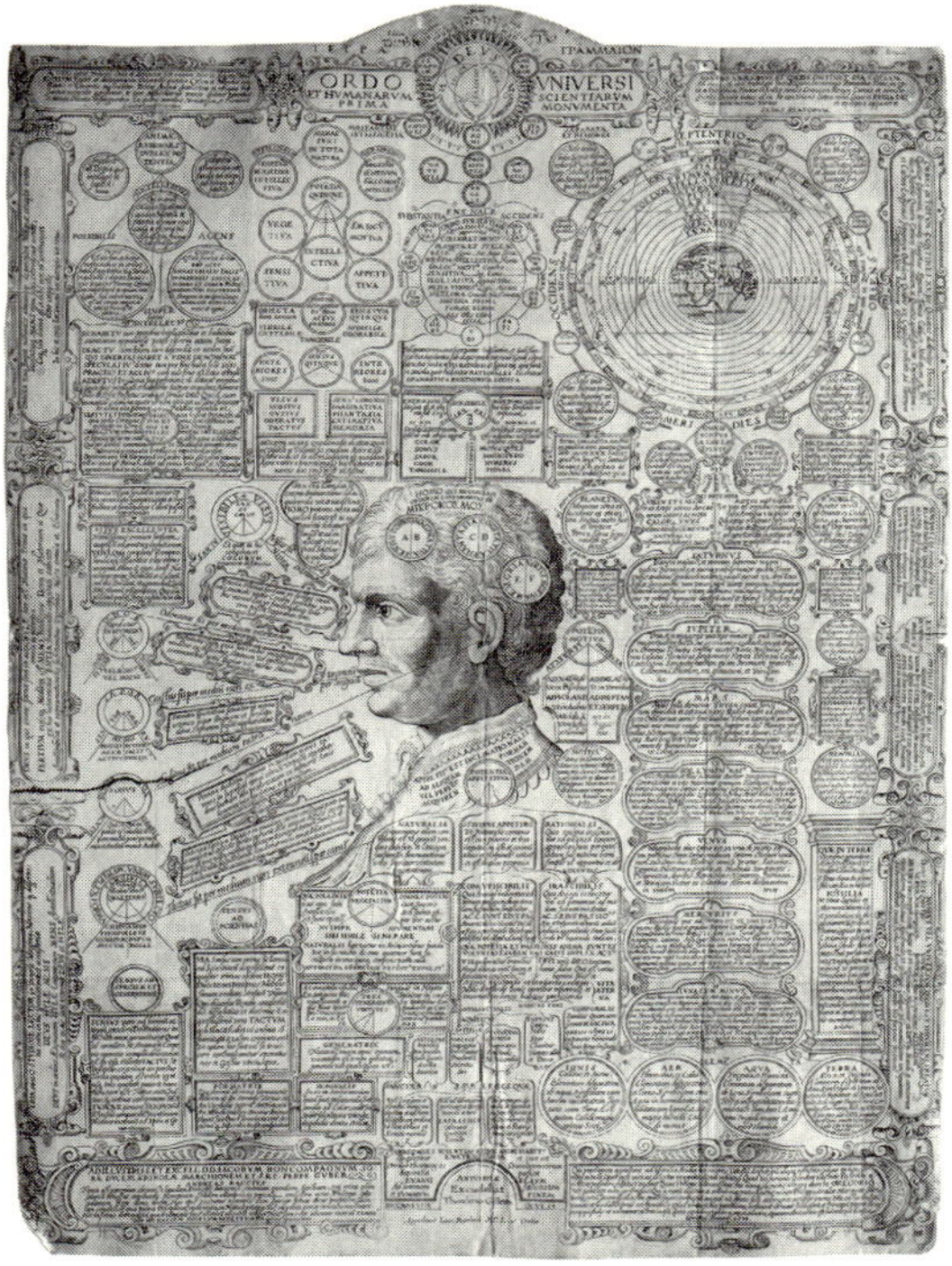

アンドレア・バッチ『世界および人知の秩序……』
（アントワープ、1596年）（出典：Siegel 2009, S. 25）

＊精神内の記憶ロクスはやがて抜粋カードへと変容してゆく。

前章までに見てきたように、初期近代に隆盛を極め、様々な知的領野への応用が見られた記憶術だったが、一七世紀の初頭を過ぎたころからその人気にもかげりが見え始め、一八世紀以降はすっかり廃れてしまう。その凋落のスピードと徹底ぶりはすさまじく、二〇世紀になってイエイツやロッシらが再び記憶術と真摯に向き合い、その文化史的意義を研究しようとした際には、すっかり知的化石となりはてて、そのおぼろげな輪郭をつかむことさえ難しい状況だったという。少々皮肉めいた言い方をするなら、記憶術はみずからを忘却の淵から救うことができなかったわけだ。いったいどこで道を間違えたのだろうか。その原因は様々に考えられる。一つには、近代特有の数学的思弁に基づいた合理主義的思考の台頭が、次第にそのような古臭い技術を駆逐していったという点。他方では、人工的記憶強化法が技術としての発展の極限まで行き着いてしまい、なかば必然的に自己解体をむかえたという面もあったようだ。

記憶女神ムネモシュネの華麗なる饗宴を堪能してきた本書も、いよいよ最終章となった。少々寂しいが、記憶術の終焉の場面に立ち会うことにしよう。取り上げる時代は一七世紀の初頭。場とイメージを駆使する記憶強化法に対する批判の声が無視できないほどの高まりを見せていたころだ。そんな時代の趨勢になかば逆行するかたちで、この伝統的な知的方法論を華麗に洗練させ、衆目を集めた一人の独創的な思索家を取り上げてみたい。

記憶術への批判

その名はランベルト・トマス・シェンケル。我々が出会う最後の記憶術師だ。

長大な演説の原稿を覚えなくてはならないと仮定しよう。我々におなじみの方法を使うなら、まず内容をトピックごとに分節し、そのいちいちを、時には卑猥で時には残酷な哄笑感を生む鮮烈なイメージに変換したうえで、それらを心の中の建築的背景に配置してゆく。想起したい時には、その内面空間を瞑想によって順番に巡り歩かなくてはならない。けれども、そんな面倒なことをせずとも、原稿を繰り返し眺め、声に出して何度も読み上げることで、いわば体で覚えてしまったほうが手っ取り早いのではないか――そんな常識的な批判は、すでに古代の修辞学者クインティリアヌスの『弁論家の教育』において、堂々と述べられていたことだった（同書、一一・二・二三―二六）。

初期近代になって記憶術が華々しい復活を遂げた際にも、この種の批判は常についてまわった。本書でも、常識人エラスムスがカミッロの面妖な記憶劇場を酷評していた事例を見たし、あるいは宗教改革の「聖像破壊運動」の文脈で、記憶術で用いる猥雑放恣で不敬な内面イメージが論難されていたケースにも触れた。その声は「初期近代」から「近代」へと時代が移り変わる一七世紀になると、ひときわ大きくなってゆく。次に引用するのは、そうした声明のもっともストレートな発露だ。

場所とイメージに基づく人工的記憶は、労苦なくとても簡単に説教内容を記憶する方途を教えてくれる。けれども、この方法は以下の理由によって承認できない。1　記憶の鍵となるイメージの活性化が不敬きわまる。なぜなら、その種のイメージのためには、馬鹿げていて、品位がなく、驚異的な映像を考え出す必要があり、とりわけ最も堕落した肉欲の感情を掻き立ててしまうからだ。2　この方法は、精神の機知と記憶を鈍《にぶ》らせてしまう。なぜなら、たった一つの事柄に対して、三倍の手続きが必要になるからだ。すなわち、まず場所、次いでイメージ、そして最後に覚えるべき事物それ自体だ。(Cit. in Plett 2012, p. 154)

英国のピューリタン神学者ウィリアム・パーキンズ(一五五八―一六〇二年)が、著作『予言の術』(一六〇七年)に綴った文章だ。清廉潔白を旨とする清教徒らしい生真面目な反応といえるが、その説くところには共感を覚える読者も多いだろう。我々現代人の目には、場所とイメージを組み合わせる古典的手法はいかにも無駄が多いように映ってしまうからだ。とはいえ、記憶術にも様々な種類があり、一概に冗長のひとことで切ってしまえないことは、本書の読者なら百も承知だろう。批判の文脈をしっかり見てゆく必要がある。

デカルトの記憶術批判

この観点から興味深いのが、あの近世哲学の祖といわれるルネ・デカルト(一五九六―一六五〇年)(図8-1)が若き日に綴った記憶術批判だ。そもそも哲学史上の巨匠が、その当時でさえもはや流行遅れになりつつあったこの蒼古たる術に真面目にコメントしていること自体が驚きだが、その内容もまた、まことに意義深い。一六一九―二〇年ごろに書かれたとされる、その問題の文章を引用してみよう。

シェンケルの〔『記憶術について』の〕有益な小論を読んでみて、私は想像力を通じて発見されることのすべてに熟達する、容易な方法に思い到った。それはものをその原因にまで引き戻すことだ。すべてはある原因に帰せられるのであるから、科学をすっかり覚え込む必要はない。原因を理解すれば、一度は消滅したイメージのすべてが原因の刻印によって今一度楽々と脳の中に見出せるのである。これが、彼〔シェンケル〕の並べたてる摑み所のない考え方とは全くの対極をなす真の記憶術である。彼〔の術〕が無効だというのではないが、全体に物事が多くつめこまれすぎているし、順序も間違っている。〔…〕彼はすべての謎への鍵を見落としているのである。(Descartes 1897-1909, vol. 10, p. 230. 訳文はイエイツ 一九九三、四二〇―四二一頁より（一部変更）。ロッシ 一九八四、二〇〇―二〇一、二一一―二一二頁も見よ)

8-1　デカルト

一読して明らかなように、若き哲学者はシェンケルなる人物の記憶術論を無駄が多くて、間違った方法論を説くものだとして切って捨てている。ただ、デカルトがこれに代わる真の意味での記憶術、すなわち原因にまでさかのぼり、そこからすべての知識を順序だてて派生させてゆく思考法を創案するヒントになったという点では、まったくの無意味な存在だったわけでもないようだ。

では、ここで引き合いに出されているシェンケルとは何者であり、デカルトが一応は真面目に取り組んだとおぼしきその記憶術論とは、いかなる内容のものだったのだろうか。少々議論を先取りするなら、シェンケルは一六世紀末から一七世紀初頭にかけての記憶術の最後の発展プロセスの頂点に位置する人物である。と同時に、彼の提唱する記憶強化法の中には、古典的記憶術をやがて完全に駆逐することになる、いわゆる「方法（methodus）」の思想の萌芽もまた見られるのである。おそらく若きデカルトにヒントをもたらしたのは、後者の側面だろう。伝統と革新――この相反する二つの傾向は、この黄昏の記憶術師の中でいかなる折り合いをつけていたのだろうか。

シェンケルと『記憶術の宝物庫』

本書の第3章で忘却術を紹介する際にすでに触れたランベルト・トマス・シェンケル（羅：シェンケリウス）は一五四七年、ネーデルラントの都市ス・ヘルトヘンボスに医師の息子として生まれた。ルーヴァン大学で哲学を学んだのち、記憶術の教師として中欧一帯で名をはせ、フランス、ブルゴーニュ、ドイツ、ボヘミアの各地で活動した。彼の教授するテクニックがあまりに高い効果を発揮したため、一時はキリスト教会から魔術使いの嫌疑がかけられたこともあったという（嫌疑については、Paepp 1617, p. 50; Schenkelius 1619, pp. 83-84）。

一般にシェンケルの名と結びついているのが、一六一〇年に出版されたラテン語著作『記憶術の宝物庫（*Gazophylacium artis memoriae*）』（図8-2）である。実は彼の単著ではなく、一六世紀末から一七世紀初頭にかけて出版された様々な著者による記憶論考を、当時もっとも著名な記憶術師の一人だったシェンケルの名を標題に冠して一冊にまとめたものである。[1] タイトルの語の選択には当然、記憶を宝物庫にたとえる伝統的なメタファーが意識されていたに違いない。

巻頭に収録された本書の目玉ともいうべきシェンケルの論考は、分量にしておよそ一八〇頁だが、その実は一五九三年にドゥエーで出版された彼の『記憶の書（*De memoria liber*）』という作品の再録である。図版の挿入はいっさいなく、飾り気のないラテン語で綴られている。版の特定まではできないものの、デカルトが目を通したのも間違いなくこの著作だろう。本書は二部構成で、第一部では記憶術の秘める絶大な効能が賞賛され、歴史上の記憶の達人たちにまつわる数々の驚異的なエピソードが収録されている。記憶の文化史を考察するうえでは非常に興味深い部分といえる。その一方で、真の意味での記憶教則マニュアルといえるのが第二部で、記憶術を活用するための諸規則や、それらを様々な学問領域に適用するための方法が詳述されている。本章では、この第二部の記述を詳しく追いかけていくことにしよう。[2]

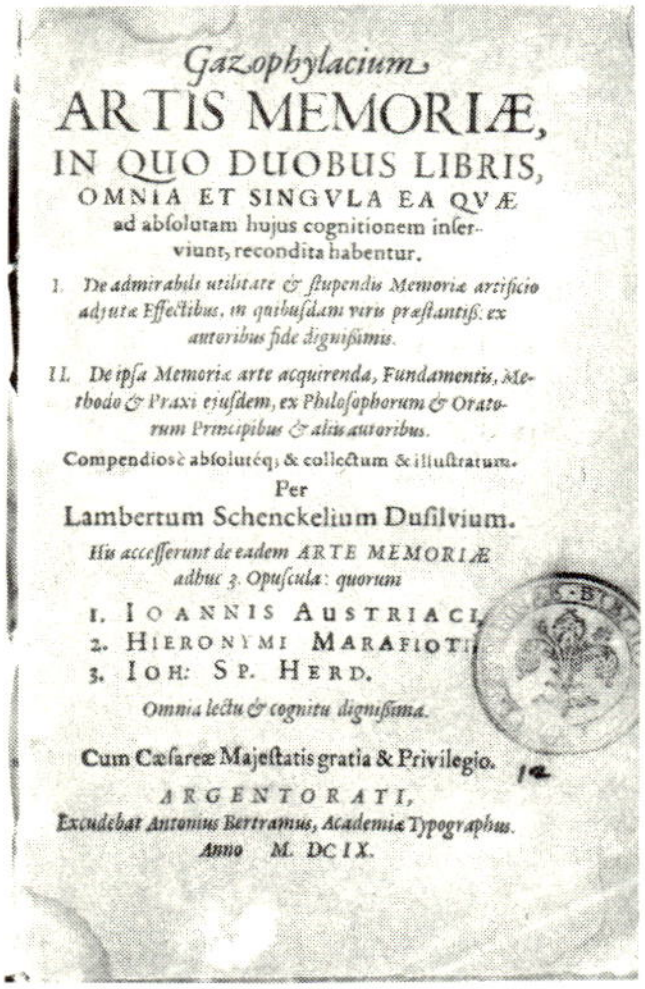
Gazophylacium
ARTIS MEMORIÆ,
IN QUO DUOBUS LIBRIS,
OMNIA ET SINGVLA EA QVÆ
ad absolutam hujus cognitionem inserviunt, recondita habentur.
I. De admirabili utilitate & stupendis Memoriæ artificio adjutæ Effectibus, in quibusdam viris præstantiss. ex autoribus fide dignißimis.
II. De ipsa Memoriæ arte acquirenda, Fundamentis, Methodo & Praxi ejusdem, ex Philosophorum & Oratorum Principibus & aliis autoribus.
Compendiosè absolutéq; & collectum & illustratum.
Per
Lambertum Schenckelium Dusilvium.
His accesserunt de eadem ARTE MEMORIÆ adhuc 3. Opuscula: quorum
1. IOANNIS AUSTRIACI,
2. HIERONYMI MARAFIOTI,
3. IOH: SP. HERD.
Omnia lectu & cognitu dignißima.
Cum Cæsareæ Majestatis gratia & Privilegio.
ARGENTORATI,
Excudebat Antonius Bertramus, Academiæ Typographus.
Anno M. DCIX.

8-2 『記憶術の宝物庫』表紙

シェンケルが提唱する記憶術は、場所とイメージに基づいた伝統的な記憶強化法である。本文中にはピエトロ・ダ・ラヴェンナ、ヨハンネス・ホスト・フォン・ロンベルヒ、コスマ・ロッセッリ、フィリッポ・マーリア・ジェズアルドなど、我々にはもう馴染みの記憶術師たちの名とその理論が繰り返し引用されており、こうした先行する論考の成果をたっぷり吸収した跡がうかがえる。さて、その内容はというと、カミッロやブルーノといった同時代の一部の記憶論に見られた神秘主義的な傾向からは距離をとり、むしろ合理的で実践的な側面の強調が目立つ。たとえば、記憶術の効果的な実践には、何よりも繰り返し根気強く練習することが一番大事だ、と説かれている。少々拍子抜けするが、これは同時代に高まりつつあった同術への批判を意識してのことかもしれない。そんな中でシェンケルの独創性が輝きを見せるのは、記憶のロクスに関する規定である。そのダイナミックかつ洗練された情報処理システムを、以下で掘り下げてみよう。

記憶術界のル・コルビュジエ？

我々はこれまで様々な記憶ロクスの事例をみてきた。人間の身体を用いるものから、宮殿や劇場や教会といった単体の建築物を利用するもの、さらには庭園、街路、町並みといった屋外スペースを活用するものや、果ては地獄から天国にいたる天地万象の布置結構そのものを記憶データの容れ物にしてしまう提案まで、実に様々だった。そのいずれにも共通していたのは、多様性と秩序を同時に満たす空間という点である。

これに対して、シェンケルの提案は実にドライだ。まず実在する空間をロクスのモデルとすべきか、あるいは空想のロクスを設計すべきかという点について、彼は利便性の観点から後者を強力に推奨する（Schenkelius 1610, p. 114）。つまり、頭の中にゼロから理想の器を設計するのだ。ただし、シェンケルが提案するのは、ロッセッリの冥界や楽園のような複雑華麗な構築物ではなく、飾り気のない四角い複数の部屋で構成された、いたってシンプルな方形の家である。仮に精神の中の建築史とでもいうべきものを想定するとしたら、ここに提示されたホワイト・キューブのロクスには、さしずめ記憶術界のル・コルビュジエ作品といっていいほどのモダンなインパクトがある。

そのシンプルな家の四角い部屋の中から、壁を一枚取り出してみよう。図に示したように、四隅と中央に一つずつ、合計五つのロクスを設定してゆく（図8-3）。つまり、この白い壁には五つの記憶イメージを配置できるということだ。部屋には壁が四枚あるから、一部屋で合計二〇の記憶ロクスがあることになる。ただし、記憶したい情報の量がもっと多い場合には、先ほどの壁のなかの五つのロクスの場所に、さらに小さな壁を挿入し、それぞれ四隅をロクスとして設定することで、一枚の壁で二〇（図8-4）、部屋全体では四つの壁面をあわせて八〇のロクスを得ることができるのだという。

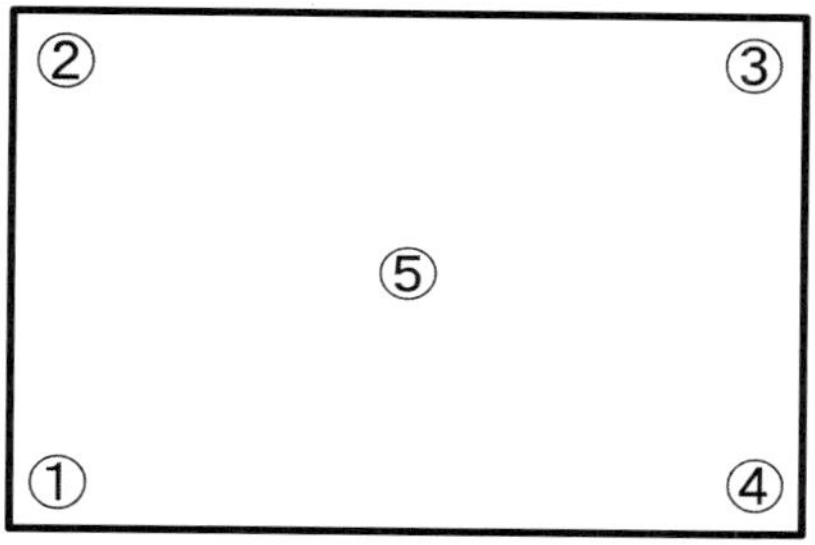

8-3　壁に5つのロクスを設定する（著者作成）

とはいえ、これはほんの一例にすぎず、ロクスの数が一部屋につき二〇または八〇と固定されているわけでは決してない。数学的な抽象性をそなえ、なおかつ術者の意図に応じて柔軟に運用可能なのがこのシステムの最大の特徴であり、常に小さな壁を大きな壁のなかに挿入してゆくことで、いわば入れ子状の階層構造をどこまでもつくってゆくことができる。そのため、あくまで理論上の数値ではあるが、たった一枚の壁に二五〇万、部屋全体で合計一〇〇〇万ロクス（！）を設定することも可能なのだとシェンケルは自慢げに主張している（Ibid., p. 119）。

さて、そのような壁から構成される部屋の配置もまた、大変シンプルかつ合理的である。すなわち、同じ大きさの方形の各部屋が、単純に一直線に並んでいるだけなのだ。一列に並べる部屋の総数はきりのよい五の倍数がよいとされ、最大でも一〇〇部屋までとされる。ただし、記憶すべき情報量が多い場合には、部屋の列を複数設けてもよく、柔軟に運用できるシステムになっている。

だが、驚くのはまだ早い。実は、この記憶の家は、必要とあらば上にも伸ばすことができるのだ。例として一〇〇階建ての記憶の摩天楼が引かれている (Ibid., p. 117)。そして、それらの高層建築があつまって一つの都市を形成するのだということ。まさに記憶のメトロポリスという言葉がふさわしいロクスといえるだろう。

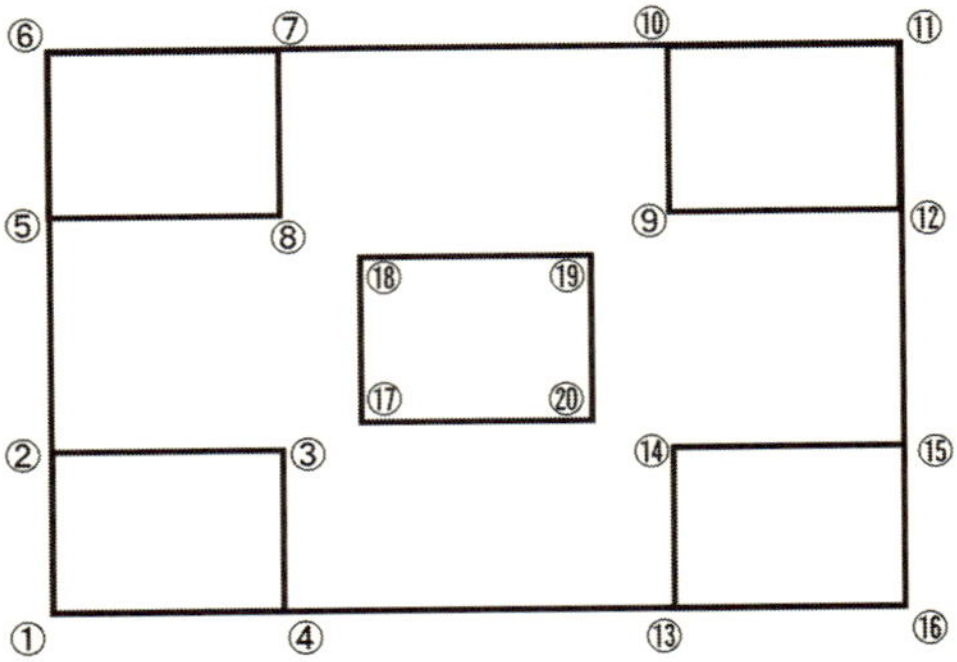

8-4　壁に20のロクスを設定する（著者作成）

その一方で、記憶イメージの作成については特に目新しいところはなく、いわゆる賦活イメージの特徴が繰り返されているだけである。

文法の家

覚えるべき情報の量に応じて、自在にロクスの数を増減させることが可能なシェンケルのロクス・

システムは、記憶の器に必要とされる多様性を切り捨てて、高度な柔軟性と数学的な抽象性を重視したものだ。このように幾何学的に構成され、数学的に組織化されたシェンケルの記憶ロクスは、その極度に図式化されている点が、ある種のダイアグラムを想起させる。すなわち、左から右へと枝分かれを繰り返しながら、情報を一般概念から個別概念へと分割してゆく樹形図をどこか髣髴とさせるのである。この点を念頭に置きつつ、さらに読みすすめてみよう。

シェンケルの記憶論の第二部第八章では、右に見たシステムを学問の習得に応用するための方法が具体的に語られている。ここで例示されているのは、文法、修辞学、弁証術、すなわち伝統的な自由七科のうちのトリウィウム（三学）とよばれる分野が中心だ。このうち最初に例示される文法学について詳しく見てみよう。

シェンケルはまず、次のような指示を読者に出している。「最初に、文法学に関しては**最良の方法**を用いて執筆した作家を一人選ばなくてはならない。すなわち、表層的なところがなく、何一つ欠けるところもなく、真理と秩序を追究したような、そんな作家を選ぶのだ」（Schenkelius 1593, pp. 137-138. 太字強調は引用者）。要するに、教科書となる良書の選定というわけだ。そのような条件を満たす具体作品としては、シェンケル自身の編集で一五九三年に出版されたコルネリウス・ウァレリウス（一五一二―七八年）の『修辞学（*Rhetorica*）』が挙げられている。[3] この作品については、のちほど立ち戻ってみることにしよう。

次いで、記憶術をつかってラテン語の文法学の諸規則を覚えるための具体的な方法が解説される。長大な弁論を記憶する際と同じで、まずはコンテンツの全体を意味のまとまりごとに分節する作業を行なわなくてはならない。文法学の場合は、まず全体を「基礎（rudimenta）」、「統語論（syntaxis）」、「韻律学（prosodia）」の三つに分割する。基礎はさらに八つの「品詞」に再分割されるが、なかでも重要なのは「名詞（nomen）」と「動詞（verbum）」である、とシェンケルは強調する（Ibid., p. 138）。

さて、分割を終えたのちには、文法学にたいして一軒の記憶の家（ロクス）を用意する。例のホワイト・キューブだ。四角いその家の内部は、四辺に部屋が列をなして並び、各列の長さは配置する情報量に応じて柔軟に増減させるという（図8-5）。こうした記述を文字通り受け取ると物理的な家の構成が破綻してしまうが、精神内のロクスということで、そのあたりのリアリティは度外視されているのだろう。「基礎」に関する知識には、家の一辺が割り当てられ、角から順番に各品詞に必要な数の部屋が割りふられてゆく。たとえば「名詞」に関する諸規則には、列の先頭から順に六つの部屋が割りあてられ、数や性や格変化などの規則が室内の壁に設定した小ロクスに分配されてゆく。同様にして「代名詞」には第七の部屋が、「動詞」には第八から第一二の部屋が割かれる。これらの動詞の各部屋には、ラテン語動詞の四種類の活用変化の規則が「定義（definitio）」と「分割（divisio）」を通じて配分される、とシェンケルは述べている。要するに、知識を記憶しやすい（＝記憶イメージをつくりやすい）意味単位に分割してゆく、ということだ。そして、第一三から第一六の部屋に、「分詞」や「副詞」、「接続詞」、「間投詞」、「前置詞」にかんする知識が収められるのだという。

以下同様にして、「文法の家」の第二辺と第三辺に連なる各部屋には、「統語論」と「韻律学」の知識が、やはり「定義」と「分割」を通じてトピック分割されたうえで、壁のロクスに割り当てられる。そして、最後の第四列目は、文法学全体にたいする「注釈」を収めるスペースに充てられる。

これと同様の仕方で、シェンケルは修辞学や弁証術、神学、法学、医学といった様々な学問分野に記憶術を適用してゆく（Ibid., pp. 139-147）。基本原理は同じで、「定義」と「分割」を通じて一つの学問全体を一連の小さな主題群（トピック）に分解し、それらを大まかな主題別にグルーピングして各辺の部屋列にあてがう。各辺では、個々の部屋が、さらに限定された主題を収納し、それらの情報が今度は四枚の壁によってさらに細かい主題に分割されてゆく。先ほど見たように、一枚の壁に設定可能なロクスの数は自在に増減が可能なので、望むままに情報を細かく刻んでゆくことができる。こうして、個々の学問に割り当てられた「叡智の家」が集まって、やがては人類のすべての知識を包み込んだ壮麗な叡智の記憶都市が建設されることになるのである。

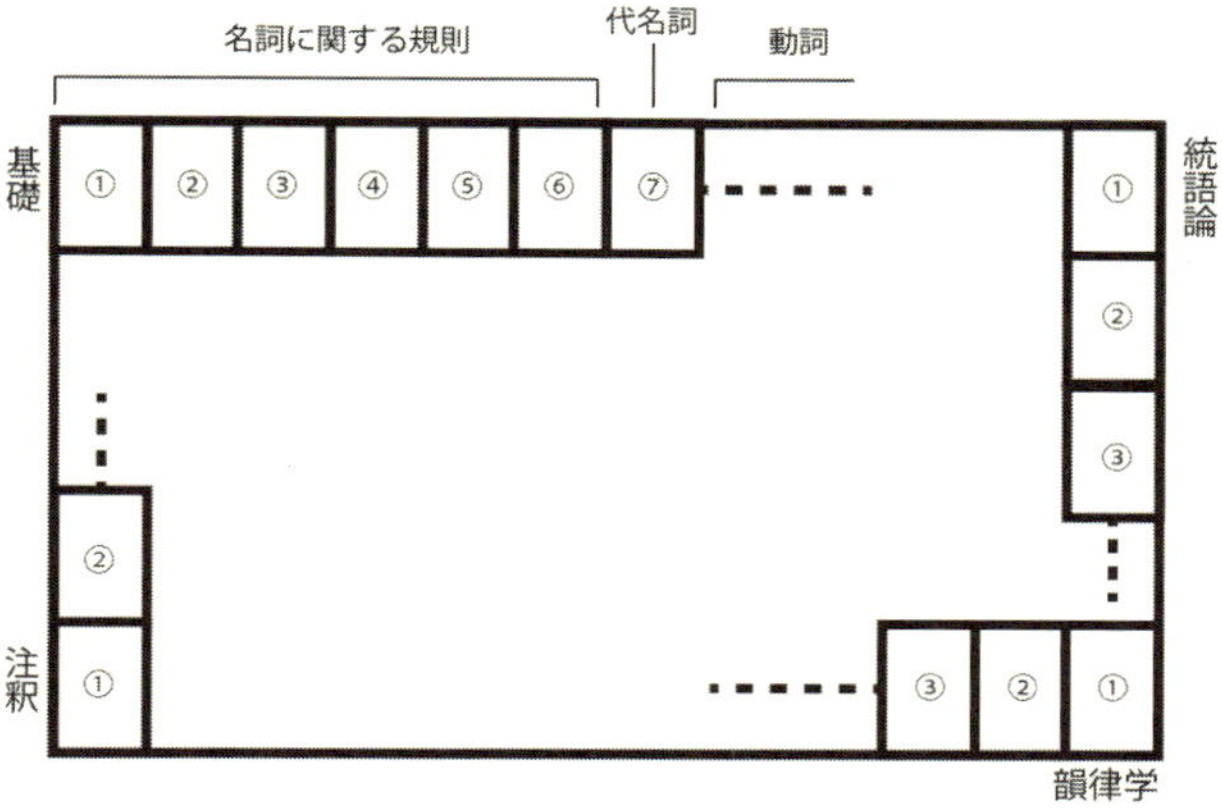

8-5　「文法の家」（著者作成）

シェンケルの記憶論と「方法」

これまでのところ、シェンケルの記憶術は、ロクスの高度な数学的抽象性を除けば、いわゆる場所とイメージに基づくいたって古典的なものと映る。しかしながら、彼の著作を読み進めてゆくと、まさにその抽象性が独創的なかたちで展開され、時代の新たな思潮と融合してゆく、実にスリリングな場面に立ち会うことになる。以下、その点を丁寧に追いかけてみることにしよう。

文法学につづいて修辞学への記憶術の応用に筆を進める際、シェンケルは先ほども引いたウァレリウスの著作に再び言及している。

> この〔記憶〕術にとって、コルネリウス・ウァレリウスの『修辞学』は大変便利だ。問答形式で著された本で、その構成は簡潔にして明瞭、理路整然としており、優雅なスタイルで書かれているがゆえに。(Schenkelius 1593, p. 140)

各主題が簡潔かつ非常に理路整然と分節されているため、シェンケルが提案する家型ロクスを用いた記憶システムに、すんなり適用できるということだろう。ここで思い出すべきなのが、このウァレリウスの著作が「最良の方法(optima methodus)」を用いて書かれた本として最初に言及されていたことである。この「方法」という言葉が、どうやらシェンケルの記憶術を読み解くうえで大変重要な意味合いを持っているようなのだ。というのも、彼の記憶論の最終章は「学習の方法(methodus studiendi)」と題されていて、まさにその「学習の方法」のなかにこそ、記憶術の「真髄」が隠されている、と宣言されているからだ(Ibid., p. 149)。

この魅惑的な最終章の分析を行なうための準備作業として、まず先にこの「方法」という重要語句の定義を確かなものにしておこう。この言葉でシェンケルはいったい何を意味しようとしていたのだろうか。この点を掘り下げるうえで重要な著作が、彼が一六一九年に出版した『ラテン語を六ヵ月で習得するための方法あるいは解説』（以下『ラテン語の方法』と略記）である。タイトルが示すとおり、ラテン語を短期間で習得するためのマニュアル本だ。語学を速習するには当然、文法則の効率的な暗記が重要になってくるはずだが、本書にも、記憶と関連する教則が様々に盛り込まれている。そこで、少々回り道になるが、この『ラテン語の方法』の内容を概観しておこう。

著者が本書で強調するのは、ラテン語の文法知識を適切に分割し、覚えやすい単位に還元することである。いわく、品詞は全部で八つあるが、なかでも重要なのは名詞と動詞である。学習でつまずくとすれば、この二つに起因する場合が多い（Schenkelius 1619, p. 15）。これと大変よく似た言い回しには、『記憶術の宝物庫』のなかでも出会った。情報の分割は、効率的な記憶のための基本中の基本なのだ。

シェンケルは続いて、それらの品詞をさらに細かく、たとえば名詞の格変化や動詞の活用などの細則に分割しながら、具体的な文法則の解説を簡潔に付してゆく。その際、各文法事項にたいして、それらを記憶するのに必要な時間を割り当ててゆく。たとえば、第三名詞の格変化の暗記には丸一日かかるが、第一や第二、第四、第五名詞の格変化は、まとめて一日で覚えられる、といった具合である（Ibid., p. 16）。統語論と韻律学についても、同様の手続きがふまれる。

著者はここで、場所とイメージに基づく古典的な記憶術のシステムにこそ言及していないが、同術の大家として名をはせていた彼が、その使用を前提に議論をすすめていることは明らかだろう。それを裏付けるように、この『ラテン語の方法』の巻末には記憶術の有益性を説き、記憶の達人たちを賞賛する二つの小品が付録として併録され、すでに『記憶術の宝物庫』で扱われたテーマのいくつかが論じられている。[4] このように、ラテン語の速習をうたった著作『ラテン語の方法』では、文法則の分割とその記憶への銘記が要諦原理になっていることが確認できた。それは、シェンケルが『記憶術の宝物庫』で提示した「定義」と「分割」に基づく「文法の家」の構成と非常に近いものだと考えられるだろう。

ペトルス・ラムスの「方法」

ここで、シェンケルが著述のなかで「方法」という言葉を、かなり特殊な文脈に限定して使用している点を確認しておきたい。すなわち、この単語が使われるのは、ほぼ決まって、指示された教則にしたがった場合の学習の短さ、容易さ、明瞭さ、便利さを強調する文脈においてなのである。実は、これと似たような謳い文句は、この時代のフランスの思想家ペトルス・ラムス（一五一五—七二年）（図8-6）をはじめとする、新たな教育の「方法（methodus）」を推進する人文主義者や教育学者らによって、一種のスローガンのように使われていた（ペトルス・ラムスの「方法」についての基本文献は、Ong 1958; Vasoli 1968; Bruyère 1984; Oldrini 1997; Angelini 2008; 久保田 二〇一四）。すなわち、彼らの提唱する「方法」に従えば、短期間で効率よく様々な学問を習得できる、という主張である（人文主義的な「方法」観念の発展については、Gilbert 1960; Jardine 1974; Vasoli 1974, pp. 509-592; Vasoli 2002b; Reid and Wilson (eds.) 2011）。この観点からさらに興味深いのは、シェンケルが「方法」を「王道

(regia via)」とまで称えていることである。なぜなら、「方法」こそが、目標に到達するためのもっとも短く平坦な道を示してくれるからだという (Schenkelius 1619, p. 11)。シェンケルはペトルス・ラムスの名前こそ一度も挙げていないが、これらの様々な手掛かりから、彼がラムスの思想あるいは少なくとも彼に代表される同時代の人文主義的な教育思想の一端を知悉していたと推測される。

　ここまで、ラムスに代表される人文主義的「方法」概念とシェンケルの記憶術とのあいだに、何らかの関連性があるのではないか、という仮説に少々こだわって記述をすすめてきた。それはなぜかといえば、実はこれまでの記憶術史研究において、「方法」と記憶術は相容れない存在として語られてきた背景があるからだ。従来の思想史における見解を大雑把にまとめるなら、ラムスの推奨する「方法」によって記憶術はたちまちのうちに駆逐され、忘れ去られてしまったということになる（ロッシ 一九八四、イエイツ 一九九三）。

8-6　ラムス

　では、それほどの破壊力を秘めていたラムスの提唱する「方法」とは、どんな概念ツールだったのだろうか。ここではその要点のみ、ごくかいつまんで紹介するにとどめたい。誤解を恐れずにいえば、ラムスの「方法」とは、学問・知識体系の分類の仕方を、すっきり見やすくするための工夫ということになる。その要諦原理は「二分法」と呼ばれる、概念の分割定義にあった。まず、ある抽象的な大概念（学問の世界なら、修辞学や弁証術といった知のまとまり）を、もっとも大きな分類規準によってAかBかでざっくり分ける。次いで、そのAについても、今度はさらに下位の分類規準によってa'かa"か、といった具合に分割し、Bについても同様の手続きを踏む。このような手順をすべての分岐について繰り返してゆき、もうそれ以上分割できない概念単位までたどり着いたら、それまでの分岐プロセスを樹形ダイアグラムとして図示する。たいていは左から右、もしくは上から下に向かって、普遍的概念がどんどん細かく枝分かれして、最後には具体・個別的な事象にいたるまでの分類の経過と結果が図示されることになる（図8-7）。ここで第6章で見た『ティポコスミア』を思い出された読者は鋭い。同書では、まさしく「方法」的な知識分割が行なわれ、「世界」がまず「知性的な世界」と「感覚的世界」に大きく枝分かれして、そのそれぞれが樹形状に展開してゆく構成になっていた。

いわゆるラムス的樹形図とよばれるこの種のダイアグラムの利点は、一目でその学問の全貌が把握できると同時に、その学問知識を構成する個々の要素が、互いにどのような関係で結び付いているのかが瞬時に理解できる点である。現代の我々から見ればどうということのないこの発想も、当時は革新的な知の整理法と映った。もしさしたる新鮮味を我々が感じないとすれば、それだけ現代社会がラムスの「方法」に多くを拠っていることの雄弁な証左だといえるだろう。実際、この「方法」概念はまたたくまにヨーロッパの知的世界を席捲し、あらゆる知識体系を二分法と樹形ダイアグラムによって解析的にヴィジュアル化する試みがなされた。

「方法」の流行と軌を一にするかたちで、記憶術の面倒なシステムは廃れていったとされる。それはそうだろう。頭の中に込み入った宮殿を建てて、そこにエキセントリックな図像を配置し、瞑想を通じて巡回するといった面倒な手続きを踏まずとも、手元に「方法」的分割を施された樹形図が一枚あれば済むのだ。知の総体が視覚的に整序された美麗な図表は、それ自体が一種の記憶イメージであると同時に、大量の知を収蔵可能な容器でもあり、もはやそのコンテンツのいちいちを面妖な映像に苦労して翻案する必要はない。記憶術研究の泰斗ロッシがこの状況を指して、「精神内面のイコノクラ

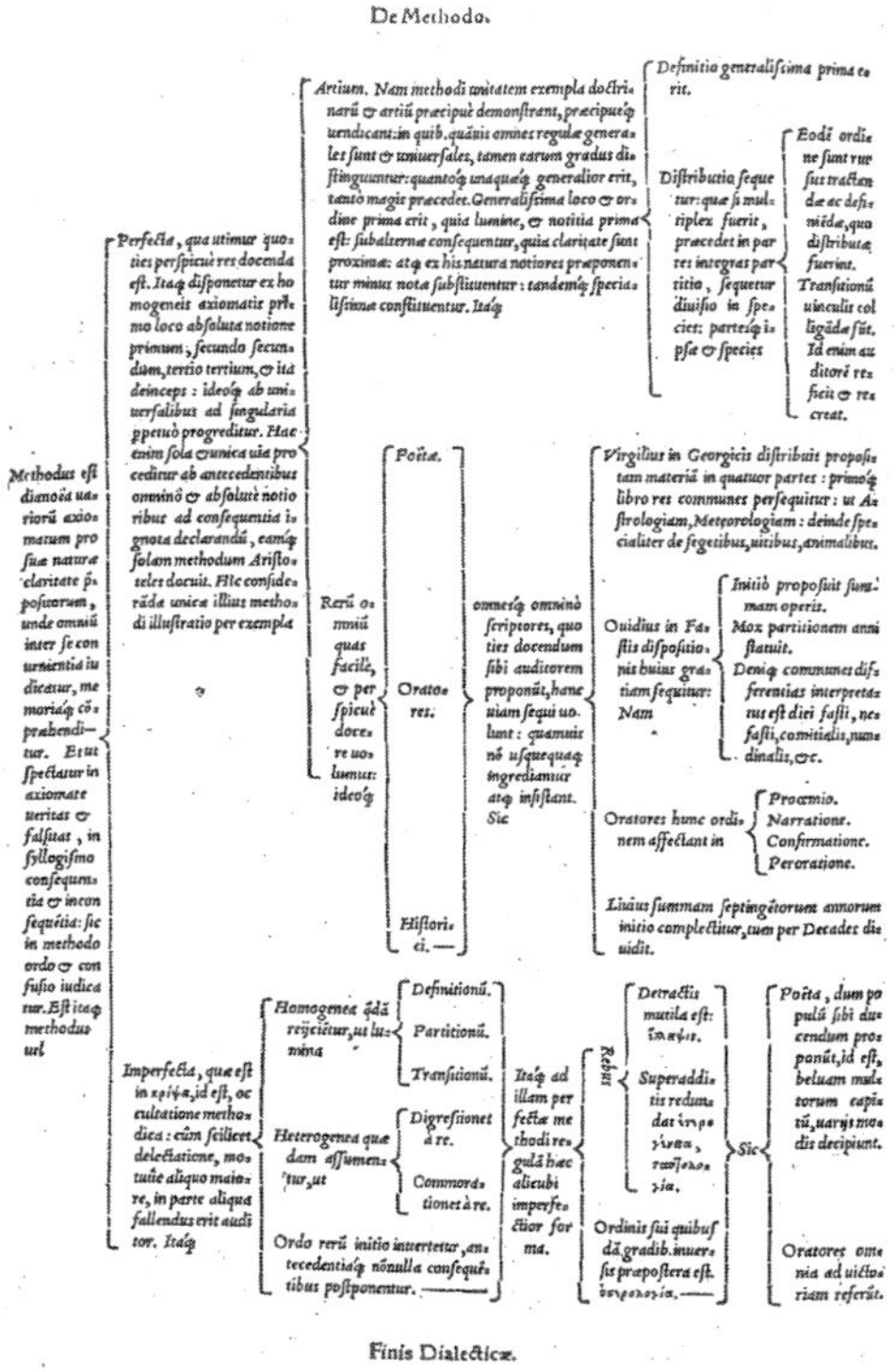

8-7　ラムス的樹形図（ラムス『王立学院教授』（1576年）より）

スム（聖像破壊）」と喝破したのもうなずける（Rossi 1988, in part. p. 227）。

ふたたびシェンケルの記憶論と「方法」

以上を念頭においた上で、ふたたびシェンケルの思想史的な立ち位置を考えてみよう。先ほど彼の教育学著作『ラテン語の方法』を取り上げ、古典語の文法知識を細かな主題別に分割したところまで見た。実は、その直後に大変興味深い指示がある。すなわち、ラテン語学習を助ける便利なツールとして「三枚の図表（tres tabulae）」を用意すべし、というのだ。残念ながら具体的なイメージの掲載はなく、あくまで言葉による解説だが、シェンケルによれば、これらの図表には「簡潔で明瞭で平易な方法（brevi perspicua facilique methodo）」に基づく「真実にして欠くべからざる〔文法の〕諸規則がふくまれており、たった一目で、そのすべてを把握することが可能である」としている（Schenkelius 1619, p. 26）。要するに、文法規則の一覧チャートのようなものを想定しているのだろうが、その言い回しからは、ラムス的「方法」の香りがぷんぷんしてこないだろうか。

この「三枚の図表」の外観を想像するうえでヒントになるのが、これまで何度か言及されてきたコルネリウス・ウァレリウス（図8-8）である。というのも、シェンケルによれば、この人物がまさにこの種の学習用の図表を作成したというのだ（Ibid., p. 29）。ユトレヒトの人文主義者コルネリウス・ウァレリウスは、ルーヴァンにある「三ヵ国語学院（Collegium Trilinguae）」でラテン語の教育を担当しており、同市における数少ないラムス主義への共鳴者として知られていた（Hotson 2007, p. 54）。彼の著作『修辞学』（一五九三年）はシェンケルが頻繁に引用する作品だが、これはリズミカルな問答形式で書かれており、問いと答えの繰り返しを通じて修辞学／弁証術という学問全体が定義され、内容が主題ごとに分割される構成になっていた。注目すべきは、経文折りの形式で巻末に収録された巨大な樹形状の図表である（図8-9）。この図では、二分法を通じて次々とマテリアルが定義・分割を受けており、一般から個別へと展開してゆくその流れをたどることによって弁証術という学問の全体構造が一目でわかる構成になっている。実に見事なラムス的樹形図だ。ラテン語文法の教育に役立つ図表としてシェンケルが想定していたのも、まさにこのようなダイアグラムだったのだろう。

8-8　コルネリウス・ウァレリウス

ここで再び『記憶術の宝物庫』に収録されたシェンケルの記憶論に戻ってみよう。記憶術を用いて文法学の知識を覚えるために、ホワイト・キューブ状の家のロクスを準備し、そこに「定義」と「分割」によって細かく分節された文法規則が配置される。その際には、ウァレリウスの著作『修辞学』のマテリアル分節が参考になる、とされていた。その理由は、この本が「最良の方法」を駆使して書かれているという点ばかりでなく、その巻末に実に見事なラムス的樹形図が収録されていた点にもあったはずだ。

以上をすべて考え合わせるなら、紙の上に印刷されたラムス的な樹形ダイアグラムと、精神のなかに構築された記憶ロクスとのあいだに、密接な関連を認めることができないだろうか。別の言葉でいえば、『記憶術の宝物庫』で提示される均質な部屋が並ぶ「叡智の家」は、まさにその幾何学性と数

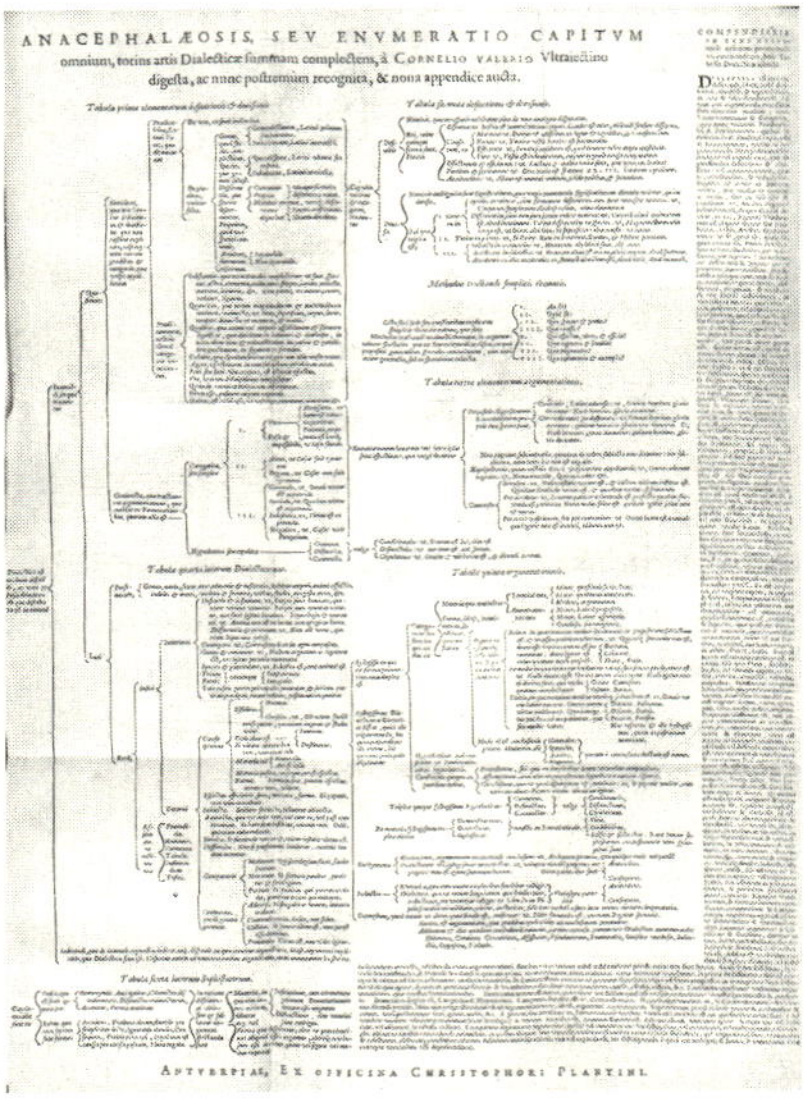

8-9 『修辞学』の樹形図

学的な抽象性ゆえに、どこか樹形ダイアグラムを思わせるのだ。その場合、記憶ロクスとしての個々の部屋は、樹形ダイアグラムにおける枝の部分に対応し、部屋の内部の壁は、ダイアグラム上のさらに細かな枝分かれに対応するものとみなせるだろう。壁をどんどん細かく入れ子状に分割してゆくことは、図表の上でどこまでも細かく概念を枝分かれさせてゆくことに等しい。

定義と分割に基づき、一般から個別にいたる階層的な構造をもつラムス主義的な学問体系の樹形ダイアグラムは、シェンケルの手によって建築的な空間構造に翻案されたと考えることも十分に可能だろう。彼の教本に忠実に従う者の精神内には、人類の全知を包括する叡智の大都市が聳立し、そのなかに個々の学問に割り当てられた「叡智の家」が立ち並んでいたはずだ。さらに階層を下ってゆけば、個々の部屋や壁のロクスに割り当てられた個別の主題まで到達することができたのである。

もしこの推論が正しいとすれば、従来の記憶術の消長史には少しばかり修正を加える必要があるだろう。場所とイメージに基づく古典的記憶術と、ラムスによって頂点を迎える人文主義的な「方法」

概念との関係は、決して水と油のそれではなかった。新たな「方法」の概念が従来の記憶術を駆逐してゆくプロセスは、あくまで漸進的かつ段階的なものだったはずだ。ラムスの登場とともに、瞬時に古代の記憶システムが葬り去られてしまったわけではないことは、シェンケルの独創的な学習・記憶システムが明瞭に示している。記憶術と「方法」の概念は、相互補完的かつ創造的な関係を保ちながら、わずかな時間ではあるが、共存していた可能性がある。

記憶術から抜粋術へ

最後に、『記憶術の宝庫』第二部の最終章「学習の方法」の内容を検討してみることにしよう。記憶術を応用して、様々な学問分野を習得するための普遍的な方法が解説されるチャプターだ。ここでも「方法」という言葉がキータームになる。

シェンケルいわく、どの学問分野であれ最初に行なうべきなのは、各ディシプリンに属する著述家たちを、重要度や権威に応じて三つのクラスに分類することである（Schenkelius 1610, p. 159）。すなわち、最重要、中程度、低の三グループに分けるのだ。そののち、彼らの著作から重要な観念や情報を適宜抜粋し、学問ごとに基本的かつ必須の議論をすべてふくんだ一冊の書物をつくるのだという（Ibid., p. 160）。知識を抜粋する際、先ほどの三分類に応じて記述の信頼度や重要度を考慮することはいうまでもない。また、それらの抜粋集は情報をでたらめに並べるのではなく、巻や章や節といった情報単位のヒエラルキーによって厳格にコンテンツを階層化する。さらには情報の検索が容易になるように、巻末索引も具備するという。これらの準備のあと、抜粋集の情報を収納する記憶ロクス、すなわち「叡智の家（ホワイト・キューブ）」を用意して、イメージとロクスの組み合わせで覚えてゆく(Ibid.)。

ここで説かれていることは、基本的には「文法の家」の作り方と同じだといえる。文法学という学問分野のコンテンツを適切な記憶単位に分割する際には、すでに適切なトピック分節が施されたウァレリウスの修辞学書が役に立ったが、より普遍的な「学問の方法」では、そのようなモデル本を自分で作成しなくてはならない、というわけだ。こうした抜粋本をみずからの手で作成し、情報に階層秩序を設け、インデックスによって必要なデータを常に検索可能な状態に保ちつつ、そのすべてを家型の記憶ロクスを通じて覚えること――この一連の手続きを、シェンケルは「学習の方法（methodus studiendi）」と呼んでいるのである。

お気づきのように、ここで重要な役割を果たすのが、必要な情報を「抜粋する」という営為である。実は、ちょうど記憶術が衰退を始める一七世紀に台頭した技術こそ、その名も「抜粋術（ars excerpendi）」と呼ばれる情報整理法だった。抜粋術とは、日々増大する印刷本の怒濤の洪水に対処するために編み出された手法で、書物から重要なデータをノートなりカードなりに抜粋し、主題ごとにデータを分類整理する技術のことである（図8-10）（初期近代の抜粋術については、Cevolini 2006; Blair 2010）。実際、シェンケルも、抜粋本の製作法を解説する際、次のように警告している。読書の際に彼の提唱する「良き方法」を欠くなら、日々増え続ける膨大な印刷本の知識の大渦のなかで、あたかも永遠に岩を運び続けるシジフォスのように、無益にあがきつづけることになるだろう、と(Schenkelius 1610, p. 162)。

8-10　抜粋句を集めたノートブック（出典：Placcius 1689, Tab. I）

けれども、台頭しつつあった抜粋術と、シェンケルの「学習の方法」とのあいだには、一つ決定的な違いがある。抜粋術は、カードという一種の外部記憶装置を活用することで、人の精神を記憶の重圧から解放する方向に発展してゆく。つまり、記憶に値する重要な情報をすべてカードという物理媒体に記載してしまえば、それらのカードの内容をもはやいちいち記憶しておく必要はない。むしろ、ここでは勉学や研究の進展に沿って日々増大してゆくであろう何千、何万という抜粋カードの束をいかに体系的に分類整理し、必要なときに素早くお目当てのデータを取り出すことができるか、という点にすべてがかかっている。そこで抜粋した著者のＡＢＣ順配列、トピックのテーマ別分類、出版地や出版年別の区分といった試みや、あるいはカード間のクロスリファレンス・システムの洗練化や詳細な索引の開発など、様々な工夫やアイデアが練られ、理論の精緻化がはかられていった。この流れが、やがて近代的な書誌学や図書館分類法の発展につながってゆく（図8-11）。まさに記憶文化から忘却の文化へと、時代は遷移していったのだ。印刷本文化にどっぷりと浸かりつつ、情報編集の達人を自負していたシェンケルもまた、こうした同時代の思潮を十分に意識していたに違いない。

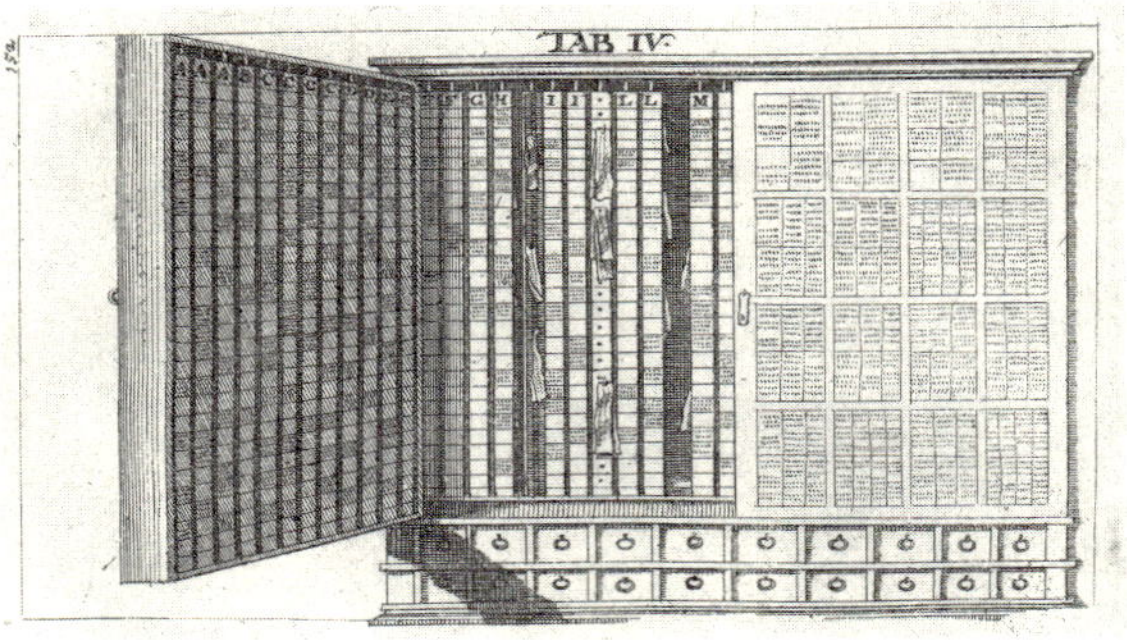

8-11　抜粋カードを分類収蔵するための専用キャビネット
（出典：Placcius 1689, Tab. IV）

情報の歴史という視点からいえば、ここに一種のコペルニクス的転回を見てとることができる。西欧における抜粋術の発展史をたどったアルベルト・チェヴォリーニによれば、膨大なデータを脳内に刻印するかわりに抜粋カードという外部記憶装置に託すことによって、近代人の精神エネルギーは記憶の負担から一挙に解放され、その分のエネルギーをより複雑で精密な思考の展開に振り向けることができるようになったという（Cevolini 2006）。ここから近代哲学や近代自然科学の発展がはじまったとさえ言えるかもしれない。その真偽を確かめるのは難しいが、実に魅力的な仮説だ。

　これに対して、シェンケルの提唱する「学習の方法」では、ラムス的な「方法」概念の応用や「抜粋術」の取り込みなどの斬新な面は見られるものの、いまだに情報のすべてを記憶することが前提になっているという点で、過渡期的な印象がぬぐえない。記憶から忘却へと、時代が大きく移り変わろうとしていたときに、記憶女神ムネモシュネに最後まで忠誠を誓った記憶術師こそシェンケルだったと、そう理解できるだろうか。

記憶術の黄昏

シェンケルにとっては、定義と分割によって主題を細かく分けてゆくこと、そしてその過程を樹形ダイアグラムとして視覚化することは、記憶術の効力を弱めるどころか、むしろ強化する手段だった。人文主義的な「方法」概念と古典的記憶術は、従来考えられてきたような対立関係ではなく、むしろ有機的な共存関係を構築することが可能だったといえる。シェンケルは、まさにこのような確信のもと、当時批判が高まりつつあった記憶術の改良に乗り出した。その際立った特徴は、ロクスの特性のうち「多様性」をあえて犠牲にし、精神内の建築を極端なまでにシンプル化した点にある。それは建築のもつ空間的な秩序を極限まで抽象化したシステムであるが、同時に驚くほど洗練されていて、部屋数を自在に増減させ、壁面を無限に区分してゆくことによって、いかなる分量の記憶データにも対応できる柔軟さをかね備えていた。情報の洪水に直面した時代にあって、これほど心強い知的ツールもそうそうなかっただろう。

けれども、そうした努力を重ねてもなお、記憶術は忘却の淵から自らを救い出すことはできなかった。想像してみてほしい。考案者のシェンケル本人をのぞいて、いったい誰が、たった一枚の壁に数十万というロクスを設定し、それを自在に使いこなすことができるだろうか。記憶術は、その理論的な洗練と発展の極限まで到達したとき、もはやそれを活用できる人々も、いや、それを必要とする人々すらも、容易に見つけ出すことができなくなっていたのだ。皮肉なことに記憶術の解体を早めてしまったのは、その術をこよなく愛し、改良を加え続けた記憶術師その人だったのかもしれない。

エピローグ　終わらない宴

音読から黙読へ

古代ギリシアの抒情詩人シモーニデースが考案したという記憶術は、古代ローマ社会における弁論術の隆盛とともに方法論的に洗練され、その後、変質をこうむりつつも中世を生きのびて、ルネサンスまで到達した。場所とイメージと秩序に基づくこの人工的記憶強化法は、その根本原理こそ一定不変だったが、各時代の知のあり方に応じて、実践面で様々な工夫や改良をほどこされてきた。なかでも同術が最大の質的変容の時を閲《けみ》したのが、初期近代とよばれる期間である。本書でこれまで繰り返し触れてきたように、世界観を揺るがすような発見や発明による情報の飛躍的増大を経験したところに、印刷術の発展という追い風を受け、一種のメディア革命が展開した激動の時代だ。

メディア文化史家マーシャル・マクルーハンは、印刷革命を論じた古典的名著で興味深い仮説を提出している。すなわち、印刷本の登場によって、黙読が浸透したというのだ（マクルーハン 一九八六）。つまり、それ以前の手書き写本の時代には、読書といえば音読が一般的だったのに対して、書物の量が指数級数的に増大した初期近代には、もはやいちいち声に出して熟読玩味しているひまはない。日々押し寄せる活字の洪水に対処すべく、黙読によって読書スピードを上げ、知識を消費する文化が到来したというわけだ。本書の問題意識にとって、この指摘は非常に示唆的だ。覚えるべきテクスト内の概念を一つ一つ映像化してゆく記憶術の手続きは、ひょっとしたら一つ一つの単語を読みあげてゆく音読文化の名残なのかもしれない。そして、印刷本の発明とともに情報処理のパラダイムが転換すると、記憶術はその役目を終えて、忘れ去られていったのだ。けれども、一五世紀中葉に印刷本が登場してからおよそ二世紀あまりのあいだ、古典的な人工的記憶強化法は決して一直線に衰退したわけではなく、むしろ印刷文化が生み出す情報の氾濫に果敢に対処すべく、きわめて独創的かつ刺激的な知的ツールへと発展していった。本書が追いかけたのは、まさにそうした多彩で華麗な知的系譜であり、前章では最後の記憶術師シェンケルによってムネモシュネの饗宴に幕が引かれる場面に我々は立ち会った。

けれども、記憶術の知的伝統は完全に消え去ってしまったわけではない。記憶女神の寵児たちの果敢な知的挑戦は、決してあだ花ではなかったのだ。この先の議論は本書の射程から外れるのでごく簡単に触れるにとどめるが、前章でも見たように、記憶術の知的鉱脈からは、人文主義的「方法」や抜粋術、図書分類学といった新たな知的方法論が生み出されていった。また、ロッシやイエイツが指摘したように、デカルトやベーコン、ライプニッツらの近代的な思考を生み出す豊穣な知的沃土を提供したのも、記憶術の伝統だった。人工的記憶強化法としての役割は終えたものの、記憶術は姿を変えて生きのびたともいえる。情報の洪水に危機感をいだいた初期近代の知識人たちが、この記憶術という、魅惑的でありながら非常にやっかいな古代の知的方法論と正面から向き合い、精神内の情報フレームをなんとか改良しようと邁進努力した結果のうえに、近代の合理主義的な世界観が築かれていったのだ。その事実を忘れてはならないだろう。

記憶と創造

記憶術は、複雑で冗長だ。そんな黴《かび》の生えた古臭い玩具を振り回していられるほど、現代人はひまではない——だが、本当にそうだろうか。記憶術のシステムが確かに機能することは、すでに医科学的検証が証明してくれている。そして、人の脳の容量は、我々が思っている以上に広大だ。むしろ、人の想像力を極限まで駆使して、大事な情報を心の奥にしっかりしまっておくことを教えてくれる記憶術こそ、情報の洪水に押し流されそうになっている我々にとって、無限の可能性の源泉になりうるのではないだろうか。

記憶偏重を詰め込み教育の弊害と難じ、自由な創造をさまたげる足かせのように見なす風潮が、いつしか支配的になってしまった。確かに、ある種の機械的な暗記パフォーマンスに対する批判が、すでに古代やルネサンスにおいても一部の識者のあいだでささやかれていたのは本書で見たとおりだ。けれども、よくよく考えてみると、記憶に基づかない創造など、果たしてあり得るだろうか。何かを全くのゼロから生み出すことなど、神ならぬ身の人間にはできはしない。たとえ独力で創作したと思い込んでいても、その作品にはどこかに、過去の傑作や先例についての情報が、かすかに紛れ込んでいるはずなのだ。それがたとえ「反発」というかたちであっても。

人の成し得るクリエイションとは、膨大な過去の記憶のなかから無数の情報の断片を取り出し、それを新たな枠組みのなかで調和的に配列しなおすことに他ならない。個々の構成要素はたとえ借り物であっても、その配列の妙にこそ、真の創意が宿るものなのだ。芸術や工芸や技術、あるいは思想の歴史とは、そうした創造的模倣、いや、「創造的記憶」の営みの記録だとは言えないだろうか。かつて人々が記憶の助けを借りて爆発的な創造力を得ていた時代があった。そんな彼らの生み出した文芸、思想、芸術をより深く理解するには、我々もまた、記憶と格闘しなくてはならないはずなのだ。その際、記憶術の消長史から学ぶことはきっと多いだろう。

その一方で、近年の認知科学の発展によって、知られざる記憶の様々な面が明らかになってきた。なかでも、ここ数十年のあいだに大きな認識の変化が見られたのが、記憶の再現性に関する問題である。すなわち、旧来の見方によれば、記憶とはコンピューターのハードディスクのようなもので、頭の中に刻まれた過去のデータを必要なときにそのままのかたちで参照（想起）できる、と考えられてきた。ところが、近年ではこの静的なモデルは否定され、記憶の主観性や脆弱性が強調されるようになった。すなわち、記憶は驚くほど脆《もろ》く、またゆがめられやすいものであり、正確に検索・想起されることは稀である、という認識が現在では一般化しているのだ（スクワイア＋カンデル 二〇一三、(上)二五―二六、一九七、二二四頁）。記憶データを思い出すという行為は、想起する主体のその時の心身の状況やおかれた環境、思惟のコンテクストなどに大きく依拠し、そのつど過去のデータを想像力によって大幅に補いながら再建し、改造し、創造することである。それは、いってみれば、利用可能な断片データから、首尾一貫したロジカルな全体像を想像力でつくりあげることに等しい。客観的な過去の記憶などというものは、幻想にすぎないのだ。

以上の観点から記憶術研究の展開を振り返ってみるなら、イエイツの古典的な研究がいわば静的な記憶モデルを前提としていたのに対して、第二世代のメアリー・カラザースやリナ・ボルツォーニらは、まさに創造的記憶という観点から記憶術研究に新風を吹き込んだといえる（「プロローグ」注1および注2を参照）。確かに古典的記憶術には、静的なデータの書き込みと取り出しのための技術という役割もあったが、術としての真の威力を発揮したのは、その創造的な思考ツールの面だった。

書き換えられる記憶

本書でもたびたび触れたように、記憶の力は諸刃の剣である。精神内面に蓄えた膨大な情報を独創的な仕方で組み合わせ、新たな知識を生み出す力がそなわっている一方で、その力を見誤ると、内面イメージの暴走はもとより、記憶の書き換えや恣意的な操作といったネガティヴな面まで現前化しかねない。本書を閉じる前に、この点にも少し触れておこう。

記憶とは過去のデータを創造的に再構成することに他ならないということは、そのプロセスに人為的に介入することによって、人々が想起する内容を操作できてしまうということでもある。本書で扱った時代から一つ印象的な事例をあげよう。イタリア中部の中心都市フィレンツェは、中世から一六世紀初頭にいたるまで、市民たちの自治に基盤をおいた共和政体を保持してきた。ところが、度重なる政変や外圧による紆余曲折の末、一六世紀前半にはメディチ家の独裁体制が敷かれ、専制君主国家の首都となった。その際、市民たちのあいだに根強く残る共和政の記憶を根こそぎ払拭することが、メディチ家の支配体制を確立するうえでの最重要課題になる。そこで採られた戦略が、記憶の書き換え作業だった。

フィレンツェ公として独裁体制を築いた矢先に暗殺されたアレッサンドロ・デ・メディチのあとを

9-1　コジモ１世・デ・メディチ（アーニョロ・ブロンズィーノ画）

継いで、コジモ一世・デ・メディチ（一五一九―七四年）（図9-1）が一五三七年に君主として即位する。老コジモ（一三八九―一四六四年）やロレンツォ豪華公（一四四九―九二年）、レオ一〇世（一四七五―一五二一年）やクレメンス七世（一四七八―一五三四年）といった華麗な人材を輩出したメディチ宗家（兄脈）ではなく、傍系にあたる弟脈の出自だったという点が、コジモ一世の文化施策を決定付けたといってもよい。アートの持つプロパガンダの力を直感的に知り抜いていた彼は、取り巻きの宮廷芸術家を総動員して、自己の権力の正当性を鮮烈なヴィジュアル・イメージを通じて主張してゆく（北田 二〇〇三）。その壮大な文化事業のトータル・プロデューサー的な役割を果たしたのが、芸術理論家であり画家・建築家でもあった才人ジョルジョ・ヴァザーリだ（ル・モレ 二〇〇三、野口編 二〇一一）。

　記憶と美術の観点から興味深いのが、パラッツォ・ヴェッキオの改築作業である。コジモは当初、共和政時代のメディチ家本宅だったパラッツォ・メディチ（図9-2）に居を定めていたが、やがて手狭になり、君主の威厳にふさわしい居館として市庁舎のパラッツォ・ヴェッキオ（図2-12）への引越しを決定した。これは何とも大胆な発案である。かつて数百年にわたってフィレンツェ共和政のシンボルであり、幾多の国家存亡の危機に際しては、その鐘楼の鐘がけたたましく鳴り響き、町中から市民たちが押し寄せて、まさにこの建物の前で国家の行く末が合議されたのだ。共和政の思想と記憶がたっぷり染み込んだその建物を、それとは真逆のイデオロギーの権化たる専制君主の館にしてしまおうというのである。

9-2　パラッツォ・メディチ（著者撮影）

一五四〇年から本格化する改築事業の陣頭指揮をとったのは、当然ヴァザーリだった。彼は市庁舎の室内を大胆にリフォームし、その壁という壁、天井という天井を、豪華壮麗な君主賛美のイメージで飾り立てた。体制に取り込まれ、どこか冷たく非個性的なそれらの大量の図像群は、独創性を欠いたマニエリスム芸術の典型的作品として、いまいち芸術史上の評価はかんばしくないようである（図9-3）。しかしながら、それは少々短絡的な見方だろう。そもそもコジモ一世は芸術品で自身の居館を飾り立てようとしたのではなく、そこを訪れる者に彼自身の栄光と権威を雄弁に称えるイメージを求めたのである（若桑　一九九四、第三章）。目指しているものが、一般的なファイン・アートとは違うのだ。むしろ、限られた時間と予算のなかで、まずまずのクオリティで全体をまとめあげたヴァザーリの才幹をここでは褒めるべきだろう。

9-3　パラッツォ・ヴェッキオ「五百人広間」の天井装飾（著者撮影）

それはさておき、この事業は人の記憶の特性を実に巧みに利用していると感心せざるをえない。というのも、人は一般に、ある一つの事象に対して、それと関連する一つの事柄を思い出すと、それ以外の関連する事柄を同時に想起することができなくなってしまう（スクワイア＋カンデル 二〇一三、㊤一九七頁）。これを「検索誘導性忘却」という。つまり、かつての共和政のシンボルだったパラッツォ・ヴェッキオという建築に、君主制賛美のイメージを上書きすることによって、この建物を君主の権力の象徴に作り変えてしまったのだ。その新たなイメージが強ければ強いほど、かつての共和政の記憶を同時に想起することは困難になる。記憶を消し去るには、その記憶を帯びた対象を破壊してしまうよりも、むしろその対象を想起する際の「文化的色彩」を変えてしまったほうがより効果的だといえる（Carruthers 1998, pp. 45, 53)。

忘却と歪曲に抗して

右に見たような文化戦略は、文化史の様々な局面に見出すことができる。たとえばキリスト教では古代ローマ時代の神殿が、そのまま教会に転用されるケースが多々見られる。ローマのパンテオン（図9-4）もまた、古代異教の万神殿が聖母マリアに捧げられた聖堂に用途変更された印象的な事例である。こうした操作ないし葛藤は、現代でも様々に見られる。記憶に新しいところでは、世界大戦を引き起こしたある独裁者の生家を取り壊すべきか否かが、地元の自治体を巻き込んでの大きな問題になったことがあったし、世界に衝撃を与えたテロ事件の跡地の再利用をめぐっても、様々に議論がなされた。記憶の恣意性、脆弱性は先ほど来、強調してきたとおりだ。客観的な記憶などというものが存在しない以上、我々は過去を冷凍保存することはできない。人々の主観が入っていることを承知のうえで、伝えるべき記憶をいかにして残してゆくかを考えてゆかねばならないだろう。

9-4　ローマのパンテオン（著者撮影）

ある歴史的記憶を後世に伝えたいと思う人と、それを望まない人がいたとする。後者が記憶の書き換えや歪曲といった手段に訴えたとき、前者にはそれに抗する術があるだろうか。繰り返すが、記憶とは我々が思っている以上に脆いものであり、架空の情報の示唆や誘導、プロパガンダによって、容易に変形させられてしまう。最新の認知科学の研究によれば、場合によっては、一度も起こったことがない事柄を「自らの体験」として人に思い出させることさえ可能だという（スクワイア＋カンデル 二〇一三、(上)二一六頁、越智 二〇一四）。こうなると、実際の出来事の記憶と、創作された記憶との区別をつけることは非常に困難だといわざるをえない。

だからこそ、記憶と想起のしくみを知り、記憶を構成する（賦活）イメージの力を正しく認識して、記憶と文化の創造的な交錯のプロセスに通暁することが、自己防衛の有効な手段になりうるのだ。その意味で、初期近代における記憶術の発展と衰退の歴史を丹念にたどることは、過去の人々がいかにして記憶女神を味方につけ、その権能に与《あずか》ろうとしてきたのかを知ることができる点で、有益な示唆を含んでいる。記憶を恣意的に操作しようとする者が我々の前に現れたとき、それらの知見は強力な武器となり、鎧となってくれるだろう。

記憶女神ムネモシュネの叡智の饗宴は、まだまだ終わらないし、終わらせてはならないのだ。

注

[プロローグ]

1 リナ・ボルツォーニとピエトロ・コルシが企画した「思考建築」展が、その烽火となった（Bolzoni e Corsi (eds.) 1989）。

2 代表的なもののみ挙げておく。Bolzoni e Corsi (eds.) 1992; Berns und Neuber (eds.) 1993; Bolzoni 1995; Berns und Neuber (eds.) 2000; *Il senso della memoria*; Beecher and Williams (eds.) 2009; Berger e Rossi (eds.) 2009; Kuwakino 2011 = 桑木野 二〇一三b、AA.VV. 2017.

[第1章]

1 画面中、プラトンは著作『ティマイオス』を脇に抱え、指で天を指す姿で描かれている。その隣には、アリストテレスが『ニコマコス倫理学』を持ち、腕を水平に伸ばしている。

[第2章]

1 初期近代の百科全書的コレクションに関する文献は膨大な量にのぼる。ここでは代表的なもののみ挙げておく。Lugli 1983; Impey and MacGregor (eds.) 1985; Pomian 1987; Schnapper 1988; Olmi 1992; Grote (ed.) 1994; Daston and Park 1998; Swann 2001.

2 当時の教育では教師が生徒を殴打することが一般的だったという（前之園 一九九四を参照）。

3 "[...] si è di formare [...] a guise d'un pittore eccellente, un ritratto delle cose materiali e di disegnar co 'l suo pennello nella memoria, che come una tavola ben acconcia le sta dinanzi" (Della Porta 1996, p. 57).

4 “Di una pittura di Michel Angelo o di Tiziano ci ricordiamo meglio che di quella d’un pittore comune, perché dove in queste si veggono ogni giorno cose solamente ordinarie, così in quelle si veggono diversi movimenti ed insolite attitudini” (Della Porta 1996, p. 79).

5 “[...] puro phantasiae architecto innixi, ordini rerum memorandarum locorum ordinem adligavimus” (*De umbris idearum*, in Bruno 2004, p. 140).

6 スカーラ通りについての記述は、Del Riccio, *Arte della memoria locale*, f. 40v. シニョリーア広場は、ibid., ff. 42v.-44r. デル・リッチョの記憶術については、桑木野 二〇一三b、五九—二四〇頁。

[第3章]

1 初期近代の記憶術教本の中で忘却術について論じている主だった著作とそのロクスは、Rossellius 1579, p. 129v.; Gesualdo 1592, p. 22r.; Schenkelius 1610, pp. 123-124; Della Porta 1996, pp. 74-75; Dolce 2001, pp. 79-80. 忘却術については、Bolzoni 2002b も見よ。

2 一般に、ルターがヴィッテンベルク城教会の門扉に「九五箇条の提題」を打ちつけたというイメージが流布しているが、この事実は資料からは確認できない（深井 二〇一七を参照）。

[第4章]

1 たとえば、以下を参照。“Artem enim naturam perficere: ac multa complere, quae nequaquam natura perficere potest, philosophorum omnium princeps asservavit Aristot” (Ad Candidum Lectorem（頁数なし)).

2 ロッセッリは、これらのリストの参照源として、ヴァンサン・ド・ボーヴェ『自然の鏡』(Rossellius 1579, p. 80r.) や、アルベルトゥス・マグヌスの諸著作 (ibid., p. 82v.) などを挙げている。

3 この点は水野千依氏からご指摘いただいた。ここに記して謝意を表します。

4 引用されている権威は、セビリャのイシドルス、ヴァンサン・ド・ボーヴェ、トマス・アクィナス、アルパグラヌスとアルブマサール、アレッサンドロ・ピッコローミニなどである。

5 「天使はまた、神の小羊の玉座から流れ出て、水晶のように輝く命の水の川をわたしに見せた。川は、都の大通りの中央を流れ、その両岸には命の木があって、年に十二回実を結び、毎月実をみのらせる」（新約聖書『ヨハネの黙示録』二二・一―二。新共同訳）。

6 「永遠の薔薇が囲む黄色い中心部分は、／段をなして広がり、永遠の春をもたらす太陽を／賞賛する香気を立ち上らせているが、」（ダンテ 二〇一四、「天国篇」第三〇歌、一二四―一二六行）

7 こうした内的イメージを通じての見神体験をめぐっては、聖ベルナルドゥスをはじめとする厳格な神秘主義者たちのさらなる議論を見てゆく必要がある。そこでは、精神イメージを超越し、究極的にはイメージを捨て去った状態で、神の観想の中に自己を忘却する境位が最終的には求められたという。以上の点を水野千依氏よりご指摘いただいた。ここに記して謝意を表します。

［第5章］

1 パニガローラについては、近年、再評価が進んでいる（Ghia e Meroi (eds.) 2013; Benzi 2015）。

2 この小著は、説教理論書（Panigarola 1599）の付録として刊行された。この他に、手稿版が二編、印刷版が一編（ヴェネツィア、一六〇三年）、確認されている。この著作に関しては、Mignini 2013 を参照。

3 パニガローラが有していた一〇万というロクスの数や、彼が旅行先でロクスを仕入れていたというエピソードなどから、デル・リッチョが、これとまったく同じエピソードで知られる記憶術師ピエトロ・ダ・ラヴェンナの事例と混同している可能性は否定できない。

［第6章］

1　一六世紀フランスの百科全書詩の伝統においても、創世の七日間のスキームが採用されることがあった（林　二〇一三を参照）。

2　“il dar propri luogo, e proprio albergo a cose tutte” (Citolini 1561, p. 13).

3　列挙される項目の中には、フロリダ、キューバ、ヌエバ・エスパーニャ、ブラジル、ペルーなどの都市・地名も含まれている。著者は、伝統的なプトレマイオスの世界観を盲信せず、一六世紀の最新の地理・探検の成果をふんだんに取り入れる旨を表明している（Citolini 1561, pp. 121-122）。

4　チトリーニの参照源として、大プリニウス『博物誌』は当然のことながら、一六世紀中葉の大博物学者コンラート・ゲスナー（一五一六―六五年）の浩瀚な『動物誌』（一五五一―五八年）なども、年代的には閲覧可能だったはずである。

5　チトリーニは、ここでキケロ『弁論家について』を引き合いに出して、心身の不即不離を主張している（Citolini 1561, p. 247）。

6　実際、『場所』の最終部において、本著作があくまで概略を描いた素描に過ぎないことが強調されている。著者はさらに彫刻のメタファーを援用しつつ、「もしより繊細で、より慎重な腕があれば、この彫像に神経や血管、筋肉などを彫り込み、その他の細部も刻むことができるだろう」と述べている（Citolini 1551, sig. Biiii.r.）。

7　この箇所（“nel mezzo...”）は、明らかにダンテ『神曲』「地獄篇」第一歌の有名な出だしの語句を意識したものだろう。

8　確かに、カミッロの劇場が七惑星を概念分類の機軸に据えている点は、チトリーニの創世七日間スキームを髣髴とさせる。剽窃疑惑については、Firpo 1982; Bolzoni 1997, in part. p. 32.

9　たとえば、Citolini 1561, p. 34（分類カテゴリーを部屋にたとえる）、ibid., p. 112（「この私の建造物（questa fabbrica mia）」）、ibid., p. 243（「この私の建築（questa architettura mia）」）、ibid., p. 441（分類カテゴリーを部屋

にたとえる）など。

10 たとえば、"dagli universali io dovessi procedere a i singolari" (Citolini 1561, p. 15); "io sempre da gli universali vengo a i particolari" (ibid., p. 96).

11 フィチーノのこの発言については、大阪大学大学院文学研究科の関大輔氏よりご教示いただいた。ここに記して謝意を表します。

［第7章］

1 ダンテは、フィレンツェの教皇派（グェルフィ党）・白党のメンバーとして行政に参画していたが、やがて同・黒党との派閥争いに敗れて政権中枢を追われ（一三〇一年）、永久追放の身になった。『神曲』三部作は、これ以降、ダンテが北部イタリアの諸都市を放浪する亡命生活の中で綴られた。

2 *Le sorti di Francesco Marcolino da Forli intitolate Giardino di pensieri allo illustrissimo signore hercole Estense duca di Ferrara*, Venezia: Francesco Marcolini, 1540.

3 ピサとパドヴァの植物園については以下を参照。Azzi Visentini 1984; Garbari, Tomasi e Tosi 1991; Minelli (ed.) 1995; Garbari, Tomasi e Tosi 2005; Kuwakino 2017.

4 「これと似た、気高く美しいグロッタをもし見たいとお望みなら、フィレンツェ市近郊のカステッロ荘でお目にかかることができる」(Del Riccio, *Agricoltura sperimentata*, III. c. 57v.)。

5 これは、デル・リッチョが「王の庭について」の章の中で楽しげにレポートしているエピソードである (Del Riccio, *Agricoltura sperimentata*, III. cc. 74v.-75r.)。

6 一例として、L1G1の記述を引いておく。「この水力仕掛けのからくりを見ようと気を取られていると、突然一つの水道管が動き出して、四匹のヘビとたくさんのヒキガエルの口から大量の輝く清水が噴き出し、あたりの人々を残らずびしょぬれにしてしまうのだ」(Del Riccio, *Agricoltura sperimentata*, III. c. 55r.)。

7 この解釈は、二〇一三年に東京文化財研究所での庭園と記憶術に関する研究発表の折に、国際日本文化研究センター（当時）の丸川雄三氏よりご示唆をいただいた。ここに記して謝意を表します。

［第8章］

1 本書については、ロッシとイエイツが簡単に触れている（ロッシ 一九八四、一七四—一七五、二一二頁、イエイツ 一九九三、三四六—三四九、四二〇—四二一頁）。また、最新の研究としては、桑木野 二〇一四、Kuwakino 2016.

2 本章では、一五九三年の初版ではなく、『記憶術の宝物庫』（一六一〇年）に収録されたテクストを分析してゆく。

3 *Rhetorica Cornelii Valerii Ultraiectini, Louanii in collegio trilingui professoria celeberrimi; uniuersam benedicendi rationem perspicua breuitate optimoque ordine absolute complectens* [...] *per Lambertum Schenckelium Dusiluium*, Antwerpen: Officina Plantiniana, 1593.

4 それぞれのタイトルおよび頁数は、ELOGIA DOCTORVM QUAVIS DIGNITATE ET FACVLTATE Hominum, De arte memoriae, examinatis praeceptis, experientiaque comprobatis [...] (pp. 60-74); BREVISSIMA REFVTATIO EARVM CAVILLATIONVM, QVE contra artem memoriae, a nonnullis uel prorsus ignorantibus [...] (pp. 75-124).

書　誌

外国語文献

AA.VV. 2013, *La Basilica della Santissima Annunziata: dal Duecento al Cinquecento*, Firenze: Edifir.

—— 2017, *Il dialogo creativo: studi per Lina Bolzoni*, Lucca: Maria Pacini Fazzi editore.

Angelini, Annarita 2008, *Metodo ed enciclopedia nel Cinquecento francese*, I: *il pensiero di Pietro Ramo all'origine dell'enciclopedismo moderno*, Firenze: Olschki.

Antonini, Anna 1997, "La *Tipocosmia* di Alessandro Citolini: un repertorio linguistico", in Barocchi e Bolzoni (eds.) 1997, pp. 159-231.

Atran, Scott 1990, *Cognitive Foundations of Natural History: Towards an Anthropology of Science*, Cambridge: Cambridge University Press.

Azzi Visentini, Margherita 1984, *L'Orto botanico di Padova e il giardino del Rinascimento*, Milano: Polifilo.

—— (ed.) 2004, *Topiaria: architetture e sculture vegetali nel giardino occidentale dall'antichità a oggi*, Treviso: Edizioni Fondazione Benetton Studi Ricerche / Canova.

Baracchini, Clara e Enrico Castelnuovo (eds.) 1996, *Il Camposanto di Pisa*, Torino: Einaudi.

Barocchi, Paola e Lina Bolzoni (eds.) 1997, *Repertori di parole e immagini: esperienze cinquecentesche e moderni* data bases, Pisa: Scuola Normale Superiore.

Beecher, Donald and Grant Williams (eds.) 2009, *Ars Reminiscendi: Mind and Memory in Renaissance*

Culture, Toronto: Centre for Reformation and Renaissance Studies.
Bellosi, Luciano 1974, *Buffalmacco e il Trionfo della Morte*, Torino: Einaudi.
Benzi, Utzima 2015, *Francesco Panigarola (1548-1594): l'éloquence sacrée au service de la Contre-Réforme*, Genève: Droz.
Berger, Anna M. Busse e Massimiliano Rossi (eds.) 2009, *Memory and Invention: Medieval and Renaissance Literature, Art and Music*, Firenze: Olschki.
Berger, Susanna 2013, "Martin Meurisse's Garden of Logic", *Journal of the Warburg and Courtauld Institutes*, 76 (2), pp. 203-250.
Berns, Jörg Jochen 1993, „Umrüstung der Mnemotechnik im Kontext von Reformation und Gutenbergs Erfindung", in Berns und Neuber (eds.) 1993, S. 35-72.
Berns, Jörg Jochen und Wolfgang Neuber (eds.) 1993, *Ars memorativa: Zur kulturgeschichtlichen Bedeutung der Gedächtniskunst 1400-1750*, Tübingen, Niemeyer.
—— (eds.) 2000, *Seelenmaschinen: Gattungstraditionen, Funktionen und Leistungsgrenzen der Mnemotechniken vom späten Mittelalter bis zum Beginn der Moderne*, Wien: Böhlau Verlag.
Blair, Ann M. 2010, *Too Much to Know: Managing Scholarly Information before the Modern Age*, New Haven: Yale University Press.（アン・ブレア『情報爆発——初期近代ヨーロッパの情報管理術』住本規子・廣田篤彦・正岡和恵訳、中央公論新社、二〇一八年）
Bocchi, Zenobio 1603, *Giardino dei Semplici in Mantova*, Mantova: Francesco Osana (Biblioteca Comunale Teresiana, segn, Sala mss. 63 (a. IV. 12/2)).
Bologna, Corrado 1992, "Esercizi di memoria: dal « Theatro della sapienza » di Giulio Camillo agli « Esercizi

spirituali » di Ignazio di Loyola", in Bolzoni e Corsi (eds.) 1992, pp. 169-221.
Bolzoni, Lina 1984, *Il teatro della memoria: studi su Giulio Camillo*, Padova: Liviana.
—— 1995, *La stanza della memoria: modelli letterari e iconografici nell'età della stampa*, Torino: Einaudi. (リナ・ボルツォーニ『記憶の部屋——印刷時代の文学的－図像学的モデル』足達薫・伊藤博明訳、ありな書房、二〇〇七年)
—— 1997, "Memoria letteraria e iconografica nei repertori cinquecenteschi", in Barocchi e Bolzoni (eds.) 1997, pp. 13-47.
—— 1998, "Il gioco degli occhi: l'arte della memoria fra antiche esperienze e moderne suggestioni" in *Memoria e memorie: convegno internazionale di studi. Roma, 18-19 maggio 1995, Accademia nazionale dei Lincei*, a cura di Lina Bolzoni, Vittorio Erlindo, Marcello Morelli, Firenze: Olschki, pp. 1-28.
—— 2002a, *La rete delle immagini: predicazione in volgare dalle origini a Bernardino da Siena*, Torino: Einaudi. (リナ・ボルツォーニ『イメージの網——起源からシエナの聖ベルナルディーノまでの俗語による説教』石井朗・伊藤博明・大歳剛史訳、ありな書房、二〇一〇年)
—— 2002b, "L'art de la mémoire et le travail de l'oubli", in *Mémoire et oubli au temps de la Renaissance: actes du colloque de Paris 8-9 décembre 2000 et 9-10 mars 2001*, sous la direction de Marie Thérèse Jones-Davies, Paris: Honoré Champion, pp. 144-157.
—— 2004, "Emblemi e arte della memoria: alcune note su invenzione e ricezione", in *Florilegio de estudios de emblemática*, ed. por Sagrario López Poza, El Ferrol: Sociedad de Cultura Valle Inclán, pp. 15-31.
Bolzoni, Lina e Pietro Corsi (eds.) 1989, *La fabbrica del pensiero: dall'arte della memoria alle neuroscienze*, Catalogo mostra, Milano: Electa.

—— (eds.) 1992, *La cultura della memoria*, Bologna: Mulino.

Bruno, Giordano 2004, *Opere mnemotecniche*, Tomo I, edizione diretta da M. Ciliberto, a cura di M. Matteoli, R. Sturlese e N. Tirinnanzi, Milano: Adelphi.

—— 2009, *Opere mnemotecniche*, Tomo II, edizione diretta da M. Ciliberto, a cura di M. Matteoli, R. Sturlese e N. Tirinnanzi, Milano: Adelphi.

Brunon, Hervé 2002, "L'orizzonte enciclopedico: la catalogazione del sapere nel 'giardino di memoria' di Agostino Del Riccio", in *Il giardino e la memoria del mondo*, a cura di Giuliana Baldan Zenoni-Politeo e Antonella Pietrogrande, Firenze: Olschki, pp. 59-75.

Bruyère, Nelly 1984, *Méthode et dialectique dans l'œuvre de la Ramée: Renaissance et âge classique*, Paris: J. Vrin.

Camillo, Giulio 1991, *L'idea del theatro*, a cura di Lina Bolzoni, Palermo, Sellerio 1991.（ジュリオ・カミッロ『劇場のイデア』足達薫訳、ありな書房、二〇〇九年）

—— 2015, *L'idea del Theatro: Con « L'idea dell'eloquenza », il « De transmutatione » e altri testi inediti*, Milano: Adelphi.

Campbell, Stephen J. 2006, *The Cabinet of Eros: Renaissance Mythological Painting and the Studiolo of Isabella d'Este*, New Haven: Yale University Press.

Caplan, Harry 1970, *Of Eloquence: Studies in Ancient and Mediaeval Rhetoric*, edited and with an introduction by Anne King and Helen North, Ithaca: Cornell University Press.

Carruthers, Mary 1998, *The Craft of Thought: Meditation, Rhetoric, and the Making of Images, 400-1200*, Cambridge: Cambridge University Press.

Casagrande, Carla e Silvana Vecchio 2000, *I sette vizi capitali: storia dei peccati nel Medioevo,* Torino: Einaudi.

Castelli, Pietro 1640, *Hortus messinensis,* Messanae: Typis Viduae Ioannis Francisci Bianco.

Cecchi, Alessandro, Lucilla Conigliello e Marzia Faietti (eds.) 2014, *Jacopo Ligozzi: "pittore universalissimo",* Livorno: Sillabe.

Cecchi, Alessandro e Paola Pacetti (eds.) 2008, *La Sala delle Carte geografiche in Palazzo Vecchio: capriccio et invenzione nata dal Duca Cosimo,* Firenze: Banca CR Firenze.

Ceruti, Benedetto et Andrea Chiocco 1622, *Musaeum Francisci Calceolari Iunioris Veronensis,* Veronae: Apud Angelum Tamum.

Cevolini, Alberto 2006, *De arte excerpendi: imparare a dimenticare nella modernità,* Firenze: Olschki.

Chastel, André e Philippe Morel (eds.) 1991, *La Villa Médicis,* vol. 3, Rome: Académie de France à Rome.

Ciliberto, Michele 2007, *Giordano Bruno: il teatro della vita,* Milano: Mondadori.

Citolini, Alessandro 1551, *I Luoghi di Alessandro Citolini da Serravalle,* Venezia: al segno del pozzo.

—— 1561, *Tipocosmia di Alessandro Citolini,* Venezia: Vincenzo Valgrisi.

Coffin, David R. 1960, *The Villa d'Este at Tivoli,* Princeton, N. J.: Princeton University Press.

—— 1979, *The Villa in the Life of Renaissance Rome,* Princeton, N. J.: Princeton University Press.

Daston, Lorraine and Katharine Park 1998, *Wonders and the Order of Nature, 1150-1750,* New York: Zone Books.

Della Porta, Giovan Battista 1996, *Ars reminiscendi, aggiunta l'arte del ricordare tradotta da Dorandino Falcone da Gioia,* a cura di Raffaele Sirri, Napoli: Edizioni Scientifiche Italiane.

Del Riccio, Agostino, *Agricoltura sperimentata,* BNCF, ms. Targioni Tozzetti 56, I-III.

—— , *Arte della memoria locale,* BNCF, ms. Magl. II, I, 13.

—— 1996, *Istoria delle pietre,* a cura di Raniero Gnoli e Attilia Sironi, Torino: Umberto Allemandi.

De Luca, Maria Elena e Marzia Faietti (eds.) 2014, *Jacopo Ligozzi: « altro Apelle »*, Firenze / Milano: Giunti.

De Poli, Luigi 1999, *La structure mnémonique de la* Divine Comédie*:* l'ars memorativa *et le nombre cinq dans la composition du poème de Dante,* Bern: Peter Lang.

Dernie, David 1996, *The Villa d'Este at Tivoli,* London: Academy Editions.

Descartes, René 1897-1909, *Œuvres de Descartes,* 11 vol., publiées par Charles Adam et Paul Tannery, Paris: J. Vrin.

Di Stefano, Elisabetta 2000, *L'altro sapere: bello, arte, immagine in Leon Battista Alberti,* Parelmo: Centro Internazionale Studi di Estetica.

Dolce 2001, *Dialogo del modo di accrescere e conservar la memoria,* a cura di A. Torre, Pisa: Scuola Normale Superiore.

Dupérac, Etienne 1573, *Il sontuosissimo et amenissimo palazzo et giardini di Tivoli,* Roma.

Eco, Umberto 1992, "Mnemotecniche come semiotiche", in Bolzoni e Corsi (eds.) 1992, pp. 35-56.

—— 2007, *Dall'Albero al labirinto: studi storici sul segno e l'interpretazione,* Milano: Bompiani.

Erasmus, Desiderius 2002, *Colloquia,* edizione con testo a fronte a cura di Cecilia Asso, Torino: Einaudi.

Eriksen, Roy 2001, *The Building in the Text: Alberti to Shakespeare and Milton,* University Park: The Pennsylvania State University Press.

Ficino, Marsilio 1576, *Opera Omnia,* 2 vols., Basel (repr. Torino: Bottega d'Erasmo, 1962).

Findlen, Paula 1994, *Possessing Nature: Museums, Collecting, and Scientific Culture in Early Modern Italy*, Berkeley: University of California Press.（ポーラ・フィンドレン『自然の占有――ミュージアム、蒐集、そして初期近代イタリアの科学文化』伊藤博明・石井朗訳、ありな書房、二〇〇五年）

—— (ed.) 2004, *Athanasius Kircher: The Last Man Who Knew Everything*, New York: Routledge.

Fiorani, Francesca 2005, *The Marvel of Maps: Art, Cartography and Politics in Renaissance Italy*, New Haven: Yale University Press.

Firpo, Massimo 1982, "Alessandro Citolini", in *Dizionario biografico degli italiani*, Roma, Istituto della Enciclopedia Italiana, vol. 26, pp. 39-46.

Fowler, Alastair 1970, *Triumphal Forms: Structural Patterns in Elizabethan Poetry*, Cambridge: Cambridge University Press.

Frommel, Christoph Luitpold 2009, *Architettura del Rinascimento italiano*, Milano: Skila.（クリストフ・ルイトポルト・フロンメル『イタリア・ルネサンスの建築』稲川直樹訳、鹿島出版会、二〇一一年）

Garbari, Fabio, Lucia Tongiorgi Tomasi e Alessandro Tosi 1991, *Giardino dei semplici: l'orto botanico di Pisa dal XVI al XX secolo*, Pisa: Pacini.

—— 2005, *L'Orto botanico di Pisa*, Pisa: ETS.

Garzoni, Tomaso 1996, *La piazza universale di tutte le professioni del mondo*, 2 vols., a cura di Paolo Cherchi e Beatrice Collina, Torino: Einaudi.

Gesualdo, Filippo Maria 1592, *Plutosofia: nella quale si spiega l'arte della memoria con altre cose notabili pertinenti, tanto alla momoria naturale, quanto all'artificiale*, Padova: Paolo Meietti.

Ghia, Francesco e Fabrizio Meroi (eds.) 2013, *Francesco Panigarola: predicazione, filosofia e teologia nel secondo Cinquecento*, Firenze: Olschki.

Gilbert, Neal W. 1960, *Renaissance Concepts of Method*, New York: Columbia University Press.

Giovio, Paolo 1978, *Dialogo dell'imprese militari e amorose*, a cura di Maria Luisa Doglio, Roma: Bulzoni.

Gothein, Marie Luise 2006, *Storia dell'Arte dei Giardini*, vol. 1: *Dall'Egitto al Rinascimento in Italia, Spagna e Portogallo*, Firenze: Olschki.

Grote, Andreas (ed.) 1994, *Macrocosmos in Microcosmo: Die Welt in der Stube. Zur Geschichte des Sammelns 1450-1800*, Opladen: Leske + Budrich.

Heikamp, Detlef 1981, "Agostino del Riccio, *Del giardino di un re*", in *Il giardino storico italiano: problemi di indagine sulle fonti letterarie e storiche*, a cura di Giovanna Ragionieri, Firenze: Olschki, pp. 59-64.

Holmes, Megan 2013, *The Miraculous Image in Renaissance Florence*, New Haven: Yale University Press.

Hotson, Howard 2000, *Johann Heinrich Alsted 1588-1638: Between Renaissance, Reformation, and Universal Reform*, Oxford: Clarendon Press.

—— 2007, *Commonplace Learning: Ramism and Its German Ramifications 1543-1630*, Oxford: Oxford University Press.

Impey, Oliver and Arthur MacGregor (eds.) 1985, *The Origins of Museums: The Cabinet of Curiosities in Sixteenth- and Seventeenth-Century Europe*, Oxford: Clarendon Press.

Jardine, Lisa 1974, *Francis Bacon: Discovery and the Art of Discourse*, London: Cambridge University Press.

Kenseth, Joy (ed.) 1991, *The Age of the Marvelous*, Hanover: Hood Museum of Art.

Koerner, Joseph Leo 2004, *The Reformation of the Image*, Chicago: The University of Chicago Press.

Kuwakino, Koji 2011, *L'architetto sapiente: giardino, teatro, città come schemi mnemonici tra il XVI e il XVII secolo*, Firenze: Olschki.（日本語増補改訂版＝桑木野 二〇一三b）

—— 2013, “The Great Theatre of Creative Thought: The *Inscriptiones vel tituli theatri amplissimi...* (1565) by Samuel von Quiccheberg”, *Journal of the History of Collections*, 25 (3), pp. 303-324.

—— 2016, “From *domus sapientiae* to *artes excerpendi*: Lambert Schenkel’s *De memoria* (1593) and the Transformation of the Art of Memory”, in *Forgetting Machines: Knowledge Management Evolution in Early Modern Europe*, edited by Alberto Cevolini, Leiden: Brill, pp. 58-78.

—— 2017, “La *varietas* in una sylva geometrica che « ricrea la mente stanca dal pensiero delle cose difficili »: Daniele Barbaro e l’Orto Botanico di Padova”, in *Daniele Barbaro 1514-1570: Vénitien, patricien, humaniste*, a cura di Vasco Zara, Turnhout: Brepols, pp. 115-134.

Landsberg, Sylvia 2003, *The Medieval Garden*, Toronto: University of Toronto Press.

Lapi Ballerini, Isabella e Litta Maria Medri (eds.) 1999, *Artifici d’acque e giardini: la cultura delle grotte e dei ninfei in Italia e in Europa*, Atti del V Convegno Internazionale sui Parchi e Giardini Storici, Firenze: Centro Di.

Lazzaro, Claudia 1990, *The Italian Renaissance Garden: From the Conventions of Planting, Design, and Ornament to the Grand Gardens of Sixteenth-Century Central Italy*, New Haven: Yale University Press.

Liserre, Francesca Romana 2008, *Grotte e ninfei nel ’500: il modello dei giardini di Caprarola*, Roma: Gangemi.

Littger, Klaus Walter et Werner Dressnedörfer 2000, *Les jardins d’Eichstätt: l’herbier de Basilius Besler*, London: Taschen.

Lucco, Mauro 2013, *Mantegna*, Milano: 24 ORE Cultura.

Luchinat, Cristina Acidini 1980, "Niccolò Gaddi collezionista e dilettante del Cinquecento", *Paragone,* 31, pp. 141-175.

—— 2013, "Finestre, nebbie, bolle: la materia e lo spazio del sogno", in *Il Sogno nel Rinascimento,* a cura di Chiara Rabbi Bernard, Alessandro Cecchi, Yves Hersant, Livorno: Sillabe.

Luchinat, Cristina Acidini e Elvira Garbero Zorzi (eds.) 1991, *Boboli 90,* atti del Convegno internazionale di studi per la salvaguardia e la valorizzazione del giardino, Firenze: Edifir.

Luchinat, Cristina Acidini e Giorgio Galletti 1992, *Le ville e i giardini di Castello e Petraia a Firenze,* Pisa: Pacini.

Luchinat, Cristina Acidini, Lauro Magnani e Mariachiara Pozzana (eds.) 1987, *Arte delle Grotte: per la conoscenza e la conservazione delle grotte artificiali,* Atti del convegno: Firenze, Palazzo Pitti-Rondo di Bacco, 17 giugno 1985, Genova: Sagep Editrice.

Lugli, Adalgisa 1983, *Naturalia et mirabilia: il collezionismo enciclopedico nelle Wunderkammern d'Europa,* Milano: Mazzotta.

Maffei, Lamberto 2003, "Le basi della memoria e il metodo dei loci", in *Il senso della memoria,* pp. 19-26.

Mattioli, Pietro Andrea 1557, *I discorsi nei sei libri della materia medicinale di Pedacio Dioscoride Anazarbeo,* Venezia: Vincenzo Valgrisi.

—— 1565, *Commentarii in sex libros Pedacii Dioscoridis Anazarbei de medica materia,* Venezia: Vincenzo Valgrisi.

Melanchthon, Philipp und Martin Luther 1523, *Deuttung der zwo grewlichen: Figuren Bapstesels zu Rom vnd Munchkalbs,* Augsburg.

Meurisse, Martin 1614, *Artificiosa totius logices description,* Paris: Apud Io. Messager via Iacobea.

Mignini, Filippo 2013, "Il Trattato della memoria locale di Francesco Panigarola", in Ghia e Meroi (eds.) 2013, pp. 59-76.

Minelli, Alessandro (ed.) 1995, *L'Orto botanico di Padova 1545-1995,* Venezia: Marsilio.

Morel, Philippe 1998, *Les grottes maniéristes en Italie au XVIe siècle: théâtre et alchimie de la nature,* Paris: Macula.

Morrogh, Andrew 2011, "La cappella Gaddi nella chiesa di Santa Maria Novella", in *Giovan Antonio Dosio da San Gimignano architetto e scultor fiorentino tra Roma, Firenze e Napoli,* a cura di Emanuele Barletti, Firenze: Edifir, pp. 299-325.

Morrona, Alessandro da 1787, *Pisa illustrata nelle arti del disegno,* Tomo primo, Pisa: Francesco Pieraccini.

Moss, Ann 1996, *Printed Commonplace-Books and the Structuring of Renaissance Thought,* New York: Clarendon Press.

Norton, Elizabeth 2013, *Aspects of Ecphrastic Technique in Ovid's Metamorphoses,* Newcastle upon Tyne, Cambridge Scholars Publishing.

Occhipinti, Carmelo 2009, *Giardino delle Esperidi: le tradizioni del mito e la storia di Villa d'Este a Tivoli,* Roma: Carocci.

Ogilvie, Brian W. 2003, "The Many Books of Nature: Renaissance Naturalists and Information Overload", *Journal of the History of Ideas,* 64 (1), pp. 29-40.

—— 2006, *The Science of Describing: Natural History in Renaissance Europe,* Chicago: The University of Chicago Press.

Oldrini, Guido 1997, *La disputa del metodo nel Rinascimento: indagini su Ramo e sul ramismo,* Firenze: La Lettere.

Oliverio, Alberto 2001, "Dall'arte della memoria alla biologia della memoria", *Physis,* 38, pp. 111-132.

Olmi, Giuseppe 1992, *L'inventario del mondo: catalogazione della natura e luoghi del sapere nella prima età moderna,* Bologna: Mulino.

Ong, Walter J. 1958, *Ramus: Method, and the Decay of Dialogue: From the Art of Discourse to the Art of Reason,* Cambridge, Mass.: Harvard University Press.

Paepp, Jan 1617, *Schenckelius detectus: seu, memoria artificialis hactenus occultata, ac a multis quam diu desideraa* [...], Lyon: Bartolomé Vincent.

Panigarola, Francesco 1599, *Modo di comporre una predica del Rev. Panigarola Vescovo d'Asti: Con l'aggiunta di un Trattato della Memoria Locale,* Padova: appresso Franc. Bolzetta.

Paolucci, Antonio (ed.) 1994, *Il battistero di San Giovanni a Firenze,* Modena: Franco Cosimo Panini.

Piccari, Paolo 2007, *Giovan Battista Della Porta: il filosofo, il retore, lo scienziato,* Milano: F. Angeli.

Pich, Federica e Andrea Torre (eds.) 2017, Di l'Artifitial Memoria, MS 3368, Bibliothèque Sainte-Geneviève di Parigi, Napoli: La stanza delle scritture.

Pietro da Ravenna (Pietro Tommai) 1491, *Phoenix seu artificiosae memoria,* Venetiis: Bernardinus de Choris de Cremona impressor.

Placcius, Vincent 1689, *De arte excerpendi vom gelahrten Buchhalten liber singularis,* Holmiae et Hamburgi: Apud Gottfried Liebezeit.

Plett, Heinrich F. 2012, *Enargeia in Classical Antiquity and the Early Modern Age: The Aesthetics of*

Evidence, Leiden: Brill.

Pomian, Krzysztof 1987, *Collectionneurs, amateurs et curieux: Paris, Venice, XVIe–XVIIIe siècle*, Paris: Gallimard 1987.（クシシトフ・ポミアン『コレクション——趣味と好奇心の歴史人類学』吉田城・吉田典子訳、平凡社、一九九二年）

Porro, Girolamo 1591, *L'horto dei semplici di Padova* (Venezia, 1591), ristampa anastatica, Padova: Poligrafica moderna, 1986.

Reeds, Karen Meier 1991, *Botany in Medieval and Renaissance Universities*, New York: Garland.

Reid, Steven J. and Emma Annette Wilson (eds.) 2011, *Ramus, Pedagogy and the Liberal Arts: Ramism in Britain and the Wider World*, Farnham: Ashgate.

Risaliti, Sergio (ed.) 2012, *Bernardo Buontalenti e la Grotta Grande di Boboli*, Firenze: Maschietto Editore.

Roby, Courtney 2016, *Technical Ekphrasis in Greek and Roman Science and Literature: The Written Machine between Alexandria and Rome*, Cambridge: Cambridge University Press.

Romberch, Johannes 1533, *Congestorium artificiosae memoriae*, Venezia: Melchiorre Sessa.

Rossellius, Cosma 1579, *Thesaurus artificiosae memoriae*, Venezia: Antonio Padovano.

Rossi, Paolo 1988, "La memoria, le immagini, l'enciclopedia", in *La memoria del sapere: forme di conservazione e strutture organizzative dall'antichità a oggi*, a cura di Pietro Rossi, Bari: Laterza, pp. 211-237.

Rudolph, Conrad 2014, *The Mystic Ark: Hugh of Saint Victor, Art, and Thought in the Twelfth Century*, New York: Cambridge University Press.

Sambucus, Johannes 1566, *Emblemata, et aliquot nummi antiqui operis* (1564), expanded version, Anversa:

C. Plantini.

Sassi, Maria Michela 2007, "Aristotele fenomenologo della memoria", in *Tracce nella mente: teorie della memoria da Platone ai moderni*, a cura di Maria Michela Sassi, Pisa: Edizioni della Normale, pp. 25-46.

Schenkelius, Lambertus Thomas 1593, *De memoria liber* (Douai, 1593), in Schenkelius 1610.

—— 1610, *Gazophylacium artis memoriae*, Strasburg: Antonius Bertramus.

—— 1619, *Methodus siue declaratio* [...] *quo modo latina lingua sex mensium spacio doceri*, Strasburg: Eberhard Zetzner.

Schloss, Stiftung und Park Benrath (eds.) 2008, *Wunder und Wissenschaft: Salomon de Caus und die Automatenkunst in Gärten um 1600*, Düsseldorf: Grupello.

Schnapper, Antoine 1988, *Le géant, la licorne et la tulipe: collections et collectionneurs dans la France du XVIIe siècle*, Paris: Flammarion.

Siegel, Steffen 2009, *Tabula: Figuren der Ordnung um 1600*, Berlin: Akademie Verlag.

Small, Jocelyn Penny 1997, *Wax Tablets of the Mind: Cognitive Studies of Memory and Literacy in Classical Antiquity*, London / New York: Routledge.

Sorabji, Richard 1972, *Aristotle on Memory*, London: Duckworth.

Swann, Marjorie 2001, *Curiosities and Texts: The Culture of Collecting in Early Modern England*, Philadelphia: University of Pennsylvania Press.

Tomasi, Lucia Tongiorgi 1984, "'Extra' e 'Intus': progettualità degli orti botanici e collezionismo eclettico tra XVI e XVII secolo", in *Il giardino come labirinto della storia*, Atti di convegno internazionale, Palermo: Centro Studi di storia e arte dei giardini, pp. 48-57.

Torre, Andrea 2009, “Patterns and Functions of the Mnemonics Image in the Sixteenth and Seventeenth Centuries”, in Beecher and Williams (eds.) 2009, pp. 45-67.

Torrini, Maurizio (ed.) 1990, *Giovan Battista Della Porta nell'Europa del suo tempo: Atti del Convegno. Vico Equense, 29 settembre - 3 ottobre 1986*, Napoli: Guida.

Valbusa, Ivan 2008, *La forma dell'enciclopedia: una valutazione della prospettiva di J. H. Alsted*, Trento: Verifiche.

Vasari, Giorgio 1969, *Le Vite de' più eccellenti pittori, scultori e architettori nelle redazioni del 1550 e 1568*, 6 vols., testo a cura di R. Bettarini, commento secolare a cura di P. Barocchi, Firenze: Sansoni.

Vasoli, Cesare 1968, *La dialettica e la retorica dell'Umanesimo: “Invenzione” e “Metodo” nella cultura del XV e XVI secolo*, Milano: Feltrinelli.

—— 1974, *Profezia e ragione: studi sulla cultura del Cinquecento e del Seicento*, Napoli: Morano.

—— 2002a, “Bruno ed i suoi primi scritti sull'arte della memoria”, in *Physis: Giordano Bruno tra scienza e filosofia*, a cura di Eugenio Canone e Arcangelo Rossi, Firenze: Olschki, pp. 19-39.

—— 2002b, “I tentativi umanistici cinquecenteschi di un nuovo ‘ordine’ del sapere”, in *Le filosofie del Rinascimento*, a cura di Paolo Costantino Pissavino, Milano: Bruno Mondadori, pp. 398-415.

Vitruvius Pollio 1556, *I dieci libri dell'architettura di M. Vitruvio tradutti et commentati da Monsignor Barbaro eletto patriarca d'Aquileggia*, Vinegia: per Francesco Marcolini.

Watson, Arthur 1947, “Saligia”, *Journal of the Warburg and Courtauld Institutes*, 10, pp. 148-150.

Webb, Ruth 2009, *Ekphrasis, Imagination and Persuasion in Ancient Rhetorical Theory and Practice*, Farnham: Ashgate.

Wheelock, Federic M. 2001, *Wheelock's Latin Reader: Selections from Latin Literature*, 2nd ed., revised by Richard A. LaFleur, New York: Harper Collins.
Zangheri, Luigi 1987, *Pratolino: il giardino delle meraviglie*, Firenze: Gonnelli.
Il senso della memoria, Atti dei convegni dei Lincei, Roma: Accademia nazionale dei Lincei, 2003.
Sandro Botticelli: The Drawings for Dante's Divine Comedy, London: Royal Academy of Arts, 2000.

邦訳文献

イエイツ、フランセス・A　一九九三『記憶術』玉泉八州男監訳、青木信義・井出新・篠崎実・野崎睦美訳、水声社。

ウォーカー、D・P　一九九四『古代神学——十五—十八世紀のキリスト教プラトン主義研究』榎本武文訳、平凡社（ヴァールブルク・コレクション）。

ウォード＝パーキンズ、ブライアン　二〇一四『ローマ帝国の崩壊——文明が終わるということ』南雲泰輔訳、白水社。

カラザース、メアリー　一九九七『記憶術と書物——中世ヨーロッパの情報文化』別宮貞徳監訳、柴田裕之・家本清美・岩倉桂子・野口迪子・別宮幸徳訳、工作舎。

カルダーノ　一九八九『わが人生の書——ルネサンス人間の数奇な生涯』青木靖三・榎本恵美子訳、社会思想社（現代教養文庫）。

カルターリ　二〇一二『西欧古代神話図像大鑑　全訳「古人たちの神々の姿について」』大橋喜之訳、八坂書房。

キケロー　二〇〇五『弁論家について』（全二巻）、大西英文訳、岩波書店（岩波文庫）。

クルツィウス、E・R 一九七一『ヨーロッパ文学とラテン中世』南大路振一・岸本通夫・中村善也訳、みすず書房。

コナン・ドイル、アーサー 二〇〇六『緋色の研究』(『新訳シャーロック・ホームズ全集』)、日暮雅通訳、光文社(光文社文庫)。

スクワイア、ラリー・R＋エリック・R・カンデル 二〇一三『記憶のしくみ』(全二冊)、小西史朗・桐野豊監修、講談社(ブルーバックス)。

ストロング、ロイ 二〇〇三『イングランドのルネサンス庭園』圓月勝博・桑木野幸司訳、ありな書房。

セズネック、ジャン 一九七七『神々は死なず——ルネサンス芸術における異教神』高田勇訳、美術出版社。

ダンテ・アリギエリ 二〇一四『神曲』(全三巻)、原基晶訳、講談社(講談社学術文庫)。

ディオニュシオス/デメトリオス 二〇〇四『修辞学論集』木曽明子・戸高和弘・渡辺浩司訳、京都大学学術出版会(西洋古典叢書)。

バルト、ロラン 一九七九『旧修辞学——便覧』沢崎浩平訳、みすず書房。

ペティグリー、アンドルー 二〇一五『印刷という革命——ルネサンスの本と日常生活』桑木野幸司訳、白水社。

マクルーハン、マーシャル 一九八六『グーテンベルクの銀河系——活字人間の形成』森常治訳、みすず書房。

マッガウ、ジェームズ・L 二〇〇六『記憶と情動の脳科学——「忘れにくい記憶」の作られ方』大石高生・久保田競監訳、講談社(ブルーバックス)。

ル・モレ、ロラン 二〇〇三『ジョルジョ・ヴァザーリ——メディチ家の演出者』平川祐弘・平川恵子訳、白水社。

ロッシ、パオロ 一九八四『普遍の鍵』清瀬卓訳、『世界幻想文学大系』第四五巻、国書刊行会。

日本語文献

浅野楢英 二〇一八『論証のレトリック——古代ギリシアの言論の技術』筑摩書房（ちくま学芸文庫）。
伊藤博明 二〇〇七『綺想の表象学——エンブレムへの招待』ありな書房。
—— 二〇一二『ルネサンスの神秘思想』講談社（講談社学術文庫）。
稲川直樹・桑木野幸司・岡北一孝 二〇一四『ブラマンテ　盛期ルネサンス建築の構築者』NTT出版。
越智啓太 二〇一四『つくられる偽りの記憶——あなたの思い出は本物か？』化学同人（DOJIN選書）。
川崎寿彦 一九八四『楽園と庭——イギリス市民社会の成立』中央公論社（中公新書）。
北田葉子 二〇〇三『近世フィレンツェの政治と文化——コジモ1世の文化政策（1537-60）』刀水書房。
喜多村明里 二〇一四「マンテーニャの《美徳の庭から悪徳を追放するミネルウァ》——メタモルフォシスと自然の不定形性」、金山弘昌責任編集『変身の形態学——マンテーニャからプッサンへ』ありな書房（イメージの探検学）、七—八二頁。
絹川陽子 二〇一二「ピサのカンポサントの《最後の審判と地獄》——教訓を垂れる審判図」、『美術史』第六一巻第二号（二〇一二年三月）、二二四—二三八頁。
木俣元一 一九九九「Pro lectione pictura est ?——グレゴリウス1世、イメージ、テキスト」、『西洋美術研究』第一号、一五五—一六三頁。
久保田静香 二〇一四「ラムス主義レトリックとデカルト——近世フランスにおける自由学芸改革の一側面」、『エクフラシス——ヨーロッパ文化研究』第四号、早稲田大学ヨーロッパ中世・ルネサンス研究所、六〇—七七頁。

桑木野幸司 二〇〇九「C・ロッセッリ『人工記憶の宝庫』（Venezia, 1579）に見られる記憶術的都市計画――初期近代の精神建築史に向けての一試論」、鈴木博之先生献呈論文集刊行会編『建築史攷』中央公論美術出版、一八九―二〇五頁。
―― 二〇一一「甦ったエデン神苑――初期近代イタリアの植物園に関する考察」、『待兼山論叢 文化動態論篇』第四五号、六七―九三頁。
―― 二〇一三a「天国と地獄の記憶――C・ロッセッリ『人工記憶の宝庫』における視覚芸術からの影響について」、『西洋美術研究』第一七号、九一―一一〇頁。
―― 二〇一三b『叡智の建築家――記憶のロクスとしての16－17世紀の庭園、劇場、都市』中央公論美術出版。
―― 二〇一四「記憶術と叡智の家――ルネサンスの黄昏における伝統の変容」、ヒロ・ヒライ＋小澤実編『知のミクロコスモス――中世・ルネサンスのインテレクチュアル・ヒストリー』中央公論新社、四二一―六八頁。
―― 二〇一七「テクストの中の宇宙――A・チトリーニ『ティポコスミア』（一五六一年）が提示する世界建築」、『Arts & Media』第七号、大阪大学大学院文学研究科文化動態論専攻アート・メディア論研究室、三二―五五頁。
鈴木宏昭 二〇一六『教養としての認知科学』東京大学出版会。
二木宏明 一九八九『脳と記憶――その心理学と生理学』共立出版（ブレインサイエンス・シリーズ）。
野口昌夫編 二〇一一『ルネサンスの演出家 ヴァザーリ』白水社。
林千宏 二〇一三「詩と注釈――デュ・バルタス『聖週間』注釈書を通してみたキリアン『黙示週』」、『Gallia』第五二号（二〇一三年三月）、大阪大学フランス語フランス文学会、二一一―三〇頁。
深井智朗 二〇一七『プロテスタンティズム――宗教改革から現代政治まで』中央公論新社（中公新書）。
藤谷道夫 二〇一六『ダンテ「神曲」における数的構成』慶應義塾大学教養研究センター（慶應義塾大学教養

研究センター選書）。
前之園幸一郎　一九九四「ルネサンス期イタリアにおける民衆の知的状況について」、佐藤三夫編『ルネサンスの知の饗宴――ヒューマニズムとプラトン主義』東信堂（ルネサンス叢書）、二〇一―二〇九頁。
水野千依　二〇一一『イメージの地層――ルネサンスの図像文化における奇跡・分身・予言』名古屋大学出版会。
――二〇一四『キリストの顔――イメージ人類学序説』筑摩書房（筑摩選書）。
柳沼重剛編　二〇〇三『ギリシア・ローマ名言集』岩波書店（岩波文庫）。
若桑みどり　一九九四『マニエリスム芸術論』筑摩書房（ちくま学芸文庫）。
渡辺浩司　二〇一四「エクフラシス――ローマ帝政期における弁論教育」、渡辺浩司・田之頭一知編『弁論術から美学へ――美学成立における古典弁論術の影響』（平成23年度〜平成25年度科学研究費補助金（基盤研究C）研究成果報告書）、七―一五頁。

あとがき

その時僕が女に、あなたは画《え》だと云うと、女が僕に、あなたは詩だと云った

（夏目漱石『三四郎』）

最近、物忘れがひどくて困っている——などと書くと、そんな人が書いた記憶論など信用できないと顰蹙を買うかもしれない。でも事実だから仕方がない。特に人の名前が苦手だ。さいわい大学の講義では、学生さんの座る席が毎回ある程度固定されているため、シモーニデースよろしく、場所とイメージで記憶する方法が普段から役に立っている。天井が崩れないことを祈るばかりだ。

完璧な記憶力を手に入れられたら……そう思わないこともない。それは裏を返せば、一度覚えたことを永久に忘れないということだ。けれども、これはよくよく考えてみると、恐ろしく不便なことではないだろうか。

二〇世紀を代表する幻想文学作家ホルヘ・ルイス・ボルヘス（一八九九—一九八六年）の短編に、『記憶の人、フネス』という佳作がある（J・L・ボルヘス『伝奇集』鼓直訳、岩波書店（岩波文庫）、一九九三年）。主人公のフネスは生まれつき抜群の記憶力を有し、これまでに体験したすべての事柄を克明に記憶しているのだという。いや、忘れたくても忘れることが出来ない特異な体質の持ち主なの

だ。たとえば彼が庭の樹木を見るとする。枝に茂る葉の一枚一枚が、それぞれ微妙な形状と色彩と陰影の変化を帯びながら、フネスにとっては個々の独立した記憶対象として心にしまわれるのだ。一本の樹木を覆う数百枚、数千枚の葉も、彼にはどれ一つとして同じものとは映らない。そして、どれだけ時を経ようとも、過去に見た葉の一つ一つを克明に記憶映像として復元することができるのだ。

するとどんな不都合が起こるだろうか。我々一般人の記憶は、実はかなり曖昧にできている。過去に見たり経験したりしたものと完璧に同一でなくても、「似ている」とか「おおよそ合っている」といった大雑把な判断ですませてしまうことが多い。だからこそ、多少の差異は無視して、樹木に生い茂る無数の葉の群れを、「葉」という一つの抽象概念でひとくくりにできるのだ。けれどもフネスにはそれができなかった。彼には一般的な思考が、およそ不可能だったのだ。葉は一枚一枚がそれぞれ個性をもった別個の存在であり、これと同様に、昨日とは異なる髪型や服装であらわれた友人は、彼にとっては別人と映ってしまうのだ。フネスはただただ無数の記憶のがらくたの山のなかで、思惟を練り上げることもできずに、あてどもなくさ迷うしかなかったのである。フネスはあくまで文学上の架空のキャラクターだが、これと似たような能力を持つ実在の人物として、たとえば旧ソ連の著名な心理学者A・R・ルリヤ（一九〇二―七七年）が報告している記憶術師シェレシェフスキーの事例が有名だ（A・R・ルリヤ『偉大な記憶力の物語――ある記憶術者の精神生活』天野清訳、岩波書店（岩波現代文庫）、二〇一〇年）。彼もまた忘れられない記憶に生涯苦しんだという。

すべてを記憶しておくことは、必ずしも望ましい結果を生むとは限らない。我々は忘却することによって、情報の瑣末な枝葉をそぎ落とし、主要な点のみを抽出して管理する。そうすることで、様々に異なる経験から教訓や予測を引き出し、知識を継続的に積み上げてゆくことができるのだ。重要なのは、意味のある経験だけを選択的に記憶することであり、逆にもし全ての事柄を鮮明に覚えているとすれば、それは何も覚えていないのと同じぐらい不都合なのだといえる。我々は、忘却と上手に付き合いながら生きてゆくしかないようだ。

少々話が飛んだが、本書は西欧の文化史の知られざる伏流水ともいうべき「記憶術」を扱っている。いや「知られざる」という状況ではすでになく、欧米のアカデミーでは一般常識になりつつあるテーマだ。筆者がこの摩訶不思議な術に出会ったのは、博士論文の準備中だった。記憶を良くしたいという実利的な動機とは無関係に、西欧の初期近代とよばれる時期の視覚芸術や思想を深く掘り下げてゆくなかで、自然と逢着したトピックだった。

本文中でも触れたように西欧の文芸伝統では古来、詩は雄弁な絵に、絵は黙せる詩にたとえられてきた。詩歌は言の葉を織り紡《つむ》いで仮想の情景を脳裏に描きだし、絵画は色彩の斑《まだら》と描線の形象を通じて詩行の観念を映像化する。こうした画文通底の雅《みやび》な境地に、さらに次元を一つ加えて、建築ないしは空間という視点を導入してみたらどうなるだろうか。それも視覚芸術や文芸が高度に発達し、新大陸の発見や印刷術の発明によって情報があふれかえっていた初期近代といわれる、とびきり刺激的な時代を舞台に――と、そんな具合に思索をめぐらせていったとき、ぬっと目の前に現れたのが、記憶術なる古くて新しいアルスだった。

テクストを映像に変換し、それを仮想空間に配置するばかりでなく、頭の中のその記憶建築を今度は外部空間に逆投影するような、そんな眩暈《めまい》がしそうな境位を記憶術の世界は垣間見せてくれる。観念と映像と空間がつぎつぎに鏡面反射を繰り返すかのごとき世界において、記憶という要素が創作行為にとっていかに重要であるのか。調べれば調べるほど女神ムネモシュネの饗宴は気宇が壮大で、そこには様々な芸術家や文人、思想家ばかりでなく、市井の人々が大勢参画していたことがわかってきた。

本書はそのような記憶術の展開を主に歴史的なコンテクストの中で読み解くことに重点を置いたため、現代医科学的な視点に触れることがほとんどできなかった。ここで少しだけ補足しておくなら、記憶は一般にその持続時間によって大きく三つに分けることができる。もっとも短いのが数秒程度しかもたない「感覚記憶」、ついで数十秒から数分続く「短期記憶」、そしてほぼ永久に持続する「長期記憶」である。紙幅の都合でそれぞれの特徴は省略するが、本書で扱った西欧の伝統的記憶術が行っているのは、「短期記憶」を「長期記憶」に変換するための様々な工夫だといってよい。ばらばらでまとまりのないデータを映像化して意味づけ、さらに仮想空間へ配置することによって秩序化することで、情報は文脈に固定され、長期保存が可能となる。記憶術とは、まさにその種の情報のコンテクスト化をシステマティックに行うための、非常に洗練された方法だったといえる。記憶術が優秀なのは、その方法論にさらに「情動」の要素を加えたことだ。強烈なイメージを作って術者に強い感情を帯びさせ、あるいは五感を総動員した共感覚的画像を操ることで、情報を記憶に深く刻み込むことに成功したのだ。こうした医科学的視点から歴史的な記憶術研究に切り込むことが、今後大いなる成果を生むのではないだろうか。

最後にタイトルについて。『記憶術全史』という書名に違和感をおぼえる読者もおられることだろう。全史を謳《うた》っている割には、たとえば中世の記憶術はわずか数頁で済ませているし、一八世紀以降に形をかえて生き残った記憶テクニックのあれこれについても、まったく触れていない。いやルネサンス期の記憶術についても、イエイツやロッシらの大御所が正面から取り組んだいわゆるオカルト的記憶術に関しては、意図的に深入りを避けたところがある。とはいえ古代における記憶術の誕生から説きおこし、その中世における変容と初期近代における華々しい復活と展開、そして近代の入り口における退潮・終焉までを、一貫したパースペクティヴのもとに紡いでみせたという多少の自負はあり、編集部からの要望も取り入れるかたちでこのタイトルに落ち着いた。果たして内容がおいついているかどうか、読者の皆様のご判断におまかせしたい。

執筆にあたっては、これまで各所に発表してきた原稿を再活用した箇所もある。特に筆者の博士論文の増補改訂版である『叡智の建築家』(中央公論美術出版、二〇一三年)とは重なる部分も多い(特にデル・リッチョとロッセッリの章)。ただし同じトピックを扱うさいにも内容を再構成し、全面的に書き改めた。『叡智の建築家』は専門家向けの内容で、かつ現在では入手しづらいことに加え、記憶術の最盛期を綴ったところで終わっていた。それに対して本書は、記憶術の魅力をより広い読者に知ってもらうことを目的とし、また同術の終焉の場面にまで立ち会っている点が最大の違いである。もし本書を読んでデル・リッチョのファンになった方、あるいはより専門的に記憶術についての知識を深めたい方は、ぜひ『叡智の建築家』を手に取ってみていただきたい。

＊

本書の執筆にあたっては多くの方々のご支援とご協力をいただきました。特に水野千依氏（青山学院大学）、岡北一孝氏（大阪大学）、リナ・ボルツォーニ（Lina Bolzoni）氏（ピサ高等師範学校）、ルチーア・トンジョルジ・トマーズィ（Lucia Tongiorgi Tomasi）氏（ピサ大学）には、有益なご助言を多数いただきました。また勤務先の大阪大学大学院文学研究科の同僚やスタッフ、学生のみなさんにもさまざまなかたちで励ましをいただきました。改めて心より、お礼申し上げます。編集担当の互盛央氏には、このような冒険的な企画を快く引き受けてくださり、内容を一般読者の興味により近づけるための数々のアドヴァイスをいただきましたことを、心より感謝いたします。なお執筆にあたっては万全を期したつもりですが、もし本文中に間違いなどあれば、それは全て筆者の責任です。

最後に、長きにわたる執筆を支えてくれた家族に改めて感謝いたします。そして最後まで読み進めてくださった読者の皆様にも心よりお礼申し上げます。

昨今、とかく人文系の学問に対する風当たりが強まっています――そうした文だの理だのといった狭隘な壁を軽々と飛び越えてにぎやかに展開する、ジャンル混淆・意味不明な知的テンションに満ちた「ムネモシュネの饗宴」を、本書を通じて少しでも楽しんでいただけたのでしたら、これまで記憶女神の衣装の裾《すそ》のはじっこをかろうじてつかみながら歩んできた筆者として、これに勝る喜びはありません。

二〇一八年一一月

桑木野幸司

桑木野幸司（くわきの・こうじ）

一九七五年、静岡県生まれ。東京大学大学院工学系研究科博士課程単位修得退学。博士（文学）（ピサ大学）。第八回（平成二三年度）日本学術振興会賞受賞。現在、大阪大学大学院文学研究科教授。専門は、西洋美術・建築・都市史・ルネサンス思想史。

主な著書に、『叡智の建築家』（中央公論美術出版）、『ルネサンスの演出家ヴァザーリ』（共著、白水社）、『ブラマンテ　盛期ルネサンス建築の構築者』（共著、NTT出版）など。

主な訳書に、ヴォーン・ハート＋ピーター・ヒックス編『パラーディオのローマ』、ジョン・カナリー『古代ローマの肖像』、アンドルー・ペティグリー『印刷という革命』（以上、白水社）など。

記《き》憶《おく》術《じゅつ》全《ぜん》史《し》

ムネモシュネの饗宴《きょうえん》

二〇一八年一二月一〇日　第一刷発行
二〇二四年　八月　二日　第五刷発行

著者　桑《くわ》木《き》野《の》幸《こう》司《じ》

発行者　森田浩章

発行所　株式会社講談社
東京都文京区音羽二丁目一二―二一　〒一一二―八〇〇一
電話（編集）〇三―五三九五―三五一二
（販売）〇三―五三九五―五八一七
（業務）〇三―五三九五―三六一五

KODANSHA

装幀者　奥定泰之

本文印刷　株式会社新藤慶昌堂

カバー・表紙印刷　半七写真印刷工業株式会社

製本所　大口製本印刷株式会社

ISBN978-4-06-514026-0　Printed in Japan　N.D.C.702　348p　19cm

講談社選書メチエ　刊行の辞

書物からまったく離れて生きるのはむずかしいことです。百年ばかり昔、アンドレ・ジッドは自分にむかって「すべての書物を捨てるべし」と命じながら、パリからアフリカへ旅立ちました。旅の荷は軽くなかったようです。ひそかに書物をたずさえていたからでした。ジッドのように意地を張らず、書物とともに世界を旅して、いらなくなったら捨てていけばいいのではないでしょうか。

現代は、星の数ほどにも本の書き手が見あたります。読み手と書き手がこれほど近づきあっている時代はありません。きのうの読者が、一夜あければ著者となって、あらたな読者にめぐりあう。その読者のなかから、またあらたな著者が生まれるのです。この循環の過程で読書の質も変わっていきます。人は書き手になることで熟練の読み手になるものです。

選書メチエはこのような時代にふさわしい書物の刊行をめざしています。

フランス語でメチエは、経験によって身につく技術のことをいいます。道具を駆使しておこなう仕事のことでもあります。また、生活と直接に結びついた専門的な技能を指すこともあります。

いま地球の環境はますます複雑な変化を見せ、予測困難な状況が刻々あらわれています。

そのなかで、読者それぞれの「メチエ」を活かす一助として、本選書が役立つことを願っています。

一九九四年二月　　野間佐和子